我们一起解决问题

中国心理卫生协会
团体心理辅导与治疗专业委员会｜推荐

格式塔
团体治疗指南

Gestalttherapie Mit Gruppen

[德] 约斯塔·本施泰特（Josta Bernstädt） 著
斯特凡·哈恩（Stefan Hahn）

杨瑞璐 译
桑志芹 审校

人民邮电出版社
北京

图书在版编目（CIP）数据

格式塔团体治疗指南 ／（德）约斯塔·本施泰特，
（德）斯特凡·哈恩著 ；杨瑞璐译. -- 北京 ：人民邮电
出版社，2022.3
ISBN 978-7-115-58227-0

Ⅰ．①格… Ⅱ．①约… ②斯… ③杨… Ⅲ．①团队管
理一指南 Ⅳ．①C936-62

中国版本图书馆CIP数据核字(2021)第261642号

内 容 提 要

  格式塔治疗是主要心理治疗流派之一，团体心理治疗日益受到国内工作者的重视。本书填补了格式塔团体治疗文献的空白。

  在本书中，格式塔治疗师约斯塔和斯特凡基于自身数十年带领团体的实际工作经验，并结合丰富的案例，历时五年，为想运用格式塔理念带领团体的工作者提供了翔实、系统、全面的展开团体工作的方法、技巧和步骤。全书包括三大部分，第一部分全面介绍了从展开团体工作之前、开始阶段、中间阶段到结束阶段的工作过程，专注于此时此地的工作特点，培养内在督导的技巧，以及让团体充满动力的秘诀等团体带领者需要掌握的核心内容。第二部分主要介绍了如何对在医院精神科里的重症患者展开团体治疗。第三部分梳理了关于团体实验和团体活动的宝贵建议和工具，还有对戈登·惠勒进行的访谈。

  读完本书后，工作者将全面了解格式塔团体治疗的核心内容、维持和推动团体过程的具体方法，以及衡量团体过程是否顺利的标准，掌握针对阻碍团体动力形成的困境的干预方法，学会与整个团体一同展开工作，形成自己独特的带领团体的风格。

  本书适合新手心理咨询师、心理治疗师、督导、教育者和团体带领者阅读。

◆ 著 ［德］约斯塔·本施泰特（Josta Bernstädt）
     ［德］斯特凡·哈恩（Stefan Hahn）
   译 杨瑞璐
  责任编辑 曹延延
  责任印制 彭志环

◆人民邮电出版社出版发行   北京市丰台区成寿寺路 11 号
  邮编 100164 电子邮件 315@ptpress.com.cn
  网址 https://www.ptpress.com.cn
  涿州市殷润文化传播有限公司印刷

◆开本：720×960 1/16
  印张：19.5   2022 年 3 月第 1 版
  字数：500 千字   2025 年 6 月河北第 6 次印刷
      著作权合同登记号 图字：01-2020-5692 号

定 价：108.00 元
读者服务热线：（010）81055656 印装质量热线：（010）81055316
反盗版热线：（010）81055315

很高兴看到《格式塔团体治疗指南》这本书的出版。在读这本书的目录和导言时，我自然而然地想起自己在团体治疗和格式塔治疗领域的学习与实践经历。在团体方面，我是从半结构团体心理训练（也称作"体验教育"）起步的，而我早期持续七年多的格式塔治疗训练则基本上是在非结构的团体工作坊里展开的。

作者在导言的开篇就谈到咨询师是如此害怕带领非结构团体，我不禁回想起自己十年前第一次带领格式塔团体的经历，回想起自己从学习到磨炼到熟悉再到深爱格式塔的"此时此地"的团体工作方式。驾驭团体动力仿佛在大海中冲浪，不仅刺激、富有创意、灵动，而且能让我信赖团体也信赖自己。非常期待这本书在国内的出版能推动更多的格式塔治疗学习者投身格式塔团体治疗领域。

——叶斌　心理学博士、注册督导师、
华东师范大学青少年心理健康教育与培训中心总监

约斯塔·本施泰特是我遇到的格式塔治疗师中为数不多的具有天真烂漫气质的人之一，她对周围的一切都充满了好奇，她总是面带微笑，眉眼弯弯，让人有一种想亲近的冲动，谈笑间常会蹦出那句不标准的中文"慢慢来"。

听德国的同行总说约斯塔如何如何厉害，是欧洲《格式塔治疗》杂志的编辑，理论功底深厚，实践能力强，培训效果一流。于是，我在 2018 年于福州举办的第二届国际格式塔治疗大会上邀请她开了一个格式塔团体治疗的工作坊，她获得了学员的一致好评。第二年，我又邀请她到福州开工作坊，学员的喜爱仍然如潮水一般，如果不是疫情，她在中国的工作计划已经排得满满的了。

相信你在读完《格式塔团体治疗指南》后，一定能领略到约斯塔深厚的专业功底、绝妙的操作方法和"慢慢来"的精髓。

——林芳　福州加洲心理门诊部主任医师、

中国心理卫生协会心理治疗与心理咨询专业委员会完形学组副组长

《格式塔团体治疗指南》这本书能带我们进入充满好奇、思辨和富有创造力的心灵探索之旅。

——施琪嘉　华中科技大学附属同济医学院教授、

中国心理卫生协会心理治疗与心理咨询专业委员会完形学组副组长

这本书不单单教你怎么带领团队，而且会手把手地教你培养自己"带领团队"的风格——就像作者声称的："作为带领者，你必须不断重新认识自己！"

——何安娜（Annette Hillers-Chen）　浙江大学心理学系副教授

格式塔心理治疗在中国的过去与今天

桑志芹

2018 年，中国心理卫生协会心理治疗与心理咨询专业委员会完形学组在福州举办的第二届国际格式塔治疗大会邀请了约斯塔·本施泰特（Josta Bernstädt），她为大会举办了一个格式塔团体治疗的工作坊，很受学员的欢迎。学员们一致认为她的格式塔团体做得非常出色。当时杨瑞璐担任她的英语翻译。瑞璐读过她出版的这本《格式塔团体治疗指南》，并且觉得很好，我们俩希望尽快翻译给国人看。瑞璐几经与约斯塔·本施泰特联系，与德方出版商联系；感谢人民邮电出版社的支持，审批同意出版。经过大家的努力，现在中文版《格式塔团体治疗指南》一书就放在你的案头，希望你能好好地读下去，慢慢地体验约斯塔·本施泰特和斯特凡·哈恩（Stefan Hahn）给我们带来的格式塔团体的神奇过程和兴奋感受，相信你一定会喜欢上的。

在我国，关于团体心理辅导与治疗的引进版的书有人际动力团体、家庭治疗团体、亚隆团体、艺术治疗团体等领域的，但是格式塔团体的书却基本上没有。本书是第一本引进版的格式塔团体的书。约斯塔·本施泰特用格式塔的理论阐述格式塔团体的过程，她在第一部分介绍了团体实验、发展接触功能以及与工作实践高度相关的格式塔团体的内容。斯特凡·哈恩在第二部分关注的是精神科重症患者在医院里的格式塔团体治疗。第三部分是一些工具性的内容，以及两位作者于 2006 年 5 月在德国富尔达举行的德国格式塔治疗协会大会上对有 30 年格式塔治疗经验的戈登·惠勒（Gorden Wheeler）进行采访的内容，能让我们体验到格式塔团体治疗的神奇魅力。

我也希望更多人能够看到格式塔治疗在中国的发展，故结合我写的《格式塔心理治疗在中国的过去与今天》^① 这篇论文为本书作序，希望大家喜欢。

一、格式塔心理学在中国的早期发展

格式塔心理学（又称"完形心理学"）在 20 世纪 20 年代末 30 年代初传入我国。对于格式塔心理学传入的情况，心理学家郭任远曾于 1929 年这样介绍道："继行为主义之后而惹起一般心理学家所注意的，乃是完形的心理学（Gestalt Psychology）。至今，完形主义心理学还在被一般心理学家所热烈讨论。"

（一）格式塔心理学在中国发展的早期著作

高觉敷、萧孝嵘、郭一岑等为格式塔心理学在中国的传播发挥了重要作用，他们介绍了格式塔心理学的理论观点和研究方法，译介了格式塔学派的著作（见表 1）。

---

① 原题为"完形心理治疗在中国的过去与今天"。除特殊情况之外，原文中的"完形"（Gestalt）一词皆改为"格式塔"，以便与丛书译法保持一致。——编者注

表 1　中国格式塔心理学早期著作[①]

著作或文章名称	作者	译者	出版社	时间
儿童心理学新论	考夫卡	高觉敷	商务印书馆	1929
格式塔心理学原理	萧孝嵘	——	——	1934
格式塔心理学之片面观	苛勒、考夫卡	高觉敷	商务印书馆	1935
格式塔心理学原理	考夫卡	傅统先	商务印书馆	1936
形势心理学原理	勒温	高觉敷	正中书局	1944

　　格式塔心理学产生以后，我国现代心理学家萧孝嵘最先在国内系统地论述了格式塔学派的理论。由萧孝嵘撰写并于 1934 年出版的《格式塔心理学原理》一书是世界上第一部系统介绍格式塔心理学的著作，该书序言写道："本书专论格式塔心理学之原理。这些原理系散见于各种著作中，而在德国亦尚未有系统的介绍，从这方面来看，本书为最初之尝试。"因此可以毫不夸张地说，在介绍格式塔心理学理论方面，我国心理学家进行了一些首创性的工作。[②]

　　此外，1926—1945 年，相继有二十多篇有关格式塔心理学的学术论文发表。

（二）格式塔心理学在中国早期发展的领域

　　介绍格式塔心理学的原因之一是本着百花齐放的原则，广泛引进各种新的心理学理论以促进我国的心理学科的发展。格式塔学派在我国的传人郭一岑、黄翼都运用格式塔心理学的原理进行研究和教学。[③]

　　我国学者早期对格式塔心理学的介绍和评述主要集中在基本理论及其教育应用两方面。如高觉敷在介绍格式塔心理学时分析了该理论在教育心理学上的特征，主张在教育中运用格式塔学派重视的整体学习法，而非部分学习法；重视创设情境产生"顿悟"，反对桑代克的练习率和效果率。他说："我认为教育

---

①　源自刘毅玮的《西方心理学的传入与中国近现代心理学科的发展》

②　源自刘毅玮的《西方心理学的传入与中国近现代心理学科的发展》

③　源自刘毅玮的《西方心理学的传入与中国近现代心理学科的发展》

心理学者确有参照格式塔心理学而修改其观点的必要。"①

在格式塔心理学传入我国之前，机能主义、行为主义的理论对我国教育界、心理学界具有统治性的影响，在教育中言必称实用、学习、训练，忽视对心理发展机制、学习者内在特点的研究，而格式塔心理学则为心理学界引入一个清新的模式，带给心理学界和教育实践者全新的感觉。格式塔心理学的影响在教育心理学、儿童心理学、基础心理学等学科的学科内容、体系建设中有所体现。②

二、格式塔心理治疗在中国的发展

截至 2016 年，可检索到的关于格式塔心理治疗的文章共有 67 篇，其中在正式期刊上发表的论文有 26 篇，学位论文有 13 篇，会议论文有 3 篇，在非学术类刊物上发表的文章有 25 篇。在国内能够搜索到的进行格式塔治疗培训、开展格式塔治疗工作坊的机构从 2014 年的 23 个增加到 2016 年的 35 个，涉及的内容主要包含以下几个方面。

（一）格式塔心理治疗的介绍与评述

1.国内文献的内容包括格式塔心理治疗的发展脉络、理论基础、人性观、优点与局限。

（1）在格式塔疗法的发展方面，国内研究者详细地介绍了格式塔心理学的产生、代表人物、要义 ③，介绍了格式塔治疗的历史发展轨迹，格式塔治疗产生的具体过程，埃尔温·波尔斯特（Erving Polster）和米里娅姆·波尔斯特（Miriam Polster）的心理治疗理念及实务，最富有创造力的格式塔治疗师彼特

---

① 源自刘毅玮的《西方心理学的传入与中国近现代心理学科的发展》
② 源自刘毅玮的《西方心理学的传入与中国近现代心理学科的发展》
③ 源自潘光花的《完形视域与认知范式——论格式塔学派关于记忆与问题解决研究对认知心理学产生和发展的促进》

鲁斯卡·克拉克森（Petruska Clarkson）的心理治疗理论及实务等[1]；分析了威廉·詹姆斯（William James）对格式塔心理学的影响和评价[2]；以皮尔斯的家庭为出发点，推测分析了格式塔治疗理论技术之形成脉络等研究[3]。

（2）基础理论部分比较常见和受到关注的主要是"此时此地""未完成事件""接触和抗拒接触""能量和阻碍能量""觉察力"[4]，尤其是"此时此地"的价值观对心理治疗产生了很深的影响。

（3）在格式塔心理治疗的效果方面，国内文献也有涉及。格式塔疗法在帮助人们整合自己内心世界里的两极化现象方面特别有效。研究表明，用格式塔疗法治疗各种各样的紊乱症状与使用其他疗法一样有效或更有效，而且格式塔疗法对人格混乱、身心健康问题和药物滥用有较好的治疗效果。格式塔疗法的治疗效果体现在治疗结束后 1~3 年内依然有效。[5]

2. 国内的文献具体地介绍了格式塔治疗的治疗目标、治疗步骤、治疗技巧、咨询师和来访者的关系等。

（1）治疗目标。格式塔心理治疗的基本目标是达到觉察的状态，以及经由觉察获得更多的选择，肩负更多的责任。觉察包括了解环境、了解自己、接纳自己，以及能与别人会心接触。格式塔心理治疗的终极目标是个人的成长，帮助个体接受自我，重新整合被否认或分裂的人格成分。[6]

（2）治疗步骤。治疗步骤包括表达阶段、鉴别阶段、肯定阶段、选择与整合等。[7]

（3）治疗技巧。治疗技巧包括空椅子、夸张、反推、揭露、想象与梦

---

[1] 源自许风全的《完形治疗的发展脉络研究》
[2] 源自方双虎的《整合与分化——威廉·詹姆斯与现代心理学》
[3] 源自陈莉青、杨明磊的《波尔斯三代亲子关系与完形治疗理念之对映分析》
[4] 源自符明秋、于海霞的《格式塔疗法述评》
[5] 源自叶斌的《影响力模式：对中国人心理咨询和治疗模式的探索》
[6] 源自郗浩丽的《格式塔疗法》
[7] 源自张源侠的《格式塔疗法的治疗技巧》

等。①

（4）咨询师和来访者的关系。格式塔心理治疗中的咨询师是过程中的建议者而不是指导者，治疗关系是一对一的"我—你"的平行关系，而不是垂直关系，咨询师应对咨询品质、对自己及对来访者的了解程度、对来访者能否保持开放的态度负起责任。②

3.国内有关格式塔心理治疗的文献还有一个很重要的板块就是格式塔心理学的人格学说。

国内对格式塔心理学的人格学说的介绍主要集中在皮尔斯和罗杰斯等人关于人格理论的论述上。人格健康是皮尔斯人格学说的核心内容。概括而言，皮尔斯所倡导的人格健康者就是"此时此地的人"。这种人具有如下典型特征：其一，以此时此地为基础；其二，客观而全面地认识自我；其三，勇于承担责任；其四，不刻意追求幸福。③皮尔斯的人格理论立足于现象学的观点和视角，它更关注人的生活、人与环境的接触，强调现实中的个人存在及经验。④罗杰斯与马斯洛等人本主义心理学家受西方同期新兴科学哲学观影响，一反精神分析、行为主义学派对心理学的还原分析方法，强调人格的格式塔结构，主张采用整体主义的心理学研究方法把主体视为一个有组织结构的、相对稳定的独特知觉系统。⑤

（二）格式塔心理治疗在身心障碍治疗中的运用以及与其他疗法的结合

1.与药物治疗相结合治疗躯体形式障碍、神经症患者

躯体形式障碍是一种常见的心理疾病，患有这种疾病的患者常因多样化的躯体症状就诊于综合医院各科门诊，尤其是神经内科、心血管内科和消化科。

---

① 源自张源侠的《格式塔疗法的治疗技巧》
② 源自都浩丽的《格式塔疗法》；刘毅的《格式塔疗法初探》
③ 源自王成全、王清生的《皮尔斯人格学说的理论价值和实践意义》
④ 源自刘毅的《皮尔斯的人格理论研究》
⑤ 源自詹伟鸿的《卡尔·罗杰斯人本哲学思想及渊源探析》

综合医院就医人群中有 30%~40% 的患者具有躯体疾病（不能解释的躯体症状），患者经常因为不信任医生的诊断及治疗而反复在医院各科轮流就诊，从而造成极大的医疗资源浪费。研究者在医院用格式塔心理治疗及药物对有躯体障碍的患者进行治疗之后，发现格式塔和药物的联合治疗对躯体化、绝望感、失眠等症状有显著的改善作用。[①] 关于神经症患者的格式塔治疗的对照研究表明，神经症患者经治疗后，焦虑、紧张不安的症状明显减轻或消失，情绪变得稳定，自我协调能力得以增强，但仍有少部分患者的自我中心或自恋倾向未能完全得以纠正，这也说明治疗师若想使神经症患者的症状有所缓解或彻底消除，就需要进一步运用格式塔心理治疗，帮助其完善与发展人格。[②]

2. 音乐治疗中格式塔心理学的运用

格式塔心理学作为审美心理学的学派之一，常常被用于艺术审美上。以格式塔心理治疗的理论和技术为依托，结合音乐和医学所形成的音乐治疗是一门新兴综合性应用学科，它的兴起为传统的心理治疗理论的发展和改善提供了新的研究方向。将格式塔心理学的"异质同构""不完全的形"等理念运用于音乐治疗，能更好地诠释音乐治疗的理论基础、技术方法以及治疗效果。[③]

3. 心理治疗中的哲学引导

哲学引导本身就是一种不可或缺的、从整体上解决问题的心理治疗方法，它能帮助人们缓解"存在性焦虑"，并且它在为人们把握世界提供整体和辩证的视角方面有着一般心理治疗方法起不了的、无可替代的重要作用。在这方面，格式塔心理治疗或许为我们树立了很好的榜样。格式塔心理治疗强调人是有组织的整体，认为心理障碍是情感、思维、行动整合受到破坏抑或人的心理或行为不能达成格式塔所至。因此格式塔心理治疗主张通过人对人、对己、对生活达成完善的格式塔和趋合保持人的身心健康。通过这样的哲学引导，帮助

---

① 源自冯杰、郎森阳、王娟、杨君的《加用完形心理治疗及奥氮平对躯体形式障碍的作用》
② 源自吴德华、谢曙光的《神经症患者出院前后格式塔对照研究》
③ 源自陈彦如的《音乐治疗中格式塔心理学的运用》

人们用系统的观点、联系的观点、发展的观点观察和把握自己需要面对的人和事、事和物，从而妥善地处理人与自我、人与人、人与社会、人与自然的关系，"达到一种超越自我中心的境地，从而与世界达成新的和谐、新的统一"，保持内心的宁静和心理的健康发展。[①]

（三）格式塔心理治疗在我国的应用与本土化

1. 格式塔心理治疗在我国高校中的应用

（1）格式塔心理治疗对高校咨询师自我成长的诠释和启示

从经费、咨询空间以及人员配备及培训情况来看，目前中国高校心理咨询机构较为健全和正规。"中德完形心理治疗"连续培训了近 200 位学员，这些学员大部分是高校心理中心专兼职心理咨询师，他们一直尝试在大学生群体中运用格式塔心理咨询的方法。格式塔心理咨询要求咨询师在咨询过程中注意保持自我，可以表达、分享个人的体验和经历，但不能试图操纵来访者。这对高校咨询师的启示在于，治疗是一种双向投入，不仅会使来访者发生改变，而且会使治疗师也发生改变。因此，治疗师要不断更新对自己的认识，即不断成长。[②]一些高校的心理咨询师会尝试用格式塔心理咨询的方法并对自己的经验进行总结，然后把这些内容写进论文里，例如，《空椅疗法在中国文化背景中的功效机制及其应用》[③]《浅析完形疗法及其在大学生心理辅导中的效用》[④]。

（2）大学生班级心理氛围的评价与优化

对于心理氛围的研究最早始于格式塔心理学派的主要代表人物考夫卡（W. Koffka）和勒温（K. Lewin）等人所提出的"心理环境——把环境或个人

---

① 源自刘胜江的《哲学引导：一种不可或缺的心理治疗方法》

② 源自何红娟的《高校心理咨询师自我成长的不同诠释与启示》

③ 源自周朝英的《空椅疗法在中国文化背景中的功效机制及其应用》

④ 源自刘会的《浅析完形疗法及其在大学生心理辅导中的效用》

看作一种整体的存在，任何具体的心理和行为事件都在这个整体的制约下发展和变化"。国内学者基于此对高校大学生班级心理氛围的维度构成进行了探讨，并就此对大学生班级心理氛围的优化提出了许多建议。①

（3）格式塔心理治疗技术在团体辅导中对大学生自我成长的作用

研究表明，格式塔团体辅导在提升大学生自我价值感和情绪适应性方面均有一定的效果，尤其是空椅对话技术具有很高的实用性。关于格式塔团体辅导的研究结果表明，团体中的大学生成员经由团体过程，在"自我价值感"和"情绪适应性"两方面均有一定程度的提高，并且效果有持续性。成员自觉在团体介入后，在自信心、人际关系以及对情绪的觉察和应对能力等方面均有所改善。格式塔心理治疗在大学生团体辅导中获得了良好的效果。②

2. 格式塔心理治疗与本土文化的结合

（1）格式塔心理治疗与佛学、禅宗、儒学的相通之处

格式塔理论来源于弗洛伊德（Sigmund Freud）的传统精神分析以及霍尼（Karen Horney）和沙利文（Harry S. Sullivan）等革新派的精神分析、赖希（Wilhelm Reich）的身体治疗、格式塔心理学与勒温的场理论，还有心理剧中的戏剧表达和角色扮演，融合了东方佛教的禅宗思想，以一种整体论、存在主义和现象学的观点去诠释现实存在的世界。其与佛教禅宗的融合主要体现在以下几个方面。

① 现在中心。视现在为唯一的真实是所有存在主义理论的共同特征，关注此时此地在佛教中也有最好的表达。敏锐地关注此时此地是佛教打坐传统的特点，其全部告诫就是停止幻想或做白日梦，回到此时此地。以强调回到此时此地著称的皮尔斯的格式塔心理治疗有时也被视为一种禅宗治疗，皮尔斯本人也被视为当今治疗学家中的禅学大师。

② 觉察。格式塔心理治疗使人直接进入创伤和防卫，使其充分地变成个人

① 源自李向东的《大学生班级心理氛围的评价与优化研究》
② 源自钟莹的《与自己对话：格式塔心理治疗技术对女大学生自我成长之效果研究》

的经验，充分地接受经验中的一切。即使经验到虚无（nothing），也充分进入其中，充分地觉察它，可能会导致一个人的巨大改变，达到皮尔斯所说的从贫瘠的虚空（void）到富饶的虚空的状态。《了凡四训》中描述了"过错是心造的，也要用心来改。如同砍一棵毒树，可以直接砍它的根，不需要一个枝一个枝地砍……心一动，马上就觉察，一觉察就没有了"，这也正是格式塔心理治疗中觉察的理念。①

③ 充分的感官与身体的涉入。格式塔心理治疗将感官与身体置于重要地位。格式塔的有机体学派与佛教和禅宗的类似之处是惊人的。感官觉察领域的先驱夏洛特·塞尔弗（Charlotte Selver）将她的工作描述为"禅的精髓"。禅宗文献对此时此刻的感官愉悦给予了精细的注意，并且有丰富的知觉细节方面的详细记载。进入活跃的感官对格式塔和精神传统都具有很高的价值。②

④ 道德观、矛盾观。禅讲求非道德式（nonmoral），这与皮尔斯拒斥"应该主义"的态度一致，禅的矛盾观与皮尔斯认为"改变唯有在我们停止试图改变"时才有可能发生的矛盾观点有异曲同工之处。③

（2）适合中国人的心理咨询和治疗模式的探索

① 中国人将心理治疗视为专业技术并对其非常重视和信任，因此我们不仅仅满足于普通的谈话。由于中国人在生活环境中容易得到人际支持，尤其是通过以谈话开解、劝告、建议等方式提供的心理支持，因而，当中国的当事人来咨询时，往往已经不是普通的谈话开解、劝告和建议能够处理的了。许多中国的当事人对心理咨询和治疗寄予很高的期待，希望能有非同一般的专家用非同一般的方式给自己指导。有不少当事人更希望咨询师能用一些特别的心理技术，比如心理测试、催眠、析梦等超越当事人经验的方式为当事人进行咨询和治疗。因此，如果咨询师能够运用像格式塔心理治疗这样具有特殊治疗技术的

---

① 源自朱建军的《心理咨询师看〈了凡四训〉——佛教心理调节的方法与现代心理咨询的比较研究》
② 源自郭永玉的《超个人心理学的理论与实践》
③ 源自钟莹的《与自己对话：格式塔心理治疗技术对女大学生自我成长之效果研究》

方法，往往能让当事人更满意，咨询效果也可能更好。格式塔治疗技术是一种颇具影响色彩的技术。其影响作用一方面体现在它有很特别的、心理学色彩很浓的操作方式，令当事人觉得咨询师很专业——中国的当事人往往希望咨询师能提供令他们感到特别的技术，从而使心理咨询看起来很专业；另一方面，格式塔心理治疗技术在操作方面有一些独特的方法，比如角色扮演、空椅子技术等，能使当事人在咨询过程中渗透式地接受咨询师的影响，进而有助于咨询师建立权威的地位。

②　中国人在情绪情感的表达方面含蓄内敛。因此，如果当事人在咨询师面前流露真情实感，这表明当事人信任咨询师，这也是咨询师获得对当事人的影响力的标志之一。格式塔心理治疗的一些技术是处理当事人觉察自己情绪感受的很有效的方法。比如，空椅子技术可以处理当事人的未完成情结，帮助其宣泄郁积在未完成事件中的情绪情感，同时为咨询师提供了一个观察当事人的认知和沟通模式的良好机会，还可以帮助当事人设身处地，感受对方的境遇、想法和情绪情感等。因此在探索适合国人的治疗模式的过程中，格式塔心理治疗中的一些角色表演技术不仅仅被用于处理未完成事件，也常常被当作情绪情感诱发技术、当事人和咨询师洞察技术（当事人自我了解、当事人对对方的了解、咨询师对当事人的问题的了解）来使用。[①]

③　与西方人不同，中国人在面对问题时常常带有感性认知和问题解决倾向。格式塔心理治疗的目标不是对当事人的心理做分析，而在于整合。它观察到人内部状况的分离，即认知、情感、行为各部分内部或各部分之间的分离，它通过一系列的操作和体验，整合这些分离。格式塔的方法在处理未完成情结，整合分离的情绪情感及认知方面非常有效。许多临床经验丰富的咨询师善于使用格式塔技术，他们能够非常灵活而富有创意地使用格式塔的许多技巧。这也非常符合中国人解决问题的倾向。[②]

---

① 源自叶斌的《影响力莫式：对中国人心理咨询和治疗模式的探索》
② 源自叶斌的《影响力莫式：对中国人心理咨询和治疗模式的探索》

3. 案例分析与报告

格式塔心理治疗在国内已经逐步受到重视和应用，除了有关国外文献的综述和理论、技术的介绍外，也出现了一些以案例形式研究格式塔心理治疗的文献。

（1）学校适应不良、人际交往问题。在学校心理辅导中运用格式塔心理咨询，首先要了解当事人的问题所在，然后运用格式塔心理咨询。从案例分析中可以了解到，从来访者的特质这一角度来看，具有自我中心、思维缺乏弹性、强调道德信念这些特征的来访者比较适合格式塔心理治疗；而从来访者问题内容的角度来看，有适应不良、人际冲突、生涯抉择等问题的来访者比较适合接受格式塔心理治疗。[1]

（2）创伤后应激障碍。在一例创伤后应激障碍的心理治疗个案研究中，研究者发现，采用格式塔心理治疗、认知疗法和意义疗法对有慢性创伤后应激障碍的来访者进行心理治疗后，来访者的症状有所好转，变得自信而有生活目标，且治疗效果具有持续性。[2]

（3）失恋等情感、情绪困扰。在个案报告中，很多咨询师运用格式塔心理治疗中的空椅子技术来帮助来访者宣泄失恋或其他情感困扰所带来的负面情绪。[3]

（4）孤独感、个人成长。格式塔学派比较注重"未完成之事""未了解的感受"，格式塔治疗师认为有些事情虽然是很久以前发生的，但对当事人来说并没有因时间的流逝而消失，因为伴随着那些经历产生的情绪由于种种原因没有在事情发生的当下得到充分的表达，于是这些残留的情绪就徘徊在生活的背景中，当相似的情境出现时它们就会被引发出来干扰当事人。所以格式塔治疗师会让当事人重现以前受创伤的场景，使其了解当时的感受并将这些感受表

---

① 源自苏林的《完形心理治疗：让小勇实现自我综合》
② 源自陈艺华的《一例创伤后应激障碍心理治疗的个案报告》
③ 源自王锦斌的《在恋爱中成长——一例大三男生失恋咨询案例报告》

达出来，对现在和将来的生活进行整合，达到使其成长的效果。因此格式塔治疗在针对孤独感和个人成长方面给人以这样的启示：认清自己，接纳现状；自由地前行；敏感地觉察到当下的状态；勇于说出自己的想法；建立"自己的文化"。①

三、格式塔心理治疗培训在中国

目前能搜索到的在国内开展格式塔治疗培训和工作坊的机构有 30 余个，包括学校、心理咨询机构、职业培训中心等。主要由德国、英国的格式塔治疗专家开展培训和工作坊，也有少部分培训是由国内一些进行过专业格式塔治疗学习的专家学者开展的。

这些培训课程和工作坊主要面向的人群有：心理咨询师、心理治疗师、医生；企业家、企业教练、培训讲师、身心灵成长爱好者；希望探索内在智慧，提升觉察力、洞见力的人；希望整合能量、让事业和人生更和谐成功的人；希望深度疗愈自己多年的心理困扰、重新收获幸福的人；等等。

南京大学心理健康教育与研究中心时任主任桑志芹教授与德国维尔茨堡整合格式塔治疗学院（IGW）长期合作，组织了多期培训。第一届学员培训开展于 2009 年 6 月至 2011 年 6 月，共 10 期 40 天计 320 学分，有 24 位学员进行了系统的格式塔心理治疗培训，这是国内第一批系统、连续的格式塔心理治疗的实务培训。从 2011 年 6 月开始，由德国维尔茨堡整合格式塔治疗学院在南京和福州同时进行格式塔心理治疗的系列培训。至今南京点已经有 6 届学员，福州点也有 4 届学员，有近 200 位心理咨询师接受了这一项目的系统培训；同时有些学员在继续接受项目举办的进阶与督导培训。从 2014 年起，每年有 16 位学员前往奥地利格齐斯参加德国维尔茨堡整合格式塔治疗学院组织的为期两周的个人成长工作坊，至 2019 年已有 4 期学员参加学习，因为疫情的影响一

---

① 源自谢鹏飞的《与孤独同行——关于孤独感的个人成长探索》

些培训与交流无奈暂停。

在格式塔学术交流方面，南京大学于 2012 年 4 月 6 日至 8 日在南京举办了"中国首届国际完形心理治疗学术研讨会"。研讨会特邀皮尔斯的学生罗伯特·W. 雷斯尼克（Robert W. Resnick）教授、德国维尔茨堡整合格式塔治疗学院院长维尔纳·吉尔（Werner Gill）、威利·布托洛（Willi Butollo）教授、布丽吉特·拉斯穆斯（Brigitte Rasmus）和海德·安格尔（Heide Anger）博士等国际著名的格式塔心理治疗专家，为大会奉献了精彩的主题报告和工作坊。2018 年 10 月 27 日至 28 日"中国第二届国际完形心理治疗大会"在福州召开，德国维尔茨堡整合格式塔治疗学院派出 11 位来自德国、奥地利、意大利等国家的专家，其中有爱丁堡格式塔培训学院联合创始人约斯塔·本施泰特（Josta Bernstädt），维也纳格式塔治疗学院院长赫尔曼·韦格施奈德博士（Hermann Wegschneider），德国维尔茨堡整合格式塔治疗学院院长维尔纳·吉尔（Werner Gill），德国维尔茨堡整合格式塔治疗学院创始人布丽吉特·拉斯穆斯（Brigitte Rasmus）和彼得·特贝（Peter Toebe），奥地利格式塔治疗师汉娜·保罗米希尔 - 法克（Hanna Paulmichl-Fak），意大利格式塔治疗师格奥尔格·佩恩特（Georg Pernter），奥地利精神科医师、维也纳格式塔治疗学院督导汉斯 - 彼得·魏丁格尔博士（Hans-Peter Weidinger）等国际著名的格式塔心理治疗专家，以及 15 名国内讲者和专家参与大会。大会有 16 个工作坊，共有 300 多位心理健康工作者参加了大会。

格式塔治疗在中国受到了心理治疗师的喜爱，格式塔的思想也影响着中国的临床心理学界。为了进一步推动格式塔心理咨询在中国的发展，中国心理卫生协会心理治疗与心理咨询专业委员会于 2016 年 8 月在新疆会议上同意成立了由桑志芹为组长、林芳等为副组长的"完形心理治疗学组"。"完形心理治疗学组"的成立标志着格式塔心理治疗在中国进入了一个有组织有规模的发展阶段。格式塔心理治疗在中国只有短短的历史，但是一定会有美好的未来。

彼得·舒尔特斯（Peter Schulthess）
欧洲格式塔治疗协会主席
2010年夏于苏黎世

　　格式塔疗法从诞生开始的设计理念就是团体治疗。格式塔治疗师接受的培训一直以来也是在团体中进行的。然而，现在大多数格式塔治疗师从事的是个体治疗，只有少数同行还在带领除了培训团体之外的团体。这些带领者大多在医院工作。20世纪70年代的情况与现在有所不同。我们作为学员受训的时候，从第三年就开始带领格式塔自我体验团体，并且要接受相关的督导。但是目前在自由执业的机构里，团体治疗的需求似乎也有所回落，团体体验的吸引力在下降，反而越来越多的人愿意做个体治疗。团体工作逐渐变少，这种情况非常令人惋惜。因为团体这种设置非常有价值，它带来的治疗效果是个体治疗不可能拥有的。

　　尽管现在关于格式塔治疗的文献算相当丰富了，但是关于格式塔团体工作的文献却几乎消失了，这很出人意料。这难道是因为格式塔治疗的团体设置太理所应当，以致人们不需要特意对其进行反思吗？反思是非常有必要的，特别是在格式塔这样一个治疗流派中。格式塔治疗深受场理论影响，重视如何处理格式塔形成的过程，并且在工作中强调过程导向（也包括团体过程导向）。

经常有年轻同事在刚完成自己的格式塔治疗师的长程培训之后问我在哪里可以参加格式塔团体治疗的进修培训。每次听到这个问题时我都觉得很意外，因为他们所接受的培训本身是团体的形式，格式塔培训也本应该就是个团体治疗的培训。

在团体工作中面对如何利用团体动力，以及如何对团体这个整体进行工作这些问题时，许多完成了格式塔治疗培训的毕业生（也包括一些有经验的专家和培训师）也会感到不自信。他们了解在团体中做个人工作的风格，就像皮尔斯当年在团体里做的那些示范工作一样，但是对团体导向或者以团体为中心的工作所知不多。从团体中的个人工作到真正意义上的团体治疗，其中也包括对团体的治疗这些方面克利夫兰格式塔中心（Gestalt Institute of Cleveland）①起了重要的推动作用。

所以，我看到这本书时非常欣喜。本书的两位作者分别是在团体工作领域经验丰富的私人执业治疗师和培训师，以及同样经验丰富、在医院从事住院团体工作的团体治疗践行者。他们在本书里分享了自己的宝贵经验。本书脉络清晰，根植于实践，服务于实践。读者将有机会通过阅读本书，窥见两位资深从业者的工作。

本书清晰地展现了格式塔团体工作和"仅仅在团体里"，或者在团体面前进行个体治疗的差异，团体工作涵盖的范围更广。作者高度注重理论联系实践，读者们可以从书中获得许多启发，了解在团体工作的特定阶段应该怎么做。

---

① 该机构于 1954 年由格式塔治疗创始人弗雷德里克·皮尔斯（Friedrich Perls）、劳拉·皮尔斯（Laura Perls）、伊萨多·弗罗姆（Isadore From）、保罗·古德曼（Paul Goodman）的最早的一批学生创建。——译者注

　　本书的出版填补了格式塔团体治疗文献的空白。希望众多新手格式塔治疗师能够在本书中找到做团体工作的动力。也希望许多对团体工作不太自信的治疗师能够从书里获得开展团体工作的勇气。但是本书不是一本按部就班的工作手册，两位作者写本书的目的是通过展现自己的工作风格，鼓励读者根据书里介绍的指导性原则，发展出自己的团体风格。正如格式塔治疗本身很难教程化，而是要在工作过程中根据每位来访者的情况灵活应对一样，格式塔团体治疗也很难有统一的教程，因为每个团体都各不相同。

　　我祝愿你们开卷愉快，有所收益，并感谢约斯塔·本施泰特（Josta Bernstädt）和斯特凡·哈恩（Stefan Hahn）带来这本书。

巴德·费德（Bud Feder）

2009 年至 2010 年冬

　　我认为推荐序应该像管家对客厅里的客人宣布的消息一样：简短且诱人。它应该像厨房里飘出来的美味佳肴的香味一样，把客人吸引到餐厅里。现在让我们来看一看，我能不能圆满完成这项任务，把这本非常值得阅读的书介绍得让人"胃口大开"。

　　在我们面前的是一道怎么样的"美味佳肴"？

　　这本关于格式塔团体心理治疗的书介绍了在德国的诊所里，以及在不为人所熟知的精神专科医院里，格式塔团体治疗是如何开展的。正因如此，心理治疗师应该乐于见到这本书的面世，并把它添补进自己的图书馆里。但是在急匆匆跑到终点之前，请让我们先看一眼"菜单"，了解一下大致的脉络。

　　可能大家都知道，对治疗师来说，个体治疗是个非常有挑战性的任务。它总是要求治疗师既是科学家，又是艺术家，此外还要非常人性化。我想你应该明白我的意思，因为你有过这样的切身体验。从这个角度来看，团体治疗的要求要比个体治疗更高一些。在个体治疗中治疗师只需要和一个人建立关系，为他负责，试图理解、陪伴他和面质他，并且在某些情况下必须保护他，而在团体治疗中这样的人也许有 5 个、6 个、10 个甚至 15 个。另外，他们不仅会和你互动，他们之间也会相互影响，在这个过程中，最后承担责任的只有你独自一人（或者还有一位联合带领者）。

因此，我们很幸运能看到这样的一本书出版，为这个特殊宇宙的黑暗角落带来熠熠星光，彻底照亮这个宇宙。

本书用相当大的篇幅在第一部分主要介绍了自由执业的格式塔治疗师的团体工作，以及面向新手咨询师、治疗师、督导、教育者和团体带领者的培训内容。两位作者首先介绍了整体框架，随后在细节和层次上对主题进行了深化。毫不夸张地说，我曾认为自己对格式塔团体治疗的方方面面都很了解，然而我想不到任何本书里没有涉及的内容。它涵盖了所有的主题，从"内在的督导"到"结束阶段"的例子：团体工作的普遍性原则是什么？如何创造一个适合治疗的环境？治疗师必须注意哪些不同的层面？怎么利用反馈和团体中的此时此地？觉察意味着什么？团体的中间阶段会出现什么主题？诸如此类，无所不包。另外，书里还介绍了关于团体实验等和工作实践高度相关的内容。

本书的第二部分关注的是医院精神科里的团体治疗。作者想要支持和推动这种设置下的团体治疗。同时，他也指出了其内在局限性：患者群体的特殊性、愈发紧迫的时间设置等。基于这些限制，本书的第二部分用非常个人化、人性的方式介绍了一种充满活力并且效果显著的处理方法。所有在这类机构工作的读者，在了解本书第一部分介绍的指导方针及其带来的启发的基础上，都可以从这种深思熟虑、人本主义的风格中受益颇多。

我祝各位好好享受这场为"美食家"准备的盛宴！

目录

第三章　内在督导

第四章　可以这样继续下去——一些基本原则

第五章　团体中的治疗过程

第二部分

第十七章　格式塔团体治疗在精神专科医院的应用

第三部分

附录　实验和团体活动的建议

本书面向的是想要学习用格式塔理念带领团体的读者。我们会介绍自己的经验和处理方式以作示范，并且会坦诚我们采取的干预背后有哪些理论作支撑。同时，我们在书里也会列举那些让我们陷入困境、迷失方向、忽略重要的东西以及犯错的情况。

本书的编排方式非常便于阅读，你可以根据自己的兴趣选择从哪一章节开始阅读。虽然有一些章节的部分内容偏理论化，但是除此之外我们（约斯塔·本施泰特是第一部分和第三部分的作者，斯特凡·哈恩是第二部分的作者）采用了尽可能具体和直观的写作方式。

第一部分

我大概在 20 年前开始从事团体带领方面的培训，面向的是新手格式塔咨询师和格式塔教育工作者，培训内容是帮助他们理解核心的团体动力过程。当时反复出现的一个问题是如何把理论和实践紧密结合，现在这个问题也会反复出现。

因此，我邀请你，亲爱的读者，把这本书里提到的理论不断和自己的切身经验进行比较、核对并且提出质疑。人们会特别喜欢把读到的每个理论都内射成唯一正确的行为指南，并希望这样就能摆脱不安和恐惧的"幽灵"。

无论读者们从其他资深团体带领者那了解了多少有关格式塔的理论，重要的是如何根据不同的情况去付诸实践。至于哪种格式塔的团体干预在什么情况下是有效的，本书能够帮助你找到一些灵感。

首先，请读者现在回顾一下自己在团体带领方面的经验，这很重要。

你作为团体成员的经验也是一笔宝贵的财富，它能够帮助你设身处地地接触团体成员的感受、需求和行为方式。

其次，亲爱的读者你可以回顾一下自己带领了一辈子的那个团体的经验，我指的是带领自己的内心心理团体的经验。你会立刻发现自己的带领风格是什么样的，有没有让所有内心和身体的声音、图像和感觉都有机会表达出来；你是怎么样归类、结构化、处理冲突以及让自己有行为能力的。或者从另一个角度来看，你是如何通过压抑、操纵、回避、自我折磨、采用独裁统治，或者使用放任不管的风格，来回避塑造自己的人生，逃避这个存在主义的责任的。本书的"内在督导"那一章描述的就是这部分内容。

在我的格式塔团体带领者培训小组里，学员从一开始就有机会练习带领团体，在这个过程中，我以教练的身份在一旁给予支持。让我惊讶的是，这个任务会让学员们很焦虑。他们似乎面对的是一个几乎不可能完成的任务，就像《纺金子的姑娘》那篇童话里那可怜的磨坊主女儿一样，因为她父亲在国王面前吹嘘她有把稻草变成黄金的能力，所以她现在就得用一堆稻草纺出黄金。

我认为只要人们不那么害怕国王，每个成年人本身都拥有带领团体的能力。害怕会做错事情，自己会出丑，或者暴露自己的无能，这种想法会让许多人迅速感到有压力，同时还会使自己产生这样的信念：我既没有知识也没有能力带领团体。本书的第一章"带领团体——从担心到更大把握"讲的就是这部分内容。

这时候，我们可以通过利用清晰的结构以及有针对性的具体行为指令，帮助学员摆脱这种束手无策的情况，可以先给他们提供一些支持。这也是结构性的练习这么受欢迎的原因。有一些作者专门研究这些结构性练习，格式塔团体中通常出现的仪式（比如感觉分享圈、反馈等）也属于结构性练习范畴。

有时候结构性的练习对团体成员来说也是有帮助的。特别是在团体工作刚开始和互相认识的阶段，这时候成员们处在前接触阶段，经常会感到害怕、紧张和陌生。

在"我们开始吧"这一章，我介绍了一种开始团体工作的方法。读者在附录里可以了解其他实验和团体活动的建议。

有可能你详尽地准备了一个练习，团体成员很感兴趣，也愿意合作。突然，练习结束了，但是团本还远没有到该结束的时候，现在成员们期待地看着你。

这种未知和不安感通常会伴随着强烈的恐惧和焦虑，我们不仅要能够容忍这种感觉，而且要有意识地欢迎它们，这需要我们不断地练习，无论是新手还是资深带领者都一样。在这些珍贵的瞬间里一切皆有可能发生。现在每一位团体成员的存在性的自由都可以被调动和利用起来。这里出现了一个富饶的空白，这种空白里充满了创造性，人们可以在这里探索新的、未知的、充满活力的及丰富的事物。但是，人们也有可能把这种富饶的空白当作不断重复出现的自动化机制、烂熟于心的东西和多余的事物，他们觉得这种空白非常可怕因此他们会尽量避免这种情况出现。接下来的"可以这样继续下去—— 一些基本原则"这一章会探讨这部分内容。

格式塔团体带领者（无论是新手治疗师还是经验丰富的治疗师）要带着对存在主义的自由和责任进行全然的觉察，从自己的和团体成员的经验出发，不断进行创新：每踏出新的一步都是一个新的实验。

在格式塔团体工作中不可能有，也不允许有真正意义上的流程。尽管如此，但是你可以根据自己为在的地图找到方向，对如何推动团体的变化过程，以及其中有什么注意要点有自己的一些基本设想，这也是必不可少的。在"团体中的治疗过程"和"团体过程中的我、你和我们"这两章我们会介绍这些内容。

"关注团体的此时此地"这一章会介绍格式塔工作的核心。读者可以具体了解到，如何把注意力不断地聚焦在团体此时此地的现象上。

成员们可以互相交流的反馈环节是团体会面的重要组成部分。"给出反馈"这一章讲的就是这部分内容。我们当中只有极少数人学过如何真正给出有助益的反馈。在这一章，读者们可以获得一些有用的启发，了解如何避免不必要的伤害和自恋受损，以及如何给出富有建设性和鼓励性的反馈。

和聚焦于当下的团体现象同样重要的还有团体带领者对团体过程的观察。在"澄清团体过程"这一章，我会解释对团体过程的观察指的是什么，它为什么是带领者最重要的和基础的工具之一，以及这个过程具体是怎么进行的。

你已经安全度过了团体的初始阶段，你所担心的大多数状况都没有成为现实。团体接受了你作为带领者的权威。你对自己和对团体都变得更信任也更有安全感了，你们共同渡过了一些危机和冲突。

团体成员之间也更熟悉了，大多数人都找到了自己在团体中的位置。他们形成了小团体，喜欢在休息时间也聚在一起。大多数人都有了自己的固定座位。团体里产生了有约束力的氛围，还出现了窃窃私语的情况，成员们变得更有勇气打断你，共同影响团体过程。他们开始对格式塔疗法感兴趣，在接触这种方法的时候变得没有那么害怕或者回避了。有时候甚至还会出现一些插科打诨的情况。自我嘲讽和幽默通常反映了成员们开始第一次尝试内射格式塔语言和态度。

作为团体带领者，你对成员个人以及他们习惯性的接触中断已经有概念了。成员们带着意识体验到了一些自己受限的接触功能，在团体中做新的尝试，并把它迁移到了自己的日常生活中。

像在"团体过程中的我、你和我们"这一章介绍的一样，现在团体中出现了角色固化的倾向，这会再次扼杀团体成员新感受到的活力和兴奋。同样，你作为团体带领者也会面临这种危险。

在"过程中——一些基本原则"这一章读者们会了解到一些可以指导自己的行动的重要原则，比如你可以如何保持自己的创造性、如何处理阻抗和固化，以及有哪些方法可以帮助自己在不同深度的层次之间来回切换？在这一章，你可以读到关于退行工作的内容。对退行展开工作要求团体带领者具备扎实的关于发展心理学以及与儿童、青少年工作的知识。另外，这一章还清楚地介绍了有关格式塔身体工作方面的重要基础知识。

前面提到的固化一方面指的是团体过程这个整体的固化，就像在"典型的团体过程"中描述的一样。另一方面，这也涉及每位团体成员，以及他们在和他人接触的过程中所做的行为。

在"团体中出现接触中断时的干预方法"这一章，我通过结合一些例子展示了如何在进行个人工作的时候邀请团体参与进去。

移情和反移情是一种特别复杂的接触中断形式，因此即使是资深的团体带领者也要特别注意这个问题。读者们可以在"移情和反移情"这一章了解到一些识别以及在治疗层面上利用移情和反移情的方法。反移情伴随着强烈的感觉，因此是非常危险的。在这种情况下，团体带领者可以怎样保护自己并且保持自己的工作能力呢？坦诚（transparency）可以在多大程度上帮助人们重新进行接触呢？带领者可以期待团体能有多真实？尽管没有明确的答案，但是这些问题是非常重要的。附录里记录了我们和戈登·惠勒（Gordon Wheeler）的访谈，读者可以从中获得一些指导和方法上的启发。

在"和团体整体进行工作"这一章，我结合具体的例子介绍了团体带领者如何把团体看作一个整体，从而推动团体进程的方法。

在第十五章，读者们会获得一些关于如何利用团体创造性的潜力的启发，给自己的工作减负。因为团体成员的积极参与有助于增强团体的归属感和凝聚力。由此，你所期待的改变过程会在团体中自发出现，而不太依赖于你的推动。

在"我们渐近尾声"这一章我介绍了哪些因素能够帮助团体满意地结束。读者阅读本书中的例子之后会发现，每个团体的结束都是不一样的，以及团体带领者在告别的阶段会面临哪些性质不同的挑战。

第二部分（作者斯特凡·哈恩）

究竟为什么团体还会继续存在？为什么治疗师对团体治疗的兴趣越来越强烈？因为团体治疗是非常有效的治疗心理障碍的方法吗？从费用承担方的角度来说答案是肯定的。但是从患者的角度来看团体治疗是否有效呢？

我们所属的社会期待我们能够表现得更好、更灵活、更多地进行自我牺牲，以及碰到不人道的问题也要去适应。在这个世界里，个体被看成人力资本，政客们宣扬的是"继续这样下去"的口号，那心理治疗还有什么任务呢？

对我而言，成长是有界限的。连世界也是有界限的。人生活在自己的界限里，这是好事，因为人们可以在这里有所倚仗。

在团体里我们可以清楚地看到，继续破坏和摧毁人类的存在带来的后果是惨烈的，这种损失对个体来说是很难弥补的。越来越多的人患有焦虑、抑郁、适应障碍或者在冲突中崩溃，他们无法再忍受社交场合和这种倒行逆施了。这种情况本身传达了一种信息：我们已经到临界点了。

我们当然可以继续这样下去，但是我们将去向何方？要付出什么样的代价？我想说的是这和人与人的直接接触有关，包括所有危险、挑战、美妙的和充满焦虑的瞬间以及伴随着改变的接触。

第三部分

附录像一个工具箱，读者们可以从中了解到各种实验和关于团体活动的建议。这些实验和团体活动适用于团体的不同阶段，是按照相应的顺序排列的。另外，我还添加了一些关于这些实验设计的背景，以及如何改善的内容。

根据我的经验，当一个指导性的练习是随着团体过程形成和发展起来的，并且和团体发展有内在一致性的时候，练习是最有效的（Polster，2002）。团体应该尽早整合这些经验。但是，这也就意味着，这些练习是无法提前设定好的。

尽管如此，作为团体苧领者你仍然可以猜测有哪些议题是团体关心的，并且根据猜测在内心准备和团体的下一次相遇。也许在我介绍的这些练习中，有些可以帮助团体去探索这个议题。

我要强调的是，这只是一种猜测，因此需要你在和团体接触的过程中核实。带领者应该保持基本的灵活性，以便自己跟随团体过程的河流。有时候你得改变计划，有时候你得创造些新的事物，或者也可以按照你的计划进行下去。

在完成每个实验后，读者还可以了解怎样对团体成员的体验做回应以及加深这种体验。

每位团体成员在做这些练习和实验的时候都会有自己的体验。所有人的体验必须被团体成员进行整合才是有价值的。团体带领者的最重要的任务之一就是陪伴这个整合和成长的过程。我希望本书能够陪伴你，对你有所助益。

写作本书的工作陪伴了我们过去的五年时光。这段时间我们有很多专业上和私下的热烈交流，以及关于团体工作的讨论。我们两位作者也受益颇多，这使我们有机会审视自己在团体中的工作，开始共同带领团体，因为访谈的契机结识了戈登·惠勒（Gorden Wheeler）和巴德·费德（Bud Feder），并且不断地更新我们的格式塔理念。最后同样重要的还有和格式塔团体的相遇，这种相遇给我们带来了很多启发，这个过程很有意思且丰富多彩。

这份工作为我们带来了许多乐趣和活力，随着这份工作的结束，我们也迈出了通向未来的下一步，这是非常美好的体验。因为我们坚信，格式塔团体治疗工作能够为团体以及心理治疗的进一步发展做出特殊的贡献。

第一部分

第一章 带领团体——从担心到更大把握

在我的培训团体里，想要成为格式塔团体带领者的成员们经常对亲自带领团体这件事心存畏惧。他们往往会想等到这种害怕的感觉消失的时候才开始带领团体。因为他们坚信，如果不那么害怕或者（在理想情况下）完全不害怕的时候，他们能更好地带领团体。而我则被理想化了，他们觉得我在带领团体时非常笃定、轻松、有把握，因此他们把我视作榜样。

这些新手团体带领者在害怕什么？这件事到底哪里这么有威胁性，以致那些经常在其他场合带领过团体的治疗师突然找不到自己的胜任力、技能和解决策略了？他们似乎因为恐惧变得目不能视、手足无措。

很多治疗师觉得带领团体的任务像一种不可控制的压力反应。目前为止他们掌握的各种方法似乎都不足以用来应对新的情境。关于我之前提出的问题（他们在害怕什么？）的答案如下。

- 一切都可能失去控制。
- 你也许会被拒绝，甚至出洋相。
- 你的大脑可能会一片空白。
- 你可能会给团体造成伤害。
- 你或许会忽视重要的东西。
- 出现的冲突可能会导致团体解体。

以上这些方面是互相联系的，接下来我会对这些方面进行一一介绍。

一切都可能失去控制

每个团体里都会出现一些失控的情况。总是有些事情是在团体带领者的计划之外的并且是无法预料的。首先带领者会安排团体成员做一些适合所有成员参与的结构性练习，这会在刚开始的时候给带领者带来安全感和足够的自信，帮助他们开启这场"带领团体的冒险"。这种结构化的形式受到了新手团体带领者的欢迎。由于大多数团体成员都会感到焦虑，因此给出清晰的结构有助于减轻这种焦虑。

新手团体带领者经常会把许多精力投入团体会面的准备工作上，有时候他们甚至会将制订的计划精确到分钟。这看上去就像是他们在面临一场评估自我价值的测试时压了很大的赌注（如同一考定终生）一样。团体带领者害怕有可能会发生一些他无法预见的事情，从而毁掉他所有的计划，最后落得一地鸡毛。带领者为了应对所有的可能性、逃避具有威胁性的羞耻感，会准备过多的练习和材料。他忙于应付这场"考试"。他往往会为了让自己在心理意义上存活下来，以致没有什么精力去和团体成员相遇，就算是在"发挥好"的情况下，他也感觉自己是孤立无援的。

在通常情况下，培训团体的成员是乐于合作的，他们会保护新手带领者，不让他出丑。而在培训团体之外的其他团体中，带领者不能指望有这种乐于助人的情况出现，而之前提到的那些担心是不无道理的。

所以我带领培训团体的目标是，带领者学会带着他们的担心去带领团体，并且学习从这种担心中发现兴奋点。在没有太多计划的时候，带领者的担心会更多。他们应该去体验尝试如何把体验到的不受控制的压力情境转化为可控的情况。因为对我来说，即使在积累了长年累月的工作经验之后，带领团体这件事也总是伴随着压力的。

从定义上来看，带领格式塔团体是以过程为导向的，带领者在团体中要为无法预见的事情以及充满活力的过程和互动留有空间。作为团体带领者，在每次的团体会面中我都有独一无二的新挑战需要面对。

在团体快结束的时候，最开始的担心和害怕的情绪经常会被满足感取代。在这一阶段，我往往会体验到滋养和充实，我和团体成员拥有了共同学习的体验，彼此更靠近了。

你也许会被拒绝，甚至出洋相

团体带领者的害怕和焦虑经常是被内心体验到的孤立无援的感觉扰动和引发的。特别是当团体成员已经互相认识的时候，这种孤立感会更强烈。

伴随着这种孤立感的还有一种坚定的信念：你认为自己站在检测仪前面，接受批判性的观察和评价，却不知道评价的标准。而你确定的事情只有一个：即使是在最理想的情况下，你也不可能让所有人都满意，你有时候确实会遭到拒绝，偶尔你也确实会出洋相。如果团体里有许多成员害怕表达自己内心深处的情感，他们就会对带领者表现出来的个人兴趣和共情持拒绝态度。

这一切都可能会引起强烈的不适感，但这是可以克服的。这方面内容读者可以参见"内在督导"这一章。如果需要的话，带领者也可以在督导过程中讨论这种不适感。

你的大脑可能会一片空白

在团体刚开始的阶段，团体成员经常对自己的兴趣、需求和状态没有什么觉察，或者他们难以将这些公开表达出来。这用格式塔的术语来说就是不能形成清晰的图形（figure）。此时无论团体成员和带领者做什么，团体总是匮乏能量，无法产生张力，流动不顺畅，也没有足够的关注。

在团体的初始阶段（就像是你在浑浊的水里钓鱼一样），还没有形成清晰图形的时候，有哪些格式塔的方法可以使用呢？一个很有诱惑力的选择是提议做个新练习，这个练习也许是你自己做过的并且是你相当喜欢的。这种方法本身是无可指摘的，但是你首先要谨慎审视团体的如下这些情况。

- 到目前为止，团体中发生了什么？
- 已经提出的议题有哪些？
- 这触发了你的哪些感觉、想法和兴趣？
- 这里还有什么（比如需求、问题、关注的事件、冲突）是未完成的吗？
- 你感觉紧张吗？
- 你想在某些事情上深入探索下去吗？
- 成员们尝试做了哪些接触？哪些是你可以继续进行的？就算是犹犹豫豫地尝试也没关系吗？

通过这样对团体过程进行反思，带领者会自然而然地找到方法，从而对团体成员或者团体整体进行干预。因为这些干预方法建立在清晰图形的基础上，所以成员们也会愿意相信和愿意尝试。如果现在能量可以重新流动起来，就证明这些干预准确切中了团体的脉。

团体带领者在这一过程中跟随着自己对个体成员、对互动，以及对团体过程的兴趣。如果你这么做是因为自己真的有兴趣，那你就会暂时把担心抛在脑后。我们在这里不能将个人兴趣和纯粹的好奇心混为一谈。你的兴趣和参与是为促进团体成员的接触和觉察能力服务的，是发展这些能力的必要前提。

当然，你的兴趣和参与有可能遭到成员的拒绝，甚至这样的情况可能会经常发生。但只有在极少数情况下，成员会以公开直接的方式拒绝你，但他们经常不会意识到这一点。有多少团体成员，就有多少种方式来拒绝带领者的兴趣和参与。对你而言重要的是识别这种拒绝，按下暂停键，去细致探索这在你身上引起了哪些感觉和冲动。

这些感觉中也许会有一种是你非常熟悉的：担心。在团体中担心会让个体产生认为自己无能，并且必须忍受这种羞耻感，以及不被理睬的感觉。你会担心自己的兴趣遭到其他人的否定。

也许你会把自己的担心主要看成挑战："我会让他们看到，我可不会那么容易被拒绝，毕竟我可是出于好意。"或者你可能会感到自恋受损、撤退，把这种拒绝体验成失败。

在带领者和团体成员接触的过程中会出现不确定性，人们对这种情况的容忍程度各有不同。也许你现在还是会倾向于再做一个练习。这样你至少可以为自己再争取一些消化的时间并且与团体保持安全距离。

在"团体中的治疗过程"和"团体中出现接触中断时的干预方法"这两章，我会进一步介绍有哪些其他的方法可以用来处理这种形式的阻抗。

你可能会给团体造成伤害

如果我提供的东西能够契合团体的需求和兴趣，那么团体会以让人满意的方式进行下去。这种基本思想对我来说是颗定心丸，虽然我知道人们永远无法让团体中的所有成员都满意。

成员们对自己的兴趣和需求表达得越清楚，你作为团体带领者就能越早处理这些内容。因此，团体里有询问状态的交流圈以及分享圈，带领者会询问成员在此时此地正在关注的、感兴趣的和想要做的事情。关于这部分，读者们可以在"可以这样继续下去—— 一些基本原则"这一章了解更多内容。

你的参与、共情和兴趣有可能会激发来访者的活力和充沛的情感。要不是担心的感觉又出现了的话，你本来可以心满意足了。你担心的是一切都可能失去控制，而最终你要为这个已启动的过程负责。你的责任包括不能有人因此受到伤害。如果你在自己的人生中对这种充满活力和情感的体验越少，你就会越担心。团体成员也是一样的。

那你现在可以怎样为这种充满活力和情感的过程创建一个安全的框架呢？我要明确告知的一点是，这种所谓的"安全的框架"是不存在的。每位团体带领者当然也包括团体成员所需要的让自己感觉安全的东西是不一样的。但是，去感受和表达这种对安全框架的需求，仍然是非常重要的。即使没有什么能保证我们是安全的，这种需求也是自有其道理的。随着经验的积累、掌握更多的知识方法以及进行对接触过程的觉察的练习，我们会逐步建立安全感。

这需要团体带领者用接触来应对阻抗，包括团体成员处在自己的团体的过程中给他们提供支持的能力，以及激活他的自我支持和团体支持的能力。作为团体带领者，你必须拥有相关的技术和知识，可以将团体成员从深处带领出来，以及在后接触阶段整合这些体验，我们之后会详细叙述这部分内容。

只要你注意自己和成员的边界，就不会造成伤害。你也可以要求成员自己负责关注自己的边界，并且尊重其他人的边界。对突破边界和过分的行为，你应该予以制止。如果觉得这么做有困难的话，你可以在督导中讨论这个议题。

你或许会忽视重要的东西

毫无疑问，就像在生活中一样，有时候你在团体里也会忽视重要的东西。大部分情况下如果团体和成员认为被忽视的东西是重要的，会有人向你指出来。如果你从刚开始就注重培养每位团体成员的自我责任感，那这种做法的价值在这种情况下就体现出来了。

当然，你作为团体带领者也要承担责任，但是这远不意味着要对团体里发生的一切，或者没有发生的一切负责任。对团体里发生的事情实行责任分摊可以减轻你的压力。请你有意识地邀请团体成员一起承担责任，共同推动团体发展，这本来就是格式塔团体的最重要的学习目标之一。允许成员共同承担责任也能减轻带领者的负担。但是，带领者同时要肩负的责任还包括综观全局，以及有责任感地对待你被赋予的权力和影响力。

出现的冲突可能会导致团体解体

团体里蕴含着有可能产生巨大的冲突的潜力。如果任其发展，任何团体都会因为冲突解体。团体带领者（当然也包括团体成员）害怕冲突的原因之一是，冲突有可能会激化，过而威胁团体的生存。

另一个使带领者担心冲突的原因是，整个团体可能会凝聚在一起对抗带领者，然后这个冲突的"解决方式"就是把团体带领者踢出团体。

这两种冲突激化在公众场合并不常见，但是许多人都熟悉这种解决冲突的方式。因此从心理动力角度来看，这种模式会在许多团体的背景里发挥作用。

你带领过的或者将来会带领的团体中的大多数团体首先是基于特定目的组成的共同体，团体成员非常希望团体能够保持下去。他们为了能够在之前约定的时间段内参加团体，经常要做很多的调整以适应工作。只有在团体中找不到方法解决存在的冲突时，他们才会离开这个场。如果成员经常缺席、迟到、早退，这也可能暗示团体里存在隐而不发的冲突。

一方面，在团体刚开始的阶段，为了避免对团体的成长和存在造成威胁，成员倾向于压抑自己具有批判性的、有敌意的、可能造成自恋受挫的、苛刻的或者不符合团体规则的冲动。总的来说，我作为团体带领者会欣赏这种有意识地克制和过滤自己的冲动的能力，这也是一种重要的社交能力。如果团体成员的这种能力没有得到良好发展的话，这也是个重要的学习目标。

另一方面，培养应对冲突的能力正是成员们在团体里经常提到的学习目标。大多数人简单地认为当他们和团体之外的其他人产生冲突时会学到这种能力，他们想到的首先是和同事、领导、伴侣、父母和孩子的冲突，这也会呈现到带领者面前，你需要和这些冲突进行工作。

而在其他团体成员和你这里，成员们通常期待的首先是无条件的团结以及得到你们在冲突里支持他们的立场。人们应该尽量不质疑他们，不要求他们作出让自己不舒服、不适的改变（格式塔语言把这个现象称作"要求融合"）。

但这正是团体学习应对冲突的能力的关键所在。你这位团体带领者的支持能使成员们有机会学习如何在团体中澄清和解决冲突，并且能防止团体的关系破裂。

第二章　我们开始吧

开场方式

我们用传统的自我介绍环节开场。这时候会出现一种有意思的现象：带领者如果没有事先规定自我介绍的方式，大家会采用统一的方式进行自我介绍。这种现象相当常见，如图 2-1 所示。

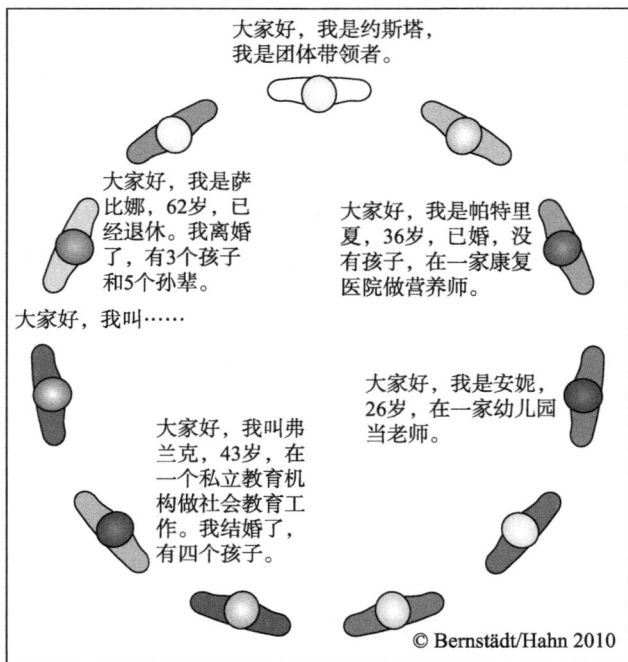

图 2-1

团体带领者的开场任务

作为团体带领者我可以：

- 把我的兴趣聚焦到这个现象上，让它成为前景，并且询问成员们注意到了什么
- 分享我自己观察到的情况
- 邀请成员们进行第二轮介绍，目的如下
    - 有意识地体验这个过程
    - 尝试在这一次突破之前固有的框架

如果成员的团体经验很少或者没有团体经验，他们很可能会产生焦虑和阻抗。这时候替代的方法如下所示。

"请你们找一个自己感兴趣的同伴，了解更多关于他的信息。"如图 2-2 所示。

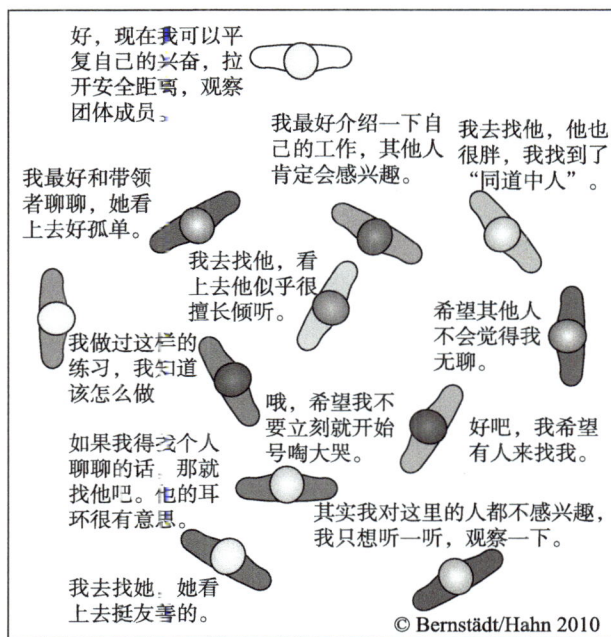

图 2-2

图 2-2 的这些发言虽然是虚构的，但是根据我的经验它们非常贴近事实。人们很少会把这些话立刻公开说出来，只有在团体成员们建立了良好的信任基础之后，回忆起这段事情时，他们才可能会谈到这些。

我们通常可以用这样一个简单、看上去不会让人尴尬的练习来破冰和暖场。重要的是，团体带领者要清楚这个练习可能会引发什么情况。也许大家很容易就能想到，大多数这样的接触都是不让人满足的，以及粉饰这种不满足会给人们带来压力。

在完成这样的一个练习之后团体里经常会弥漫着说不清道不明的紧张气氛。大家会满怀期待地看着带领者，也会有人不耐烦地喊："我们到底什么时候开始？我觉得进度太慢了。"

现在，成员们想让带领者为他们在团体中感到的不舒服负责。这个责任我只会承担一部分，而且我会尽可能早地采取另一种做法，把团体成员也拉入需要负责任的成员中："我已经开始了。你想要怎么开始？"或者"你为什么想要节奏快一点？"

格式塔团体里的文化和日常生活中的社交文化有很大的差异。格式塔哲学的一个重要支柱是自我负责。我认为，格式塔团体带领者的使命在于提供过渡性的体验，让成员可以在日常生活的文化和格式塔文化中穿梭。

让我们回到那个虚构的团体里。接着前面的那个练习，接下来有很多种做法。其中一种是这样的，"在团体里介绍你们的同伴，说说你对他了解多少"，如图 2-3 所示。

团体带领者的自我介绍

也许在这个团体里我最后会做自我介绍，我可能会说："我开始放松点儿了，因为我现在对你们的了解多了一些，谢谢。"图 2-4 描绘了当时的背景，我可能还会有点紧张。

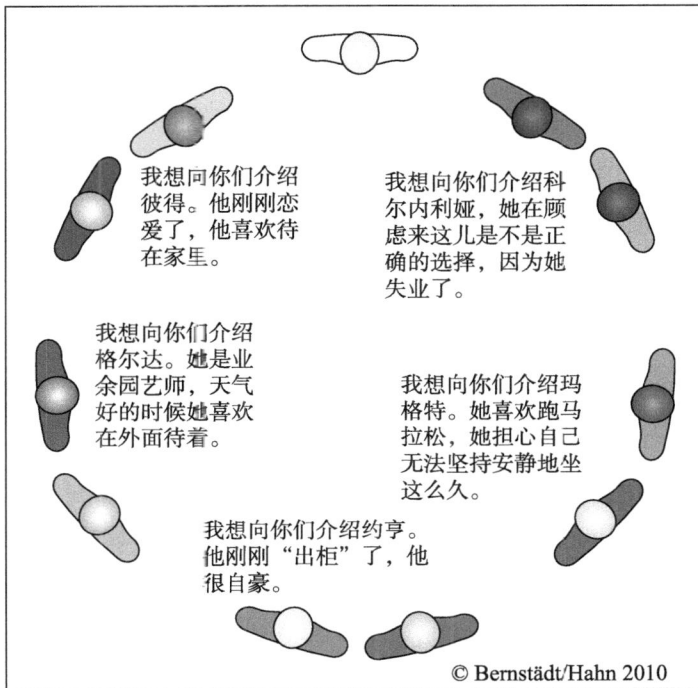

图 2-3

图 2-4

请允许我介绍一下：图 2-4 中右边的这位穿蓝衣服的先生是我的内在督导。蓝色对我来说代表着安定和清晰（参见"内在督导"这一章）。他会把我的注意力引导到每个团体在初始阶段都会有的三个重要问题上，如下所示。

1. 我对每位团体成员有什么样的第一感觉，我又是如何对此做出反应的？

2. 我认为每个人都适合这个团体吗？

3. 如果我认为有一位成员不适合这个团体，我要怎么处理这种情况？

我是不是自发地喜欢或者不喜欢某位团体成员，我的感觉肯定会影响我和他的接触。与努力去一样地对待和喜欢所有人相比，我觉得更有意义的做法是一直带着意识觉察我的好感和反感。

举个例子：如果我试图"屏蔽"自己最不喜欢的人，那么接触过程中产生的重要信息就会消失不见，并且我也不会意识到有这些信息。这会导致我们无法良好地进行语言沟通，引发模糊的不适感，无法创造可能的相遇和改变的空间。在"移情和反移情"这一章我会进一步介绍这个过程。

觉察团体成员的感受

一个新的格式塔团体的成员们应该从团体一开始就体验到整体性。这可能会是他们在童年之后，第一次体验到自己存在的丰富性和多样性。

比如，可以在认识环节特意加入身体接触的内容。

我可以建议：

"我们现在互相聊了很多，我建议大家互相握个手，用传统的方式问候一下对方。当然，成员们在这个过程中也可以说话。也许你们可以再介绍一下自己的名字，或者猜一猜其他人的名字。"如图 2-5 所示。

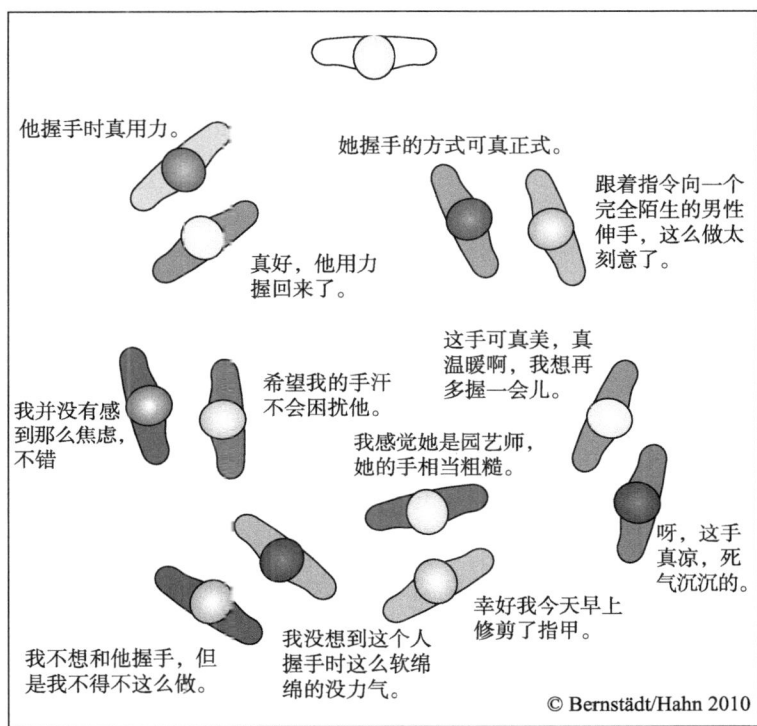

图 2-5

从图 2-5 中我们可以看到那些虚构团体成员的想法，在第一次团体会面的时候很少会有人把自己的这些想法透露出来。成员越激动、越紧张，就越不能真正有意识地体验和对方的相遇。

虽然这是一个虚构的团体，但你作为读者也会对某些团体成员自发地产生好感或者反感，这也许能令你清楚地决定想要和谁握手，不想要和谁握手。对新团体的所有成员来说，他们可以通过用这种方式找到方向，发现自己喜欢以及不喜欢谁。

先回到我们的团体。因为格式塔强调促进人整体的在场，关注接触过程中的此时此地，你可以邀请成员们做以下实验：

"这次带着觉察，向最多三位成员伸出手，关注握手时的身体感受。这在你们身上触发了什么？使你们产生了什么感觉、想法、画面或者冲动？尽可能简单明了地描述一下，做个简短的陈述。"然后花一些时间听对方的描述。

接下来，成员们可以在团体里分享重要的发现和体验，必要的时候可以进一步继续探索下去。作为团体带领者，你可以选择继续做这项工作或者先把它放在一旁。如果先搁置的话，这种体验环节就结束了，至少暂时结束了。根据计划，这里会出现一个自然的停顿，你可以用这段时间回顾和总结之前的体验。

原则上，使用结构性的练习和实施周密的计划是无可指摘的，特别是在团体刚开始的时候。这不仅能帮助你克服对带领团体的担心，而且会让团体成员对这样的安排心存感激，因为这些练习能让人感到踏实，能给他们带来安全感和掌控感，而不用面对意料之外的事情。

结构化的练习可以用在自我介绍环节，这能够给团体带领者提供重要的信息和方向感，具体如下所示。

1. 团体成员方面：他们有哪些期待、需求、担心、知识储备、经验和兴趣？

2. 你自己的状态和看法方面（这也很重要）：

- 在这里和成员们一起，你感觉怎么样？
- 你感觉自己和谁能发展一段不错的关系？
- 谁是支持他人的、充满善意的？
- 谁是挑剔的，热衷于竞争、贬低和质疑他人的？
- 谁是倾向于回避、退缩、有所保留、戴着面具的？
- 你觉得谁是个棘手的人？
- 你感觉被谁吸引了？
- 你和谁有共同点？
- 你觉得谁非常陌生？
- 你会不会排斥或者不喜欢某个人？

- 你感觉谁是有威胁性的？
- 你感觉自己被团体接纳了吗？

作为团体带领者，你可以尽可能调动所有的感官、所有的接触功能比如视觉、听觉、嗅觉和触觉等来回答以下这些问题。

- 你可以在团体里顺畅地呼吸吗？
- 哪些画面在你的内心中出现了？
- 你觉得在团体里说话有多自由？
- 在团体里走动，以及与他人进行交流方面，你有多大的自由度？
- 你喜欢待在这个团体里吗？
- 你的能量水平怎么样？
- 你有清晰的焦点吗？
- 你下一步的计划是什么？
- 为了回答以上这些问题，你需要从团体成员那里获得些什么？

第三章　内在督导

在前面的章节中，我介绍了我的内在督导"蓝衣服先生"。作为督导，他会探究我这位团体带领者的想法，并且考虑相反的观点，加以权衡，这只是内在督导的功能之一。在本章，我会对内在督导的各种不同功能做一些详细的介绍。

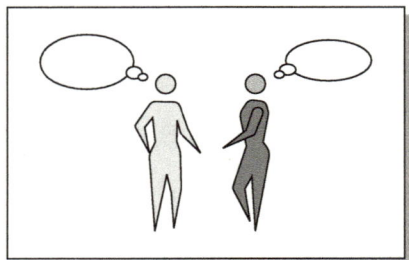

在开始介绍内在督导之前，我再介绍一下"蓝衣服先生"。对我来说，他象征着重要的内在权威机构，代表批判性的自我反思能力。我把内在督导看作一个内在的空间，作为团体带领者我可以随时撤回那里，对复杂的团体现象进行更多的觉察。在这个空间里，我可以觉察自己有哪些相关的画面、身体知觉、感觉和行动的冲动，可以回顾自己的经验和知识，考虑备选的干预方法。我需要时间和空间，来有创造性地构建每一次独一无二的团体过程。在这个内在空间里，我也会经常和生活中的重要人物对话，从中获得和当前团体现象有关的、重要且有用的提示。

读者们可以把这位内在督导想象成一位非常多面化的联合咨询师（Co-Therapist），他会在一旁提供支持。

除了内在督导以外，新手格式塔团体带领者还需要一位外在的督导。他可以在团体之外，为带领者提供我们在前文中提到的那种空间。带领者首先会参考自己作为团体成员的经验，并且借鉴自己的团队带领者的模式。另外，他也可能具备相关的理论知识，比如团体动力、带领者的任务和格式塔基本原则等。

我们可以把带领者的内在督导看作一株处在生长期、尚未成熟的幼苗。他一开始会模仿外在督导，然后会越来越有自发的创造力。外在督导会先被内化，然后逐渐被内在督导取代。

人们会接受和继承榜样以及督导身上有用的部分，而其他的部分则会被舍弃、重新创造和重新尝试。这个过程会贯穿一生。

我也建议有经验的团体带领者接受督导。他们的内在督导已经承担了很大一部分批判性的自我反思工作，所以现实的督导频次不需要很高，也可以由经验丰富的同事来担当督导的角色。

但是当工作中出现盲点（即精神分析说的反移情）的时候，有时候我就需要一位旁观者来帮助我从固化中解脱出来，重新和自己、团体以及团体的每位成员建立接触。

培养内在督导

如何培养内在督导？内在督导的成长和成熟需要什么条件？我之前提到了批判性的自我反思，找到反思的合适程度很重要。毕竟这位内在督导应该是能支持我们的、怀有善意的，而不是对我们抱有敌意的权威。过于严苛的自我反思会打击我们的自信心，让我们变得畏首畏尾、不敢行动。害怕不利于学习，这种情况更可能带来反效果，会导致学习困难。

如果我们的批判性自我反思过于虚弱、骄傲、自大，就会促使我们把责任都推到其他人身上。如果团体进展得不顺利，这时候可以问问自己："我作为团体带领者做了什么导致现在这个局面出现？"

内在督导在进入一个新的团体之前就已经处于激活状态了。我会对自己的状态、幻想、期待和担心进行觉察，对团体成员有大概的猜测，还拥有一个灵活的计划和结构。

我在内心总是需要和团体里发生的事情保持一段距离，以便进行批判性的自我反思。只有这样我才能通过自我反思进行整体的自我觉察，成为事件的见证人，从元层面上获取一些信息。

比如，我可以问自己以下这些问题。

- 我此刻在团体里感觉怎么样？
- 我的呼吸怎么样？
- 我的身体感受到了什么？
- 我刚刚做了什么？
- 团体成员对我有什么样的影响？
- 我在压抑什么？
- 我现在想要做什么？
- 我想要从团体那获得什么？
- 我感觉自己在接触团体吗？
- 主要的议题是什么？

另外，我还必须能够进行区分性的觉察：在我周围的环境中、在团体里发生了什么，以及在我和团体共同存在的环境里发生了什么。

从认识论的角度来讲，我们谈论的不是客观事实，这一点很明确。我觉察到的一切都带有主观色彩，随着我的观察而变化。

有了这些背景知识，我就能让自己的注意力分散开来。团体里发生的一些事情会成为我的前景，引起我的兴趣。而其他的事情就显得不太重要，我对团体这个整体、成员、成员之间的关系以及我和成员之间的关系也形成了一些猜测和设想（投射）。

对带领格式塔团体的新手来说，使自己的内心和团体中发生的事情保持必要的距离不是一件简单的事情。格式塔疗法经常会引发强烈的情感，当团体带领者处在接触过程中的时候，他也会感受到这种强烈情感。有时这种情况会突然猛烈地显现，这可能会让人产生一种感觉，就像约翰·沃尔夫冈·歌德（Johann Wolfgang von Goethe）在《魔法师学徒》（Zau berlehrling）里写的一样：

> 先生啊，我闯下了大祸！召唤来的精灵，现已无法摆脱。

当团体带领者感觉被自己或者其他成员引发的强烈情感淹没的时候，团体成员也会敏锐地觉察到这一点，团体里的焦虑值会随之上升。当然，这种情况也会发生在有经验的带领者身上，但是这对他们来说是常事，并且他们会经常和团体一起针对这种体验进行探讨，以便重新打造安全的基础。

对新手团体带领者来说，当感觉自己无法再处理团体里的事情，觉得情感过于强烈或者就是需要休息一下的时候，首先需要能清楚地觉察到这一点。在"由深入浅的技术"这一节，我介绍了一些可以用来限制对淹没性、压倒性的感觉的表达，控制这种表达的力度的干预方法。特别是在团体开始的阶段这么做是非常重要的，这也是为了同时保护其他的团体成员。

许多刚开始带领团体的人会非常兴奋、行动迅捷。当我迅速地做某件事情的时候，就不会有很多感觉。我关注的只是尽快完成这件事情。在这个过程中虽然我不需要感到兴奋、怀疑或者焦虑、害怕，但是我也没有再和团体接触。格式塔团体治疗工作一直是接触他人的工作，就像我们在开头详细描述的一样，这通常需要我们付出大量时间以及容忍不确定的感觉。如果我们能够认识到自己身上发生的事情，并且不因此批判和谴责自己，就已然是收获颇丰了。

带领者们可以和现实的督导或者内在的督导一起探讨：他们可以如何用其他的方式处理兴奋、怀疑、焦虑和害怕，以及带领者需要些什么以便控制团体刚开始的速度。

我列举的以下这些建议也许会对读者有帮助，但是你必须根据具体的情况进行修改，因地制宜。

- 首先重要的行动：告诉团体你的激动和焦虑，并留足时间去觉察团体成员的共鸣。大多数时候你得到的共鸣是积极的。如果不是这样的话，那这也是个信号。我获得了一种团体的重要信息，他们在当下和我相遇时不是非常友好，我会好好照顾自己。

- 小步前进：先用大脚趾试一试水，而不是直接跳进深水区里。或者做一个游戏：我走一小步，你们走一小步，这样我们就慢慢互相靠近了。格式塔里有个词叫"前接触"，描述的就是这个过程。

这个过程中也包括有意识地觉察团体所在的房间。这个房间大吗？明亮吗？舒适吗？足够安静吗？让我感到舒服吗？

- 安排多次短暂休息，这样带领者就能和内在督导一起暂时撤退，使自己的内心和团体发生的事情拉开距离，在脑海里再次回顾这些事件。

评估至今为止的团体过程

我们可以用以下这些问题对进行到现在的团体做个评估。

- 到现在为止发生了什么？
- 我感觉怎么样？
- 出现了什么议题？
- 有没有什么是我现在想要澄清或者了解的？
- 到目前为止，谁在积极参与，谁更被动和退缩？
- 团体里的能量怎么样？
- 大部分的推动力是来自于我吗？
- 团体接受我这个带领者的角色了吗？
- 开始形成冲突了吗？
- 团体成员是主要和我有连接还是他们彼此之间也有连接？

- 有没有人让我感到担心？

- 有没有人会特别让我想起另外一个人（这时候风险是固化的投射）？

- 现在可以做些什么来推进团体过程——给整个团体施加推动力，是需要两人小组、三人小组还是多人小组或者在团体里做个人工作或者成员们互相做个人工作？

在回答这些问题的时候，重要的议题以及带领者可以如何推动团体的答案会逐渐变得清晰起来。以上的建议只是总结了可能会出现的问题，并不需要带领者一一回答。

如果带领者在休息之后仍然不太清楚接下来可以怎么进行，他可以询问团体：

现在你们的前景里有什么？

你们对什么感兴趣？

你们有什么需求？

你们在想什么？

即使这种做法在团体的初始阶段经常会促进融合，以及会暂时让团体成员回避正在形成的冲突，但是至少带领者可以获得和团体合作的机会。

在刚开始的阶段，团体中出现融合很正常，并且这符合成员和带领者对安全感的需求。人们首先承认了彼此的共同点并对团体有了基本的接纳。在这个安全的基础上，在不久之后出现差异的时候，人们就不会觉得这个差异对个体以及整个团体的存在会是个很大的威胁。

团体成员完全可能会在团体进行到稍后的某个时间点上，要求澄清成员之间的冲突。

内在督导最重要的功能是时刻提醒带领者和自己保持接触。因为带领者必须关注团体的不同层面发生的事情，所以容易失去自我。

如果像上文介绍的一样，带领者时不时提醒自己撤回到内在空间，那他在接触成员的时候也会更加清晰。这种接触和后撤的来回切换是种自然的节奏。团体成员也可以从带领者的示范过程中学到一些东西。

内在督导的任务还包括关注反移情，这同样非常重要。

- 我和哪些团体成员之间的关系模式是凝滞的，接触是让人不满意的？
- 我做了什么造成了这个局面？
- 其他人的什么方面让我感到困扰？
- 他应该变成什么样？
- 我可以尝试设身处地地站在对方的立场吗？
- 如果我是他的话，会怎样形容我呢？
- 他是怎样看待我这位团体带领者的？

这样转换视角经常会帮助我在塑造关系这方面获得新的认识。

有时候，带领者需要在团体中提出让人不那么舒服的话题或者给出批评性的反馈，这种情况下我也需要内在督导给我勇气。

如果我不确定是否要在团体中提这件事情，或者不知道怎么提，可以采取尝试认同的办法（trial identification）。我可以先对自己试验一次，比如问自己：

> 如果我和吉塞拉提她上次和托比亚斯在团体中争论的事情，她会有什么感觉？她今天看上去这么压抑，是不是和那件事情有关系？我是不是最好和托比亚斯说这件事情？他一直在偷偷看她。也许我可以再等一会儿，两个人看上去似乎都在回避和我进行眼神接触。可能他们还需要时间。也许其他成员会和她提这件事情，这样更好。看上去这件事情还没有对其他成员造成负面影响。我还能自由地呼吸。

这种尝试性认同一位或者多位团体成员的做法，经常可以阻止带领者过早进行干预。过早干预会削弱团体自身的潜力并且经常是不合时宜的。

在其他情况下，带领者也可以把他的尝试认同表达出来，比如：

> 如果我是团体的一员，我不确定会不会有人注意到我不在场这件事。我不知道团体里有没有人会想到我。到现在为止都没有人提到盖比，她已经缺席两次会面了。

有时候，在我觉察的前景里会出现一些无法准确归类的事情，这可能和团体里发生的事情有关。

如果团体里出现了重要的事情或者重要的感觉，而某些成员或者整个团体都觉得很难直接沟通这件事，这些事件会对带领者产生影响。带领者此时需要用间接的方式促使成员能够顺利地进行沟通。内在督导提醒我注意非直接沟通的现象，由此，我可以把注意力和想象力集中在当前没有说出口和没有表达出来的事情上。

例子：

我感觉团体卡住了， 待在那里让我的胃越来越痛。我只有偶尔才会犯胃病，也没有吃什么难消化的食物，所以我转向了团体。

"我坐在这里，胃痛了好一会儿了。我问自己这是不是和现在团体中正在发生的事情有关，有没有人也觉得胃痛？"

这样的干预在大多数情况下会推动团体前进，鼓励成员把他们压抑的东西表达出来。比如：

"我的胃一直都处于紧张状态，我感觉很不满足。这里的所有人都这么小心翼翼，团体里也一潭死水。"

"是的，我也有这样的感觉，但是我不敢在这里开口说话，特别是在你面前，塔玛拉。你看我的眼神总是像在评价我一样。"

内在督导的自我照顾功能

内在督导也负责帮助带领者进行自我照顾。带领格式塔团体这项任务的要求很高，需要高度集中的注意力和强大的情感耐受力，以及既要能勤奋工作，又要能发挥创意。而对带领格式塔团体的高期待也会引发压力，有一件事情是毫无疑问的：带领者永远无法让所有的团体成员都感到满意，总有一些人会感到失望。

除了批判性的自我反思之外，我们也需要自我肯定的能力。这时候带领者可以参考自己的个人成长标准（如下所示），这种方法对我是有效的。

- 成员们和自己有了更多的接触。
- 他们学会了和其他人建立关系。
- 他们能够解决冲突。
- 他们能够表达自己的需求。
- 他们能够互相支持。
- 他们能够欣赏自己的独特性。

以下问题的答案可以帮助团体带领者增强自信。

- 根据之前的问题，团体进行到现在有哪些人从团体的体验中受益颇多？
- 关于自己获得的提升和改变，成员们分享了什么内容？
- 还有什么其他方面的进展也不错？

内在督导的一个重要功能在于考虑周全，向团体带领者指出他的边界，提醒他注意休息。团体中发生的事情可能会让人非常着迷。因为我无论如何都想澄清、表达、改变、理解、纠正一些事情或者提供帮助，这会导致我紧抓着这些事情不肯放手。如果有这样一张很长的计划清单，带领者当然会感到有压力、紧张、容易喘不过气。如果还没到休息的时候，那我可以看一看窗外，让自己短暂休息一下，这也是有好处的。

内在督导也可以是一位为我加油以及暂时屏蔽外界的专家。在长年带领团体的过程中，我写了一张列有各种加油和屏蔽外界的方法的清单，我可以根据情况挑选，并且我还在一直完善这个清单。重要的是，我也确实会使用这些方法。也就是说，我的内在督导会照看我、给我许可。他帮助我发现在当前情境下可以做的有帮助的事情是什么。比如，尽管阳光明媚，但是可以睡个午觉，或者是下一次下雨的时候在雨中散步。

当然，加油和自我照顾在日常生活中也是必不可少的。格式塔团体带领者得全然在场。当他能够在所有的层面上，包括精神、身体、情感和灵性的层面上照顾自己时候，也能够更好地为团体成员服务。格式塔治疗是嵌在完整的生活哲学和认识论里面的。

自我照顾也包括认识个人能力的界限。经验不太丰富的团体带领者经常会遇到超出他们能力范围的情况。这是完全正常的，他们遇到这种情况的频率没有那么高。但这也会发生在有经验的带领者身上。重要的是承认这一点，并且在此基础上做出富有责任感的行为。处理界限这个主题时，我们可以寻求督导的支持，以及通过自学，或者参加课程来继续深造学习。如果应对团体成员的情况超出了你的能力范围，你也完全可以在和他商议之后将他转介到经验丰富的同行那里或者当然也可以安排他住院。

所有的团体成员都可能会挑战我们的个人能力。如果产生了接触，我们可以从彼此身上学习，拓展自己的边界。在每一次的会面中，通过交流和相遇，格式塔团体带领者都在接触中改变自己。内在督导的作用也包括有意识地肯定你的个人成长，欣赏并且认可你从团体成员身上学到的东西。

内在督导的任务总结

批判性的自我反思
- 对发生的事情做公正的见证

- 在元层面上的有距离的观察
- 对团体事件的规律性评估

让注意力在自己和团体之间切换

- 意识到移情和反移情
- 尝试性认同，以防过早干预
- 关注团体里的非直接沟通
- 在不确定的情况下总是询问团体成员

自我照顾

- 积极地自我肯定
- 有意识地觉察焦虑
- 放慢速度
- 小步前进
- 为自己鼓劲儿
- 接受承受力和能力的边界
- 注意暂停和休息
- 暂时屏蔽外界
- 有意识地肯定自己的个人成长

第四章　可以这样继续下去——一些基本原则

　　一个由原本彼此陌生的成员组成的团体，能在几个小时的格式塔共同体验之后培养出信任、感到亲近、触碰到深层的情感。这总是会让团体带领者（也包括我）感到着迷。这样的情况在大多数其他的团体里，可能在若干年后都未必会出现。

- 这是怎么做到的？
- 是什么推动了这个过程？
- 有什么在阻碍这个过程？
- 这里有哪些看上去是简单的、我作为格式塔团体带领者可以使用的方法？
- 什么样的内在态度是必不可少的？
- 作为格式塔团体带领者，我可以用哪些简单的方法先给团体施加推动力，让成员们的重要议题从空白中浮现出来？
- 如果想让成员们通过互动简单明了地呈现他们之间的典型关系模式，我有哪些干预方法可以选择？

　　对以上这些问题，前面关于内在督导的章节里已经给出了一些答案。接下来我还想补充一些能够支持和推动团体过程的重要原则。

图形——背景可以帮助定向

　　原则上，团体带领者给成员的指示里只有一个是必不可少的：关注出现在前景里的、占据你的思想和触动你的东西。在这个过程中，重要的是带领者能够提供空间和时间，让事情有可能发生，让图形（figure）从团体事件里呈现出来。

经验不太丰富的团体带领者会不太信任这个自我调节过程，这并不奇怪！大多数教学咨询活动都有计划好的流程，以及提前规划好的目标和方法。另外，团体成员的期待也会让带领者倍感压力，让他感觉要独自一人承担起塑造团体的责任。

随着带领者的经验越来越丰富，等待团体成员自发表现出想法和兴趣，然后再做出回应这件事情会变得容易一些。我的准则是，提前计划的部分越少越好，并且只做必要的准备。

通过放慢速度来觉察，最后达到去自动化

放慢速度是觉察的重要前提，所以多年来我学会了在带领团体的时候控制自己的速度。在还不熟悉的团体里我总是会特别兴奋，会有加速的倾向。不仅仅是心跳和呼吸会变快，而且讲话和反应的速度也会变快。如果不是有意识地加以控制，从我嘴里说出的句子就会像是自动蹦出来的一样，这是因为我对团体有隐约和模糊的担心，是我对这个环境做出的反应。

从早期带领团体的经验里我认识到，在团体的初始阶段，有时候事情会交杂在一起。如果之前没有创造出支持性的土壤可以拥护成员，那这些让人非常触动的体验就很难得到整合。所以我喜欢在团体开始的阶段有意识地放慢速度，克制自己去做那些会引起退行或者促进宣泄式表达的干预。

在团体初始阶段，带领者还可以使用一些其他的结构化练习来认识和熟悉格式塔工作的基本原则。如果你担心这些练习会助长团体成员被动的态度，而不参与这些练习，那你的干预可以主要围绕放慢所有的互动这个目标展开，这样大家就可以有意识地觉察这些互动，为新的事物创造空间，具体如下所示。

- 你可以休息，请允许自己休息。

- 如果可能的话，你可以放慢说话速度，内心和身体都往后撤退一些。这能够拓宽你的内在空间，让你的注意力变得更完整。

- 也许可以让成员们复述他们说过的话，或者说话的时候放慢速度。

- 邀请他们一起带着觉察，做深呼吸。

- 询问成员们，当他们在说话的时候有什么感受，或者问问他们有没有采取什么行动的想法。

- 询问成员们，他们对自己的声音有什么样的体验，或者他们在和谁说话，是否感觉别人在听自己说话，以及他们有没有意识到自己的面部表情、身体姿势或者某个特定的动作。

- 你可以请他们有意识地重复或者用夸张的方式表现出来。

- 你对成员的内在图像和感觉产生了兴趣……或者你可以分享自己的内在图像和感觉。

- 在这个过程中，你有时候可以总结自己听到了和看到了什么，但注意不要添加内容或者进行诠释。

- 另外，你可以请成员环顾四周，有意识地去觉察他们现在和谁坐在一起，感觉怎么样。

从普遍到特殊，从抽象到具体

这个指导原则非常有用。如果团体里的能量低迷，沟通缺乏活力，可能是因为团体成员在抽象地泛泛而谈。作为团体带领者，我会要求他们在发言的时候要具体和明确。

▰▰ 例子：

成员们在聊他们有时候真的特别想和某人表达自己的意见，但是又不想伤害任何人。

我作为团体带领者可以追问：你们想和谁表达意见，你们不想伤害谁，有可能会发生什么，等等。

描述越具体、越明确，我就越能调动所有的感官来更好地想象和理解这件事情。这是让我可以真实地在场去接触，以及认同我在做的事情的重要前提。

相反，抽象地泛泛而谈会把我带离此时此地的体验，导致陌生化。

开放的格式塔和完成的格式塔

开放的格式塔（开放的格式塔也叫作"未完成事件"）或者完成的格式塔这个概念对我来说虽有用，但又太不明确。从严格意义上来说，不存在所谓的未完成的或者完成的格式塔。即使把出生当作开放的格式塔，把死亡看作完成的格式塔，这种说法也是不精确的。在出生的时候我们是最灵活的，紧接着我们就需要面临成熟过程或者衰老过程。这个过程包括变得越来越不灵活、固化、自动化，呈现典型的特点、身体姿势、动作模式、情感范式、思维和行为模式这些重要方面。我们的身体、精神和灵魂越来越不灵活，生命随着我们在缓慢地走向死亡的过程中呼出最后一口气而结束。

这一切和带领团体有什么关系呢？如果把团体看作一个有机体，就像一些格式塔理论家建议的那样，那团体也有诞生的时刻。那时候一切都是开放的，一切皆有可能。团体是有生命的，也要经历成熟的过程，并且伴随着某些确定的任务、目标、角色、规则、标准和价值，以及像死亡一样无法抵抗的结局。

当我作为团体带领者戴着"开放的格式塔和完成的格式塔"这副眼镜看待团体中发生的事情时，我就能决定要对哪些议题进行干预。如果我进入一个全新的团体，对其中的成员一无所知，这时候我就会对进入团体自带的开放的格式塔充满好奇心，好奇促使我创造出合适的行动。刚开始我的接触是自由不受拘束的，我想认识团体成员，了解他们的期待、愿望和目标，知道他们现在的状态。我也认为成员们有类似的需求，就算他们也许不会像我这样自由。

但是大多数时候当我进入一个新团体时，情况并没有这么简单。反而经常是我在进入之前，就已经存在开放或者完成的格式塔了。完成的格式塔当然是在背景里起作用的，大多数情况下我们在提到它的时候可以将它回忆起来，否则就不会予以过多关注。比如说，我以前带领过的团体里的老成员现在加入了新团体。这种情况是我们讨论过的，团体的关系是融洽的、支持性的。

开放的格式塔会更多地在我的意识层面里出现。这些未完成事件要求得到我的关注，就像苍蝇一样停在我的鼻子上，赶都赶不走。

和某位团体成员有关的开放的格式塔

比如，我可能会觉得某位成员不适合这个特定的团体。直到半年之后我才有个特殊的契机来完成自己的这个格式塔。当其他成员都清楚这位成员在这里格格不入，而他在团体里的情况也越来越糟糕的时候，我动用了作为团体带领者的权力，向他表达了我的猜测，我觉得他在这个团体里没有被妥善照顾。后来他选择离开。自此之后在团体中我能感受到大多数人的释然。

另外一个例子是有位女性成员之前参加了另外一个团体，她在那里感觉不好。她在那个团体里经历的事情传到了我的耳朵里。于是我有了一个开放的格式塔：我担心这位成员也许会特别棘手，但我没有表达出来。

我从第三方那里听到的任何关于团体成员之前经历的事情对我来说都像开放的格式塔。我的难点是，一方面我想要谈一谈这些之前的事情，来完成自己的格式塔；另一方面这种信息通常是第三方出于信任告诉我的，因此并不适合在团体里当众谈论。

特别是在团体刚开始的时候，如果我提到了团体以外的信息，成员会感到被背叛和难堪。

和整个团体有关的开放的格式塔

举一个简单的例子：在团体初始阶段，如果有某位甚至多位成员迟到，或者大家根本不知道还有谁会来的时候，通常会产生开放的格式塔。

这样的开局会带来不安全感，会削弱团体的价值，成员们会从刚开始就质疑团体是否值得信任。许多成员可能就不会再满怀欣喜地期待或者感到兴奋了。在刚开始就出现了不遵守规则的情况，这对团体的凝聚力是不利的。

如果某位成员还不确定是否会留在团体里，并且在第一次会面结束后甚至在之后的更长时间内都没有明确这一点，这种破坏性的动力就会更强。这种情况真的很像我之前提到的鼻子上的苍蝇，没有威胁性但是会刺激人做出反应。

原则上至少有两种方法可以处理以上这种情况，如下所示。

• 先暂时什么都不做

支持的论点：团体可能会自己谈到这个议题。

反对的论点：这个议题郁积在背景里，消耗团体的能量。

• 把显而易见的事情提出来

如果这个议题和整个团体有关，那这种干预方式可以在一开始就让成员们意识到，每位成员的行为都会对其他成员和整个团体产生影响。这种做法会让每个人都对团体中的所有事情承担责任，包括设立标准、规则、氛围和文化。但是并不是所有成员都会毫无异议地接受这一点。

　　作为团体带领者你可以选择动用自己的影响力，或者把冲突留给团体处理。当团体里出现归属感和自主这两极时，你可以支持成员们找到自己的立场，并且维护和捍卫自己的立场。这样成员之间的第一次冲突就会浮现出来。对两极进行工作是我们在觉察和解决冲突时的一个重要部分（Zinker，1998）。

　　如果你作为带领者在一开始就很明确地动用自己的影响力，那就意味着你要参与成员之间的冲突。这种情况早晚都会出现。因为你对自己在什么样的团体文化中可以比较舒服地工作有自己的想法。

　　你可以明确表达：我认为成员们准时到场很重要，这样大家就可以一起开始工作。或者你可以宣布：从现在开始，无论到了多少位成员，我都会在约定的时间准时开始。

　　在主动完结这样一个相当清晰的开放的格式塔的时候，我认为重要的是能想到不同的干预方法。在这个过程中的重点不是自己尽量不干涉，而是让团体去处理冲突。

　　如果在刚开始就和带领者发生冲突，或者成员之间产生了冲突，大多数团体都会感觉非常震惊。

总而言之，我感觉我这位格式塔团体带领者就像一条"追踪犬"，需要不断搜寻那些在此时此地对团体产生影响，并且急需完形的开放的格式塔（未完成事件）。另外，我想让团体成员们尝到甜头，让他们觉得关注这些未完成事件是值得的。如果格式塔完形了，成员们就能够带着从这个过程中获得的力量继续前行。

找到并且抓住焦点

如果你多多少少遵循了前面介绍的原则，那你就已经找到和团体工作的焦点了。你创造了足够的空间和时间，从而让个体成员和团体整体的图形能够浮现出来。团体中出现了某个明确具体的事件，对此大多数成员都表示很感兴趣。届时，议题被提出来了，焦点也被找到了。

这个过程并不一直是直线型的，经常会出现有多个议题需要处理的情况。重要的是，你需要清楚地注意到这种现象并且相应地留出时间。也许你可以和团体确定优先级，列好清单。如果没有足够的时间探讨所有的议题，我建议你明确地指出来。这样你可以避免期待落空的情况，也免得让自己压力太大，觉得要面面俱到，什么都要做好。

如果你已经找到了焦点，那现在要做的是抓住焦点。在团体的初始阶段，这个任务主要是你这位带领者的。成员会出现许多偏航、回避和走错路的情况，你要在这种情况下时刻掌握航线。当然，你自己也会经常偏离航线，这也是正常的。理想情况是你能在这个过程中保持在场，不要丢掉目标。

学会利用团体的全部潜力

在团体初始阶段，成员们会几乎毫无例外地以团体带领者为导向。这完全是正常的，这反映了他们接受和认可带领者的权威。我认为格式塔团体的一个重要的学习目标在于成员们学会利用这个独一无二的团体的全部潜力，并把学习经验迁移到其他团体上。

团体带领者的干预会创造互动的团体文化。我将大部分注意力和干预都聚焦在团体此时此地发生的事情上，但是不会像巴德·费德（Bud Feder）的互动团体治疗那样仅仅关注这一部分。

我通过干预不断邀请成员在把注意力放在自己身上的同时，要关注成员之间以及整个团体发生的事情。对许多人来说，这意味着重新训练注意力。在这个基础上成员们可以互相接触，在不同的组合中尝试、适应，重新塑造自己并且获得成长。

在这里我想介绍一些选择以及设计团体活动和实验的重要原则。团体实验活动大致可以分为两类：

- 一类实验 / 活动有激活和刺激的性质，对团体过程有推动作用。我们可以跟进这些实验活动，并将其进一步深化。人们会意识到开放的格式塔，这些未完成事件要求获得我们的注意力，寻求完形。
- 一类实验 / 活动有让人安静、获得滋养的效果，是疗愈性的、游戏式的，可以让人休息一下。

这两类活动对团体都是重要的，能使团体成员契合接触和后撤的自然节奏。团体带领者需要协调和平衡这两类活动。有些团体工作得很努力，冲突不断，也有些团体只专注于处理某位成员的困难和遭受的打击。当然团体确实需要处理这种情况，但不仅仅是做这些。

团体中有可能会出现固化的现象，比如团体的日常就是和困难的问题作斗争。这样团体会失去轻松的感觉、缺乏感官享受和生活的乐趣、缺少信心并且不够和谐。而正是这些品质让生活变得有价值，让团体变得有吸引力。

在这种情况下，带领者可以通过提供相应的练习来进行干预。这可以给成员带来不一样的体验，帮助他们摆脱固化，并且让他们也意识到这一点。

当然也有些团体是完全相反的，成员们非常注重和谐，回避一切冲突。他们害怕因为自己的问题会麻烦其他成员。就算面临严重的问题或者很明显自己无法解决的情况，他们也会向其他人展示生活的美好和自己的能力。

在这种情况下，团体带领者可以选择通过开展活动和做实验给团体施加一种刺激，通过创造空间让成员们拥有不同的体验。比如说成员可以试一试，当他对团体中的某位成员提出某个高要求，或者鼓起勇气和某位成员公开澄清冲突时会怎么样。比如说，他们在团体中展示自己的不安和对生活的担心，并且不会遭到排斥或者轻视。

第五章　团体中的治疗过程

团体里改变过程的地图

作为格式塔团体带领者，我心里有一张地图，这个地图上显示了改变过程是怎么进行的，什么会促进改变，而什么会阻碍改变，如图 5-1 所示。

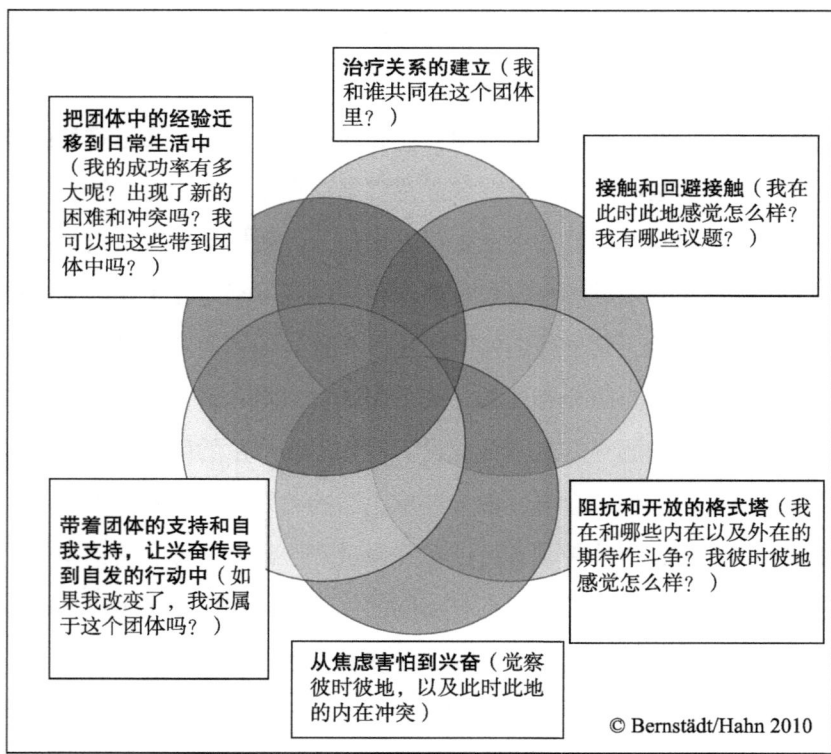

治疗关系的建立（我和谁共同在这个团体里？）

把团体中的经验迁移到日常生活中（我的成功率有多大呢？出现了新的困难和冲突吗？我可以把这些带到团体中吗？）

接触和回避接触（我在此时此地感觉怎么样？我有哪些议题？）

阻抗和开放的格式塔（我在和哪些内在以及外在的期待作斗争？我彼时彼地感觉怎么样？）

带着团体的支持和自我支持，让兴奋传导到自发的行动中（如果我改变了，我还属于这个团体吗？）

从焦虑害怕到兴奋（觉察彼时彼地，以及此时此地的内在冲突）

© Bernstädt/Hahn 2010

图 5-1　团体改变过程的地图

治疗关系的建立

改变最重要的前提是我和每位团体成员之间，以及成员相互之间能够建立关系。能够成功建立真实、平等的关系，这本身就具备很高的治疗价值。

建立关系包括哪些部分？我的目的是带着注意力、兴趣和好奇去和每一位团体成员相遇。我先对自己的评价、诊断性的设想和感觉进行觉察。对于大部分觉察我都会说出来，当然也有一些会被带入我和成员的互动中。

我通过在开始阶段采取克制和基本接纳的态度，试图创造让团体成员们感到足够安全的氛围，以便让他们发现和展示他们本来的样子。对我来说，重要的是创造一种能够允许存在差异，甚至是能够培育差异的团体文化。在这种团体文化里，行为举动没有对错之分。

这个计划当然是和我们人性中固有的喜欢评价和判断他人的行为举止的倾向是相互矛盾的。我们没有办法回避评价和判断。这种能力对我们的社会凝聚力来说也是必不可少的，在每个团体中都存在评价和判断。和那些成员之间或者成员和带领者之间存在很强的张力甚至是互相憎恶的团体相比，一个大家都感到舒适的团体的凝聚力更强。

我如何处理评价的方式是关键的。我可以克制、悬搁这些评价，把它们转化成好奇吗？我可以从治疗的角度把评价变成反馈吗（参见"给出反馈"这一章）？我可以怎样支持其他的团体成员找到自己的评价方式，以此推动他和其他成员建立关系？

我认为，和团体成员建立关系的重点在于自我暴露的时候要尽可能清楚、坦诚，且在必要的范围内展现自己。刚开始我只需要有意识地觉察成员的设想和猜测，将其他的交给时间去证明或者证伪即可。

当团体成员们建立了信任，感受到对团体的归属感，团体对他们来说变得重要，内心产生相互约束感的时候，支持性的治疗关系就成功建立了。

和所有的团体成员建立支持性的治疗关系通常是个漫长的过程，并且大多数时候并不是每个人都能成功的。

接触和回避接触

和建立咨询关系密切相关的，还有我作为团体带领者和每位成员进行充分接触前提下的相遇。格式塔语言里所说的接触能力和我们平常说的意思不一样。从格式塔的视角来看，平常被认为善于交际的人完全可能是有接触障碍的。格式塔把接触定义为一种能力，即在某种情境或者相遇过程中，带着让我们之所以成为我们的一切（带着我们的感知、觉察、需求和请求、身体、感觉、内在图像、想法以及表达和行动能力）全然在场的能力。

在团体里，成员们有无数个机会更有意识地觉察他们是如何接触或者回避接触的，并且尝试其他的可能性。作为带领者我会让他们有针对性地运用接触功能，要么让两位成员互动，要么让整个团体做练习。

"练习"这个词可能会让人产生一种在做训练的印象，并让人觉得只要练的时间够久就完全可以掌握。但这不是这些练习的意义。相反，我们很容易就能预料到即使团队成员做了足够的练习，也会出现阻抗。或者，成员们虽然已经"掌握了"某件事情，但是却对它感到非常陌生，因此不能把这种体验整合到日常生活中，而是把它分裂出来，觉得这种体验是只属于格式塔团体这个设定里的。在这些练习里，带领者能够对接触功能进行分析但是不加以评判，熟悉自己的接触风格，对这种接触风格的优缺点产生好奇就已经足够了。

阻抗和开放的格式塔

我之前提到过，在提议做一些新的尝试的时候，我作为团体带领者会预料到有人提出反对意见。抗拒新的体验和改变是正常的，这是心理健康的反映。固守以往熟悉的事物可以给人带来安全感、连续感和认同感。

在尝试新的事物之前，先暂停一下，在内心权衡和感受一下结果，看是否有足够的支持来做这次尝试是很重要的。在尝试新的体验之前，我必须准备好放下过去的事物，有时候这会造成很大的影响，并且是我完全无法预料的。对改变的阻抗可以保护我们的自我不被分裂。

强迫自己改变可能会引发创伤。新的体验可能是破坏性的，无法被整合。

团体带领者和成员们经常不能理解这些阻抗，因为他们期待能轻而易举地完成训练。但是阻抗总是带有保护的功能，这一点我们必须给予认可。这里有一点要注意的是，当团体成员们对另一位成员施加压力，要求他做出改变的时候，带领者要进行干预，就算这种改变的要求披着"我们只是为了你好"的外衣。

从焦虑害怕到兴奋

当阻抗导致个体功能受到很大限制、威胁到个人健康，或者被束缚的感觉和不满占了上风，工作和个人生活中总是出现困难的时候，阻抗就会对心理健康造成危害。如果阻抗针对的是某种特定的行为方式和表达方式，并且是长期的，这表明团体成员过去（彼时彼地）的某些事件没有得到妥善处理。

这些未完成事件现在在团体里可以成为前景。成员可以用鲜活的方式把它们回忆、讲述和表演出来。那些被打断的冲动，受到压抑的情感，被拒绝的、没有得到满足的需求可以进入意识中，成员可以和团体一起完成这个格式塔。

这个完形和先前的未完成事件的不同之处在于，前者里面增添了新的东西：新的行为或者表达方式，新的感觉、身体知觉和理解。通过经历这种重构的体验，成员获得了成长，并且这种成长是全面性的，涉及躯体、灵魂和理性等方面。有些未完成事件需要经过许多次重构才能够被消化，来访者才能在不同层面上攻克它。然后，这个事件有可能会退回到背景里。来访者掌握了处理类似情况的新技能之后，就不再需要因为害怕而回避这种情况了。

和个体咨询不一样的是，团体在这场勇敢的冒险中为成员提供了强大的支持，团体会一起感受、共同思考、接纳、支持、安慰、宽容、鼓励、感动和伤心、不耐烦、激动、惊讶、失望、无聊、好奇，等等。当来访者内心处于对新事物感到焦虑、害怕和兴奋的状态的时候，团体里出现各种共鸣可以帮助他面对这种冲突。

一方面，来访者可以更有意识地觉察那些通常会出现在背景里的焦虑、害怕，去修通、接纳、调动身体的每个细胞感受和做出清晰的表达。他能够展示和表达自己的焦虑和害怕，并且可以向其他人求助。通过这样的方式，来访者能够从以往的孤立状态中走出来，感受到团体的支持。他现在也可以通过运用躯体层面的呼吸练习稳定重心、扎根，探索对灾难化的恐惧，批判性地看待自己的内射，觉察自己的资源等方式学会自我支持。

另一方面，来访者现在也可以更多地允许之前被压抑的兴奋进入意识当中。他可能觉得自己想要大声喊叫，或者希望得到父亲的关爱，或者想要制止另外一位成员继续开他的玩笑。

随着兴奋的感觉越来越强烈，来访者觉察到了自己想付诸行动的冲动。这些冲动可能和团体的此时此地有关，也可能和此时彼地（来访者当前的，在团体之外的生活）或者彼时彼地（来访者过去的在团体之外的生活）的事件有关。通常，在面对此时彼地和彼时彼地的事件时，来访者不会感到那么恐惧。

作为团体带领者，我认为在涉及团体此时此地的议题的时候，出现的阻抗会是最强烈的。为了能够跟随带领者的建议，成员们尽管会经常觉得尴尬，但是也会选择掩饰这种感觉。特别是在团体刚开始的阶段，成员们觉得带着兴奋的情绪和其他人进行接触是件难事。就算是完成简单的任务，比如在团体中找一个你对其特别有好感的人，并且在团体中宣布这件事，成员们也会遇到很大的阻抗。

让兴奋传导到自发的行动中

如果内在冲突的兴奋和焦虑害怕这两方面都获得了充分的表达，来访者对这两个部分都有足够多的了解和认同，那就到了他做出选择的时候了。这时候外在的压力或者操纵都是多余的，因为他自己的动力就已经足够了。但是作为团体带领者，我可以和他一起探索，看他还需要哪些支持来迈出下一步，从而进入让人激动并且充满焦虑的未知领域。

我们可以共同创造一个类似于彩排的实验。我可以设计一些干预方法来在躯体层面上帮助来访者主动表达出兴奋，并且让兴奋转化为行动。同时我也可以邀请整个团体都参与进来，这么做的好处是，更多的成员可以在这个过程中同时探索他们自身存在的类似议题，而不仅仅是被动地听。

根据我的经验，像以前的格式塔文献里描述的那种情感爆发或者行为上发生巨大的质变这种情况是很罕见的。从外部看来，这种过程中的变化都是微小的、自发的，而且经常会让当事人也感到惊讶，因为这些变化不是被刻意创造出来的。

团体成员们经常比我更会肯定这种变化，可能是因为他们离这些事件更近，所以他们知道就算是这些微小的变化也需要很大勇气。如果这种勇气受到其他人的特别关注，并且得到善意的认可，这种体验对来访者来说就是无比珍贵的。这种经常带着些许羡慕的发自内心的赞扬，会让来访者更有动力去重复和拓展这些小的改变。

把团体的经验迁移到日常生活中

为了避免让治疗团体仅仅成为安慰不如意的日常生活经历的替代品，成员们需要学习把团体中的经验迁移到日常生活中。尽管这个任务不一定简单，但这是非常重要的。

团体中的此时此地和生活中的此时彼地常常有很大差异，人们经常觉得这种鸿沟是不可逾越的并且是会造成痛苦的。只是在团体中谈论、承认这个事实就会让成员们感到很羞耻。能够帮助成员克服这种羞耻感或者绝望感的事情是，其他的团体成员也有类似的体验，也面临这个艰难的任务。

　　我们设想一下，在代表另外一位团体成员做重构工作的时候，阿琳娜才能够第一次清晰明确地表达自己的需求，即希望别人能够更多地关注她的愿望。

　　阿琳娜接下来面临的挑战是在和另外一位成员的直接接触中，清楚表达她的一个愿望，她也做到了。她成功地克服了这件事带来的冲突，很好地坚持了自己的想法。这些体验对她来说是陌生的，但是阿琳娜开始尝到了甜头。她想象如果在日常生活中自己也可以这样做的话，那生活会变得多么美好。

　　但是现在出现困难了。一方面，因为阿琳娜的环境已经习惯了她压抑自己的需求，或者就算表达自己的需求，她也只会用间接的方式。在工作上，因为她不善于设立界限，所以她一直都是一边小声抱怨着一边接受加班和不合理的工作条件。现在对雇主来说，阿琳娜也可能会变成一个麻烦。

　　另一方面，阿琳娜的存在性的焦虑也冒出来了："如果更明确和自信地设立自己的边界，我会不会丢掉工作？"并且重新设定边界这件事情当然是很有吸引力和让人兴奋的。

　　在个人生活中，阿琳娜也更清楚地意识到她退缩的频率，并且她的伴侣把这种退缩看成理所应当的。因此伴侣关系也不可避免地产生了波动。当阿琳娜表达自己的需求的时候，她经常会遭到伴侣的拒绝，两人之间会出现争论和冲突。谁愿意放弃这种被偏爱的特权和行为模式呢？

　　阿琳娜的亲密关系以及友谊都出现了颠覆性的变化。也许阿琳娜之前就不满意这些关系，就算她只是隐隐约约感觉到这种不满，但这种关系本质上是融合。在这种情况下，存在性的焦虑会以不一样的面貌出现。"我的伴侣会离开我吗？或者我会离开他吗？我会失去所有的朋友吗？我能忍受孤单和孤独吗？"

这种焦虑有可能会强烈到导致阿琳娜失去行动能力，从而没有办法把在团体中获得的体验迁移到日常生活中。

对改变的恐惧当然也能够以相反的方式出现，具体如下所示。

- 我能够接受自己再克制退缩一些吗？
- 在团体之外，我还能允许自己拥有亲密关系和保持有约束力的关系吗？

重要的是团体带领者要预料到会出现这些迁移困难，并且在团体中进行讨论。在这种情况下，团体带领者首先可以让成员们利用开始圈和结束圈活动的机会进行讨论。团体带领者在团体会面开始的时候可以通过询问成员一些问题和上一次的团体会面进行连接，问题如下所示。

- 你们上次在团体里的体验对你们的日常生活产生了什么影响？
- 上次团体会面之后发生了什么事情是你们想和我们分享的？
- 你们有什么未完成事件还持续萦绕在你们脑海里？
- 当然也要问一下背景：你们在今天晚上的团体里有什么关心的事情？

每次团体会面结束的时候成员们对以下问题做些表达也是有帮助的。

- 对他们来说这次会面里重要的是什么？
- 什么让他们感到触动和感动？
- 什么对他们是有启发的、有帮助的？
- 哪些方面也许是他们不喜欢的？
- 让他们觉得不舒服或者不满意的是什么？
- 他们今天晚上刚来团体里的时候关心的问题有没有得到解决？
- 有什么是他们也许想作为家庭作业带回家的？有什么是他们想在日常生活中尝试或者有意识地关注的？

依据我带领团体的经验，在团体刚开始阶段，成员们经常会破坏团体体验的连续性，并且他们对把团体中的体验迁移到日常生活中也没什么兴趣。这样会很容易引发一系列看上去没有联系的孤立的团体事件，看上去像飘浮在真空里一样，就像沙漠中的一块绿洲，走近一看却发现是海市蜃楼。

这种团体文化的形成和发展也是因为强调此时此地这个格式塔咨询最基本的原则。也许是因为在我们的文化里，我们非常熟悉碎片化的经验，以致我们对觉察自己整体的存在（包括自己的所有碎片经验部分以及互相矛盾这个要求）会感到陌生和不适，从而导致出现阻抗。

格式塔工作强调要促进我们对各种体验的整合能力。对阿琳娜来说，这可能意味着她要根据在团体中获得的新经验，在工作和私人生活中进行测试，看是否能让她的需求更多地被听到。她会发现不同的场景要求她采用不同的应对方式，因此她就需要将接触能力进一步区分细化。在这个方面，团体也可以先派上用场。

最后，我还想强调一下，我们介绍的是在理想情况下的典型团体过程。实际上每个阶段之间的界限永远不可能那么清楚，或者说每一阶段不会严格按照带领者描述的顺序发展，而是会互相影响，新的情况会层出不穷。

当成员没有发生改变的时候，这样的一张地图对我来说能起到向导作用，它可以帮助我检查团体是在哪里偏离了航线，以及忽视或者跳过了什么。

第六章　团体过程中的我、你和我们

　　和个体治疗相比，格式塔团体工作有什么特点？一方面，在团体里会有多个过程同时进行，虽然它们都会产生影响，但是只有少数几个过程是清晰可见的，能够在团体中展现出来。团体中发生的事情对人们来说更难控制。和个体治疗的动力相比，团体里的动力更容易超出我的知识范围。

　　另一方面，我可以更信任团体的自我调节功能。团体成员会互相支持彼此的觉察和成长过程。其他成员会推动个体产生重要的改变。我需要承担的角色通常只是主持人和给予团体推动力的角色。和个体治疗相比，我在团体治疗中会与大多数成员保持较远的距离。

团体是个有机体

　　请把团体想象成一个有机体或者有特定边界和需要完成某个任务的社会系统。你作为团体带领者也是这个有机体的一部分，同时你也需要和它保持一定的距离。你需要关注这个边界和达成团体的任务。你可以使用"格式塔方法"（这个词加了引号，因为许多方法会逐渐整合，成为你的人格的一部分）。

　　在团体的社会系统里，各种过程会在不同的系统层面上同时产生影响，包括在个人内部、人际之间以及团体的整体层面，所有的过程都会互相影响。作为格式塔团体带领者，你的任务会比较复杂：有时候要和某位团体成员进行治疗工作，有时要做伴侣咨询，或者充当两位或者多位成员之间的冲突调解员，最后还得关注团体这个整体，推动团体进展。你的干预会促进觉察和接触，以及团体成员彼此之间的互动和互相学习。

格式塔团体是理想的学习场所

学习的内容包括个体在团体里带着觉察的体验。个体在团体中的行为是什么样的？他是怎么样处理归属感和分离、自主这两极导致的互相矛盾的需求的？他对冲突的接受程度怎么样？他的沟通和支持能力怎么样？在团体里他的行为方式是灵活的还是更倾向于接受刻板的团体角色？成员有能力表达他的需求，对团体施加影响、展示权威吗？还是他更倾向于去适应，在团体中是个"隐形人"？对个体成员来说团体是一个理想的学习场合。我们每个人都会在团体里，比如工作团体、俱乐部或者在家庭里度过大部分时间，在这些团体里调节自己的需求，以及学习和适应过程是贯穿我们的一生的。

形成约束力

团体作为一个有机体，是一个综合的社会系统，每一位成员的行为都会对团体这个整体产生影响，反之亦然。在团体的开始阶段，不是每位成员都清楚这一点，甚至有些人会感到不舒服。因为这意味着放弃自主性，这是可以理解的。团体成员对约束力的看法是非常不一样的，这一点会从团体的小事上，例如准时出席团体会面活动或者遵守其他的规则等方面显现出来。

缺乏约束力会削弱团体文化的支持性，作为团体带领者，让每位团体成员都体验到这一点是很重要的。我在附录中列举了有时候在团体中处理类似事件的例子。

在约束力之外，带领者要承认每位成员也拥有团体之外的生活，他们对另外一个团体的归属感优先级会更高。

在理想情况下，团体成员会自发地提出约束力这个议题，然后有人会响应并希望有更多的约束力。也许他们一开始会在私下聊天或者在休息的时候谈到这个话题。但是只要传到了我耳朵里，我就会支持他们在团体中直接用语言表达出来。这时候总是会出现两个阵营。对有些成员来说约束力非常重要，这可以给他们在团体里带来安全感。另外一部分成员想要在团体中有尽可能多的自主权。

作为团体带领者我的任务是促使每位成员进行更多的觉察，觉察团体成员的自主性和对团体的归属感这两极。我的逻辑是，在团体中，成员将自己的需求调节得越好，他就越能感觉到联结和归属感。之后，对他来说需要多大程度的约束力这个问题就会迎刃而解。

但是在团体刚开始的时候，我会要求至少在某些事情上要有约束力。这些条件是加入团体的"门票"，包括关于付费协议、时间、缺席的规定和团体封闭和再次开放的时间。

团体里接触循环视角下的需求调节模型

有些格式塔理论家建议把接触循环的概念也迁移到团体的工作中。这个想法的好处是操作起来简单，经常能提供大致的方向，但这也是它的缺点。团体过程显然复杂得多，没有一个团体对"我们"的体验是一致的。我认为这个模型描述了团体中的协同过程，如果没有这些过程，团体的事件永远不会完结，团体体验也只是一堆未完成事件，这种结果会让人很受挫。

从接触循环的视角来看团体完整的体验环节

这个模型呈现的是理想情况下的一个典型团体事件，如图 6-1 所示。这个体验环节中首先形成的是一个还没有分化的背景（休息阶段），接着每位团体成员意识到了特定的觉察、需求和兴趣（形成图形），这些作为未完成事件进入前景中，要求得到关注，并且变得清晰明了，然后成员允许兴奋的感觉传导到行动中。成员们之间产生了充满意义的交流（接触），兴奋消退。由此出现了一种圆满的感觉（这个格式塔完形了）。这种体验能够产生持续的影响，如果需要可以请成员进行反思和整合。现在成员产生了休息和后撤的需求。

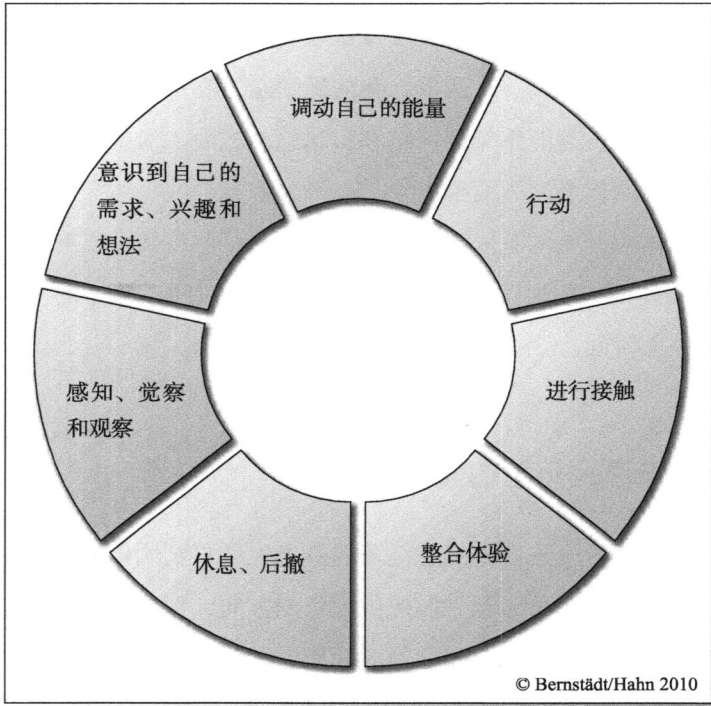

图 6-1   团体完整的体验环节

像前面提到的那样，这个模型描述的是在团体过程中的理想情况下的典型协同过程。在这个过程中，个体成员的行动受到整个团体的大力支持。在通常情况下，特别是在团体的初始阶段和中间阶段，这个模型的描述是不准确的。相反，就算表面上看一切都很和谐（这可能是团体过程中的融合阶段），这时候并没有出现格式塔意义上的接触，而差异、冲突和不同的意见都被隐藏了。相反，这时候的重点是寻求共同点和高度的共情。

团体发展过程的不同模型

要了解团体中的需求调节模型，除了接触循环之外，大概了解团体理想的发展过程也是有帮助的，这方面有许多相关研究和文章。而参照阶段模型的风险在于团体带领者会把它当作标准，阻碍团体探索自己的路。

参考亚隆、辛克和克莱因的观点，我介绍一下团体可能经历的发展阶段：

- 陌生阶段，表面的接触和探索；
- 定向阶段，找到在团体中的位置；
- 信任阶段，融合和孤立，角色固化；
- 分化阶段，冲突和身份；
- 团体高度团结一致，成员们有能力应对冲突以及合作；
- 结束阶段。

没有一个理论模型可以完全符合某个团体的情况，这个模型也不例外。

- 可能除了我这个带领者之外，团体中的一些成员或者所有成员之前就认识了，或者相反，他们几乎都不认识，但是我认识他们中的几位。
- 通常在团体的初始阶段就会出现冲突，或者冲突永远都不会显现出来。
- 只有一些成员学会了应对冲突和培养合作能力，其他成员反而更好地掌握了如何回避冲突争论。
- 在许多团体里都存在为了掩饰告别引发的情感，否认团体即将结束的倾向。

尽管如此，这个阶段模型能够给我提供重要的方向指引。

这个模型的第一个重点：当成员拥有处理冲突的能力时，团体的凝聚力才能得到最好的发展。这里包含了一个悖论：尽管大多数成员们害怕冲突，但是只有经历过这样的冲突和所谓的危机之后，他们才会在团体中感觉受到保护，体验到安全感。他们不再需要调动能量掩饰自己的冲突或者回避和他人的冲突。对成员来说，体验到争吵或者表达"负面的"感觉不会摧毁团体，这是非常具有治愈性的。

这个阶段模型的第二个重点强调的正好相反：如果团体在初始阶段就出现了激烈争论和成员表达出强烈的负面情绪的情况，尤其是当这些表达是针对其他团体成员的时候，新成立的团体就会面临很多需要处理的事情。这当然会引起团体的焦虑，可能结果是团体成员要么僵化、抑制自己的冲动，要么离开这个团体。在这种情况下我会有意识地进行干涉和控制，将破坏性影响控制在一定范围内。我会提议做些其他的团体活动，以满足成员们想要更多表层接触和获得方向感的需求。

每位团体带领者都应该注意的第三个方面是团体成员们会有角色固化的倾向。一方面这些固化的角色能为成员提供安全感和信任感，特别是当这个角色和他在其他团体里的角色一致的时候。也许这个角色能最好地突显成员个人的强项和能力，这会促使他对团体做出积极的贡献。

但是相反，我们也可以看到成员们有时候承担的角色是不太受尊重的，这会进一步强化他们的消极的自我价值感。

这时候带领者可以首先让团体意识到这种角色固化，比如在做某个团体活动的时候，或者当团体过程中出现相关事件的时候。

消除角色固化的这个过程是艰难的，因为角色是我们的身份认同和人格的一部分，它给我们提供依靠，但是也会限制我们。

对我来说，第四个也是最后一个重要的方面和团体特定的学习内容有关，按照格式塔原则来说就是学习接触功能——就像在接触循环中介绍的一样，其中包括带着更多的意识使用我们的接触功能，以及从存在主义的角度来说，逐渐增强的为自己的生活承担责任的意愿，在这里指的是为塑造我们在团体中的生活负责。对弗里茨·皮尔斯来说，格式塔治疗首先是存在主义的治疗。我作为团体带领者也会参与这些任务，包括处理权威和权利，以及对团体施加影响的意愿或者担心。

　　根据我的经验，以上学习内容对许多团体成员来说都是全新的。在团体刚开始的时候，他们的接触功能是歪曲的和受限的。他们没有意识到自己会习惯性地接触中断，而只使用了部分的潜能来塑造自己的生活。他们学会的更多的是适应环境的要求——经常只是想象中的要求，而不是自己向环境提出的要求，从而让环境适应自己。

格式塔团体的发展模型

　　我的格式塔团体的发展模型如下所示。

　　团体成员带着习惯性的接触中断和受限的接触功能参与团体事件，并且出现如下这些行为。

- 内射：这个团体的运行规则和标准是什么？
- 投射：团体里的谁让我想起了哪个人？这个团体对我有什么期待？
- 融合：最好是我来适应这个团体。我顺着上一位发言者的话说下去。这主意听上去不错，这样就不会太显眼或者冒犯其他人。
- 内转：我头疼，我得控制自己，不要让自己号啕大哭，我感觉太糟糕了。
- 偏转：我最好在团体里讲一些笼统的事情。
- 陷入自我中心：我可以挑起一场有意思的讨论，比如问为什么这个团体里就这么几位男士。

　　意识到接触中断和受限的接触功能：通过更多的觉察，团体成员们会变得更有活力、更敏锐，但是也会感到焦虑、害怕、羞耻和出现阻抗，同时个体内在的心理冲突变得清晰，并开始在团体中进行接触。在这一阶段，成员们还在自顾不暇，他们经常要么认为团体是有威胁性的从而屏蔽团体，或者把团体设想成团结一致的和富有善意的，无论如何，成员对团体的觉察是没有太多区分度的。

团体成员们学会弥合一些习惯性的接触中断，因地制宜地使用他们的接触功能。但是他们也意识到了接触中断和受限的接触功能带来的好处，了解了他们有选择自由权。他们对其他成员的觉察是有区分度的，可以对团体事件施加很大影响，但是也可以撤退到背景里，以及接受其他人的影响。

团体的存在时间可以从 90 分钟到延续多年。有一次，亚隆曾经这样描述 90 分钟的团体会面："他（指其中一位成员）的评价非常具有教育意义，让人感动。"在团体会面的初始条件本来非常糟糕的情况下，亚隆对团体成员提出了挑战："在这么短的时间里，此时此地你们对彼此有什么愿望，又能够给予彼此什么？"他坚持存在主义的信念，认为每个人都可以为了自己利用这段时间，或者放弃这个机会。尽管在条件非常恶劣的情况下，他的坚持以及对每一位成员的不可动摇的兴趣，促进了团体成员间进行有益的交流以及接触。

第七章　关注团体的此时此地

我曾在治疗毒品成瘾患者的医院工作过几年，当时医生在病历上总是会写："患者具有较好的时间感和空间感。"这句话的意思是患者不是精神病，也没有阿尔兹海默病，看上去还比较正常。但是我不这么认为。许多这样的患者生活在此时此地，或者是他们生活是为了此时此地，他们不想看见未经修饰的赤裸裸的过去或者未来。他们是孤独的"艺术家"，不接地气，所以在表达方面非常受限。他们害怕情感依赖，对周围的人非常不信任。他们没有能力对人生的下一步发展制订现实的计划和实施这个计划。

在团体里，他们和其他人没有什么联结，也对此不感兴趣（就算是在谈论毒品或者怎么样能捞点好处这种事情也是这样），并且似乎对团体里的互相帮助和支持也兴致不高。

这些患者践行的此时此地原则是荒谬的，这种认知让我醍醐灌顶。对他们来说，此时此地是"毒品"。他们只为了此时此地活着，而且他们非常擅长屏蔽过去和未来的事情。只关注当下和眼下能获得的舒适和好处，这演变成了一种固化。

当团体里在讨论毒品成瘾带来的悲惨后果的时候，比如患上丙型肝炎或者有可能失去伴侣和孩子，这些患者也不为所动，只顾着计划下一次的复吸或者想他们在下一次尿检时可以耍什么花招。

当我在晨圈环节询问大家状态的时候，大多数时候得到的回答是一成不变的："我还行""好""还可以"或者"一切正常"。或者患者的回答是抱怨在团体之外遇到的事情，比如"我有花粉过敏，但是还得打理花园"。最富有感情的表达也许是"我期待可以出院的那天"。

在这种情况下，重要的是把治疗的重点引导到过去和未来，包括对到目前为止的成瘾经历进行工作，以及为未来做详尽的准备，防止复吸。

现在我带领的团体成员都是自愿参加的，这有利于形成支持性的咨询关系。格式塔的此时此地对大多数成员都是有帮助的，因为他们符合弗里茨·皮尔斯关于神经病患者的描述。他们很少生活在当下，而是忙于思索关于过去或者未来的议题。他们非常认同自己的想法，对当下偏离得非常厉害，以致完全摒弃了自己存在的意义和情感。

"放松你的思想，恢复你的理智"，这是弗里茨·皮尔斯在 20 世纪 60 年代讲的一句名言。我们可以把这句话当作神经症患者的指导语，它能让他们重新找回时间感和方位感。尽管这句话言简意赅，把解决所有问题的方法简化成了一句话，但是核心思想是对的。

如果不借助感官觉察（包括身体知觉和感觉）而只用理智，我们是无法解决问题的，我们会觉得生活没有乐趣和意义。

在格式塔语言里，我们会说："这个人没有在和自己以及他人接触。"在日常生活中，如果一个人在说话的时候不看着对方，说话声音很小或者很快就感到尴尬，他也会被我们当作是有接触障碍的。当然也会有相反的情况，比如有人总是自吹自擂，总是觉得自己知道得更多，这也属于接触障碍。

这样的例子在人际交往中数不胜数，就算是非专业人士也会感觉这个人在人际交往方面有障碍！只不过我们一般不会发表意见，至少不会在没有被问到的时候发表意见。这样做也是好事，因为设身处地，我也不想每个人都不经询问就对我的行为进行评价。

但是这正是格式塔带领者的任务，带领者有时候得能够咄咄逼人、毫不客气。带领者需要将所有注意力放在团体中的此时此地、成员之间的互动、团体过程，同时也包括自己身上。带领者的目标是重新建立和自己以及他人的接触能力。

接触或者接触中断总是在团体的此时此地发生，此时此地正是探索接触中断的原因的最好时机。当然带领者也可以通过做实验，探索如果没有接触中断，这个过程会怎么发展下去。这里有一些简单的方法，比如把一句被打断的话说完，把一个刚开了个头的行为做完，或者直接和某位成员对话，而不是谈论他。

当然，接触中断还有许多是长期的、慢性的、不那么容易消失的。它们成了我们的第二本性，给我们提供保护，而我们的整体人格也是围绕着它们发展起来的。在这种情况下，我们谈的接触中断就是在过去不利的场条件下个体做出的创造性适应表现。

在格式塔里，我们区分了不同的接触中断。

因为团体的此时此地是体验和修正各种接触形式以及接触中断的最好时机，所以格式塔团体带领者的首要任务是把注意力聚焦在团体的此时此地。在之后的章节我会列举一些方法。此时此地意味着事情只会发生一次，团体带领者没有其他的选择，只能在当下不断地进行训练。

不要谈论，而是直接对话

当团体成员谈一些笼统的事情并涉及某个团体成员的时候，我可以要求他们直接和那个人具体地进行沟通。

例子：

商量好的团体会面开始时间到了，但并不是所有成员都准时到场。卡特娅和马里恩这两位成员第三次迟到了。贝恩德在团体里说道：

"如果我们能准时开始就好了。"

我的干预：

"贝恩德，你可以直接跟卡特娅和马里恩说这句话吗？"

我的治疗目标不是让贝恩德听话，完成我布置的任务。我们假设，他接受了我的建议，然后我可以问他：

"你在和卡特娅和马里恩说话的时候，你体验到了什么？"

也许他会谈到焦虑和害怕被攻击，或者认为卡特娅和马里恩会开始鄙视他、报复他。现在贝恩德似乎出现了一个重要的人生议题，我们可以在团体中继续探讨这一点。但是贝恩德有可能会这样回应：

"为什么？他们已经听懂我的意思了。"

他表现出了阻抗。此时带领者需要尊重他的阻抗。如果是新成立的团体，有时候我会先把这个议题放一放或者询问其他的成员怎么看待准时到场这件事。但是我也可以对他的阻抗表示兴趣，比如问他：

"如果你亲自和卡特娅与马里恩说，希望他们下次准时到，那会发生什么呢？"

当然也要听卡特娅和马里恩要说什么。也许他们会自己主动发言、道歉，给自己找理由或者辩护；或者他们可能会要求有迟到的权利。但如果他们沉默，我会分别询问他们：

"卡特娅，你现在这么安静，你遇到了什么事？"

她可能会气呼呼地说：

"我在家就已经压力够大了，现在到这里也是这样。"

这是卡特娅的一个重要议题。她在妥善照顾自己和设立边界这些事情上是有困难的，现在这个议题在团体当中逐渐浮现出来。

直接要求团体成员做某事是一种简单的干预方式，却能帮助团体共同识别和探索成员的核心生活议题。

无论我接下来会做出什么样的行为，只要干预是可以设想到的、模式化的，就会很快失效。在这种情况下，团体成员会因为害怕团体带领者"抓住"他的"把柄"，而不敢在团体中自由地谈一些笼统的话题，或者他会巧妙应对这种突然被关注的情况，从而适应、内射团体的规则："如果我在团体里要发言的话，我只会谈一些直接的、具体的话题。"作为团体带领者我会留意这些团体过程，在必要情况下会用游戏的方式进行干预。

比如我会邀请成员们尝试用夸张的方式，做完全相反的事情：

"只说笼统的话，间接地谈论对方！"

在接下来共同的评估过程中，我们会有许多有意思的新发现。比如在团体中这样简洁、笼统地谈论某位成员有什么样的好处。比如人们可以通过用这样的方式表达自己的不快，并且不会让自己遭到攻击。

我们可以在团体的此时此地一起做些什么

在团体会面刚开始或者进行过程中，我可以提议某位成员或者所有成员介绍自己在关系或者接触能力方面想要做的一点改变。这个改变是可以在团体的此时此地实现的。通过做这个练习，成员们可以学习如何与包括团体之外的其他人更好地相处。我们会把注意力和能量只放在那些可能会直接创造新的体验的事情上，而不会放在那些不可能发生的事情上。

在周五晚上的培训团体里，成员们总是会抱怨他们的压力和精疲力竭。某个周六早上，海伦娜谈到她感觉自己承受不住了，她在日常生活中遇到了困难，并且希望其他人帮帮她。

我问她团体里有谁可以帮她，可以怎么帮。她的反应是瞪大了眼睛，看着我不说话。然后眼泪涌了出来："我早上站在塞满衣服的衣橱前面，要是有人能告诉我应该穿什么就好了。"

休息了一会儿之后她补充道："但是我觉得这件太孩子气了。"

我重复说了一遍我的建议，即让她说出希望从团体里获得哪些帮助。

"现在在这里，谁可以帮你什么忙呢？"

至于海伦娜是不是可以迅速想到一个主意并且行动起来并不是很重要。对她来说，关键在于意识到当她面对"一桌丰盛佳肴"时的行为：是像厌食症患者一样挨饿，还是暴饮暴食，还是尽情享受美食，或者是在犹豫要不要进食的过程中计算着卡路里，感觉自己是罪人，并且盘算着下一次的节食，或者完全无视这一桌佳肴，等等。

在这种情况下，如何与整个团体继续探讨这个主题就需要我发挥创造力了。一种方法是邀请海伦娜先想象，她对团体成员有哪些孩子气的期望。我们假设，她在停顿许久之后说："我希望这里有人可以帮我把鞋脱掉，给我梳梳头发，给我点喝的，在床垫上给我垒个舒服的窝。然后我还想有人帮我按摩一下脚，用扇子给我扇扇凉风。"

在我目前为止带领过的大多数团体里，成员们都会非常热心地满足这些希望被宠爱的愿望，并且他们希望自己也能够得到类似的享受。

碰到可以自由想象并且能将其付诸行动的"海伦娜"的机会很少。但是作为团体带领者，我也许还是可以调动自己的想象力给她一些启发。另外一方面我可以问团体："现在团体里的成员可以帮你们什么忙？"

听了周五晚上的分享，我猜测开口求助这件事对许多人来说会像海伦娜一样困难。

不是所有的需求都能转化为行动，而在团体成员试着这么做的时候会出现许多接触中断，就算这不重要，但是一个完成的格式塔包括把需求转化为行动，并且进行消化和接纳认可；否则其他的一切都会只限于表面的讨论，让人沮丧，团体的活跃程度也会减弱。

也就是说，对团体成员而言有意思的也是必要的部分是通过用这种方式学习有意识地觉察自己或者其他人是怎样中断接触的。之后的治疗工作正是在这个边界上进行的，这部分内容可以参照我写的关于团体过程中出现接触中断时的干预方法。

团体带领者的另外一种做法是只关注团体成员之间的互动，而不负责解决团体之外的问题，这部分内容可以参阅巴德·费德关于聚焦互动的详细阐述。

▨ 例子

在培训团体里有一位成员丽贝卡，她非常安静。在团体里她只谈论自己作为幼儿园老师在工作过程中遇到的问题，并且坚持在其他成员面前保留自己的个人议题、观点和感觉。当其他成员呈现个人议题和进行团体互动的时候，她总是隐藏自己的想法，与其他人保持距离。我和一些团体成员询问她的情况，她向我们保证自己感觉舒适，也学到了很多东西，最想在团体边上当个观察员。我认为她显然在回避和我们的接触，并且她谈工作上的问题是为了不彻底游离在团体之外。

当她又想说自己工作中问题的时候，我决定对她习惯性的接触回避进行当面质问："丽贝卡，直到现在你讲的都是工作上的话题，所以从你加入团体这一年来，我对你的了解很少，我觉得很遗憾。所以现在我不想关注你在工作上的问题，而是想了解一些有关你的其他事情，和我们这个团体有关系的事情。比如你可以告诉我们，你到现在在团体里观察到了什么。"

同样，丽贝卡讲多少关于自己的事情不是特别重要，重要的是把她的注意力带到如何应对我邀请她在团体里更多地展现自己这件事情上。这个过程中重要的事情还包括我能够真的设立边界，而不是被她引到解决她的工作中的问题这件事情上。

带领者也要做好会出现阻抗的准备。同样，阻抗一方面能保护丽贝卡，另一方面也阻碍了丽贝卡全然地接触，以及让她体验到在团体中的成长。所以我可以邀请丽贝卡对团体中的某个成员说一句话，用我给的句子开头，自己把话补充完整："托马斯，我更想跟你讲我工作上的问题而不是……""雷吉娜，我更想跟你讲我工作上的问题而不是……"

和巴德·费德不同，我认为绝对不涉及解决团体之外的议题是没有意义的或者没有必要的。解决团体之外的问题是众多干预方法之一，就像上面的例子描述的一样，非常珍贵。

当团体里一直都在谈论团体之外的问题，并且这些问题都非常严重，目前没有办法解决，会让成员们集体滑向抑郁旋涡的时候，有个方法可以把大家唤醒并让大家解脱。团体带领者可以说："我们现在听到了一些问题，此时此地我们找不到解决办法，这种感觉相当复杂。你们能感觉到吗？但是也许我们现在也能为彼此或者一起做点什么。"

当团体带领者遇到阻抗的时候，他可以至少给这次的团体会面设置一个边界（类似于做个实验）并且在这次会面结束的时候和团体一起评估这次实验。

此时彼地对应团体中的此时此地

当团体成员带入的话题或者问题是和他在团体之外的互动有关的时候，我作为带领者可以尝试在团体中找一个与此相对应的事件。

> 伊冯在一个学习机构担任主管，她描述了自己对上司的愤怒，在上司面前，伊冯经常有种无力感。因为担心会有不好的后果，伊冯在现实生活中越来越安静，这大大减少了她和儿童以及青少年工作的乐趣。她在培训团体里也越来越沉默，而在休息的时候和我不完全在场的时候，她经常表现得非常开心和充满活力。当意识到这个区别之后，我和她分享了我观察到的情况："伊冯，在休息的时候你经常很开心、充满活力，但是我们只要坐到一起，你就咬紧牙关一言不发了。你身上发生了什么？这和我有关吗？你是因为什么事情生我的气吗？"
>
> 人们可以清楚看到伊冯有很多想说的话。她的脸涨得通红，感觉要爆炸了，只是她没有把想说的表达出来。她内心的阻抗越来越强烈，我尊重她的阻抗，但是也分享了我观察到的情况："伊冯，你看上去感觉快要气炸了，但是又在压制自己，你知道吗？"
>
> 她沉默地点头。
>
> "那我可以继续忽略你吗？"

然后伊冯爆发了，她抓起一个抱枕，朝我扔了过来，并喊道："不！"

成员们对伊冯反抗我的勇气和行为给予了积极的反馈，她感到骄傲，并且容光焕发。很明显，她和其他人接触时并不会产生挫败感，这个练习对伊冯只是个开始。她可以将自己和上司交往时因为担心避而不谈的议题在团体二和我以及其他人进行讨论。

而我接下来介绍的这个例子中的故事是完全相反的版本。

培训团体里有位叫娜塔莎的成员经常缺席，成员们对此相当不满。我旁听了一会儿，然后带着好奇询问团体，是不是应该在娜塔莎在场的时候提这件事。

艾娃气呼呼地回应："我可不能这么做，谁知道娜塔莎会做些什么呢。"

我惊讶地问她怎么会有这个想法，艾娃说："是的，我了解这种事情，我妹妹就是这样的。有好几年我都在为她操心。"

"现在还是这样吗？"

"是的，现在还是这样，有一个要我操心的人就够了！"

艾娃感觉有点害怕但还是坚定地看着我。我感到她的话对我产生了强烈的影响，甚至让我忘记了呼吸。我花了些时间深呼吸，然后觉察她的害怕和坚定。

"我看到了你的害怕和坚定，不要想着再为其他的事情担心。同时我也听到了你对娜塔莎的恼火，在她面前你压抑了自己的不满，虽然你在这里不需要对她负责。你可以想象，把你的责任分一部分到我这个团体带领者身上吗？这样你下次就能感到更自由一些，并向娜塔莎表达你的愤怒了。"

我的干预给艾娃创造了能让她在团体里用另外一种方式处理自己

的情绪。至于她会不会这么做是她的自由。也许她能意识到这么多年以来，自己不是习惯性地压抑，而是无法直接把恼火和生气表达出来。

也许她也会想澄清和妹妹之间的未完成事件，因为她意识到这个事件阻碍了她在团体里的此时此地的接触。

从彼时彼地到此时此地

为了跟进和了解团体的改变过程，我可以通过使用一些方法把此时彼地或者彼时彼地带到团体的此时此地中来，比如对事件、事件的场景的描述，或者把事件的主角"邀请"到现场，和他进行对话。

培训团体的许多成员都感觉父亲在他们童年时期都是缺席的，这个情况随着团体的发展越来越清楚了。玛丽娜提到她没有办法在情感上和父亲接触，她描述了一个简单的场景。我接着建议团体把玛丽娜的这个场景演出来：每个人选择一个角色，经过简短的准备之后，幕布就拉开了。

在这次体验过程中，我作为观众陪伴玛丽娜，询问她的感觉、想法和愿望，以及她希望有什么改变。她设想了一个向父亲表达自己所有的愤怒、失望和受伤的感觉的场景。于是，第二幕上演了。

在观看的时候她和我分享了自己内心深处的想法、感觉和愿望。然后出现了第三个场景。这次她希望自己的母亲能够进行干预，让她的父亲注意到她。

在第三幕的结尾，我邀请玛丽娜在父母中间坐下来，感受和双方的亲近，这次体验让她非常感动和开心。对玛丽娜来说这种体验的力量非常强大。她认识到自己有多少需求被自动忽略了。在这个团体的体验中，她获得了支持，并体验到了满足自己的需求并不一定会像她在童年中的大多数时候经历的那样毫无希望。之后玛丽娜第一次勇敢地并且成功地坚持做了一件重要的事情。

对团体中的其他成员来说，他们的许多童年记忆也被激活了，其中的一部分记忆成了团体事件的一部分，他们也构建出充满希望的场景，在团体中呈现出了没有被满足的需求，并且有些需求是可以通过玩游戏的方式得到满足的。

就像我在前文中所说的一样，重要的是陪伴成员们将这些经验迁移到团体外的日常生活中，以及接下来的团体会面里。

从此时彼地到此时此地

米歇尔是治疗团体的一位成员，他本身就很拘谨、容易焦虑并且非常纠结。目前他有一份工作，劳动合同一个月后到期，而他不知道自己会不会被留下来。这种未知当然对他是一种很大的折磨，但是他害怕直接问上司这件事情。虽然团体里大多数成员建议他直接问，因为问了也没有损失，但是米歇尔总是能找到不这么做的理由，同时他也受不了这种未知。

因为我快受不了这种原地转圈的模式了，而且这看上去似乎对米歇尔也没有帮助，所以我想给他创造一个能更深入地体验他对上司的恐惧的机会："米歇尔，如果我们现在把你的上司请到这里来怎么样？你在团体里找个人扮演她的角色，你可以试着问她会不会在一个月之后给你个固定职位。你可以尝试用不同的表达方法，去感受你上司的回应对你的影响。"

米歇尔接受了我的意见，甚至觉得这个实验很好玩。他特别喜欢的部分是其他成员作为他的"第二自我"，站在背后给他出主意。他一开始有点犹豫，但是之后他用坚定的声音说出了成员的建议。之后一次团体会面的时候，他说自己鼓足了勇气去问了上司这件事情，并且获得了肯定的回复。

就算得到的回答是否定的，他也能够继续拓展自己的积极体验，借助团体的帮助，摆脱自我折磨的纠结和无力的焦虑。

团体中此时此地的我、你和我们

在刚开始的分享圈，团体带领者也可以要求团体成员做一些此时此地的分享，这些分享包括和自己有关的，或是关于另外一个成员的，以及关于团体的信息。

例子

关于自己的表述："我头痛。"

对另外一位成员的表述："我想知道你怎么了，费比安，你看上去很压抑。"

对整个团体的表述："我感觉自己对团体还是有陌生感。"

在所有团体成员做完分享之后，这次团体会面所谓的日程就可以继续进行了。我作为团体带领者的任务是尽可能去记住、接收这些信息，并且基于团体成员关心的事情和问题，把它们互相联系起来。

团体中的此时此地，梦是信息

如果团体会持续若干天，有时候我会在晨圈邀请成员们分享他们前一天晚上的梦。这会激发团体里的本我功能，特别是当我一开始完全不和这些梦进行工作，而成员们对在团体情境中理解自己的梦越来越感兴趣的时候。

团体会逐渐明白，这些梦和团体事件有关。分享者是在用梦这种形象的方式向团体、某位成员或者团体带领者传达信息。

例子

在一个为期五天的新连续团体会面刚开始的时候，我建议成员们在晨圈中分享自己的状态之外也可以和团体分享自己的梦，就算是小的画面或者场景也可以。在这个过程中他们可以用一些时间感受梦对自己的影响。

刚开始成员们有些犹豫，之后越来越多的成员开始公开描述他们的梦里出现的画面，有时候这些画面非常有张力也非常私密。

马里奥："我梦到了有只恐龙想咬我，但是我知道无论如何它都咬不到我，因为我被包在了玻璃纸里面。"

温蒂妮："我梦到了一位母亲，她对自己的孩子们很糟糕。"

博多："我梦到了一架救援的直升机，而我在一个橡皮艇上。"

加比："我梦到了地下室有两具尸体。"

罗西："我梦到和家人去散步，突然我看到一架小飞机螺旋式下降，然后坠毁了。"

萨拉："我梦到了我的老朋友，我们一起在小时候经常去的河边散步。"

阿内利："我梦到我走进了一家商店，然后我看到了许多彩色的珍珠。"

在临近团体会面的倒数第二天，我邀请团体进行想象，每一个梦可能也是给团体或者某位成员的信息。我邀请他们把梦的内容和团体的此时此地联系起来，一些成员非常愿意并且照做了。然后成员们开始犹豫地彼此靠近，澄清关系，这让人动容，并且团体就会更亲近一些。

在团体中和梦进行工作可能会推动团体过程，因此团体带领者应该预留足够的时间。

在上面的例子中我只选取了成员们分享的梦的一部分，是为了让读者可以了解在团体的表象下涌动的东西——这些都是心理能量，它们会产生作用，影响团体动力，而仅仅作为观众是无法了解这些的。

觉察的连续谱

我也可以通过采用觉察练习开启一个团体。

许多成员都是在格式塔团体中才第一次有意识地体验到此时此地的，并且他们会为此着迷。他们意识到如果自己继续朝着这个方向练习觉察，可能会拥有什么样的体验和信息。

团体带领者的任务在于把这种此时此地融入他和成员的接触中，这和纯粹的冥想团体是有区别的，冥想团体中每个人只是练习自己的在场。在格式塔团体中，成员们可以从示范者身上学到东西，接受他的引导，从而带着在团体中此时此地的体验去和其他人建立联系。

另一个引导性稍弱一些的练习是邀请成员有意识地进行觉察：是什么在他们的前景里，占据了他们的思想，让他们感到触动，要求获得他们的关注，也可以觉察他们当下在抑制哪些冲动。

我通常会向他们解释，现在占据我们注意力前景的事物对团体来说也是很重要的。因为活跃的兴趣或者需求是会产生影响的，会影响团体过程。如果长时间过度压抑这些兴趣或者需求，团体中的互动也会变得迟缓，能量也会变弱。

第八章　给出反馈

我认为，给对方有用的反馈或者回应是一门高深的艺术。对团体成员来说，一开始就要给出有用的反馈是件难事。反馈的一个重要功能是激发个体改变的过程。我们可以借助乔哈里视窗这种非常简洁明了的方式观察反馈的过程。

乔哈里视窗

乔哈里这个名字是两位发明者（Joe Luft 和 Harry Ingram）名字的缩写，他们发明了这个类似于地图的工具，它可以用来自我揭露和在团体中给出反馈。乔哈里视窗包括四个部分：公开区、隐藏区、盲点区、未知区，如图 8-1 所示。

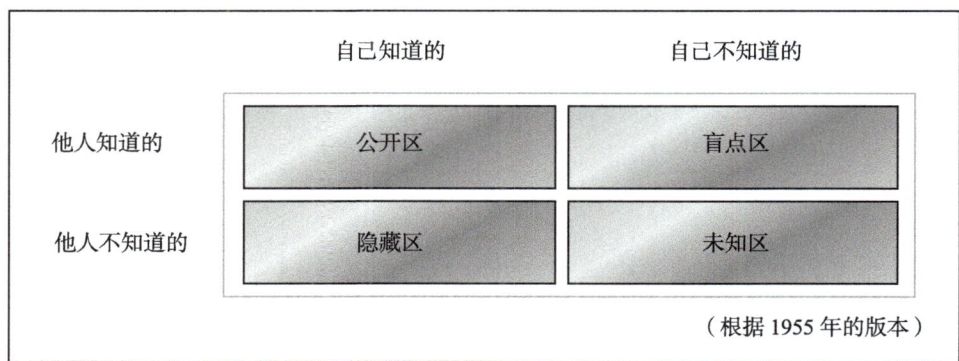

	自己知道的	自己不知道的
他人知道的	公开区	盲点区
他人不知道的	隐藏区	未知区

（根据 1955 年的版本）

图 8-1　乔哈里视窗

其中包括：

1. 公开自我的区域（我自己和他人都知道）；

2. 盲点自我的区域（我自己不知道，他人知道）；

3. 隐藏自我的区域（我自己知道，他人不知道）；

4. 未知自我的区域（我自己和他人都不知道）。

每个人的这四个部分的面积都不一样，这当然也和每个人当下所处的环境有关。比如，我在陌生的地方度假时，第一块区域（公开自我的区域）会比我在家和家人在一起的时候小很多。当我在带领团体的时候，刚开始第一块区域也会相对较小，但是随着时间的流逝会逐渐扩大。

尽管格式塔把自我理解成一个功能，而不是我们体内的一个事物，乔哈里视窗这种图式化的表达也仍然不失为一种有用的出发点。我们可以从中引导出格式塔团体的大体目标，并且设计出合适的方法，其中包括给出反馈。给出反馈是特别重要的，值得格式塔团体的所有成员学习。最好的学习方式当然是跟随示范者，也就是向其他的团体成员和你这位团体带领者学习。

简单来说，格式塔团体的目标还包括拓展公开自我的区域，并相对缩减其他三个区域的面积。团体成员应该学习：

- 更多地展现和分享自我（自我揭露）；

- 更少隐瞒；

- 让无意识的东西浮现在意识中（带到意识中），通过反馈获得关于自我以及对其他人的影响的现实性的评估（缩小盲点区域）。

反馈的不同形式

如果团体中的成员就某个重要议题展开了治疗工作，我就会邀请团体给出反馈。特别是在团体刚开始的时候，反馈会和如下这些表达形式混淆起来。

- 建议

- 安慰

- 评判

- 钦佩对方展示自己伤疤的勇气

- 描述自己生活中类似的经历

- 表达希望一切都可以变得不一样的愿望

- 猜测事情发生的原因

- 偏离话题的一些表达，或者继续对内容进行提问等等

对接收反馈的成员来说，这些内容对他来说像是在冲热水澡时冒出来一些冷水一样，但是这并不会帮他减小盲区。

我认为困难源于在日常交往中我们不习惯给对方直接的反馈。一方面，人们会认为如果总是收到他人对自己的行为的反馈，对方就越界了，会对自己造成束缚。另一方面，如果个体只是偶尔得到他人的反馈，就会缺乏社交中的方向感，并且在和身边的人相处的时候会感到不安。

- 也就是说反馈是我们需要的一面从来不说谎的镜子。

- 反馈不等同于安抚，也不是批评的近义词。

- 虽然反馈绝不是了解真相的唯一途径，但是却具有一定的主观真实性。团体工作的优势之一是能像万花筒一样提供许多这种主观的真实性。

- 接收者只有愿意并且有能力的时候，才能更好地接受反馈。在深入地进行工作之后，建议留出时间让体验持续一会儿。

- 反馈可以用语言表达出来。成员详细分享自己具体觉察到了什么，以及这在他们身上了引起了什么样的感觉。

例子：

"我注意到你的声音大多数时候都是平缓的，而且说话的时候你没有看着我们。我感到疲倦，很难集中注意力听你讲话。但是在描述这栋房子的时候，你的声音变得有活力了，你的眼睛闪闪发光并看着我们微笑。我认真听你说话，感觉那栋房子仿佛就出现在我眼前，并且感受到了深深的渴望。"

因为格式塔注重整体性，所以我也会鼓励成员们采用多种形式来反馈，比如跟随自己的冲动作出行动，而不是仅仅谈论。可以大声喊叫，进行爱的拥抱，鼓掌，把抱枕扔到墙上，或者是给其他人做肩颈按摩。也许有人会分享在听这件事情的时候出现的图像，或者把出现在脑海里的曲调或者歌哼唱出来。

比如："当我听你们俩说话的时候，我想到了两头鹿在打架。"原则上，任何人都可以在任何时间给出反馈。反馈和此时此地的观察直接相关是最有帮助的。但是特别是在团体刚开始的时候，大多数成员在这方面非常克制也不熟练。这时候团体成员可以先稍微休息一下，之后进行一个结构化的引入圈，分享对我、你和你们以及团体的此时此地的看法和感受，来进一步探索，这是个有用的方法。

在团体做了更多给予反馈和接受反馈的练习，并且产生了更多的信任之后，你可以邀请成员们对发生的事件尽可能快地作出反馈。

这么多年以来，在反馈是否正确这件事上，我并不严苛。成员们也喜欢"夹杂着一些冷水滴的热水澡"。重要的是我作为带领者的示范是正确的，就像我之前描述的那样。有时候我会在反馈圈结束之后询问成员，哪个反馈让他们觉得最具支持性，最让他们感动和受启发。我看到他们有时候喜欢的是那些不算反馈的"反馈"，这会提醒我不要让如何作出正确反馈这件事情成为新的格式塔内射。有时候成员们首先需要的是具体的、有用的建议或信息，或者仅仅是共情和安慰。比如，成员如果想离婚，他需要的是有人为他推荐一位好律师；母亲刚刚逝世的成员需要的首先是共情。

除此之外，我仍然想提供一些如何给出有效反馈的建议。有效的反馈可以缩小盲区，把个体的注意力引导到其习惯性回避以及没有意识到的事物上来。更详细的内容可以参照亚隆和休斯顿的书。

让反馈更容易被接受

当反馈的内容是和具体的、能够被理解的觉察有关的时候，这个反馈是可以被接受的。

"你讲话滔滔不绝，没有停顿，听你讲话的时候我自己都感觉喘不过气，这时我就不想听你说话了。但是我又想听你说话。"

我认为在反馈时追求价值中立和客观是没必要的或者是模糊不清的，所以当人们通过反馈清楚明晰地表达自己的主观价值评判的时候，这种反馈就更容易被接受。但是主观的评价不应该成为贬低、蔑视的评判和道德指责的豁免券。评价和接触行为和我们的相遇以及关系的本质有关，具体如下所示。

- 接触行为允许团体成员在多大程度上亲近其他人，以及为团体成员保留了多大的撤退空间？
- 我做出自发性的反应是被允许的吗？还是我觉得自己受到控制，总是感觉自己要小心？
- 我觉得这种声音听起来舒适吗？还是更想屏蔽它？
- 这段讲述让我受到触动了吗？还是让我变得冷漠？
- 我感觉其他人是觉察到了我还是屏蔽了我？
- 我经常在他人面前感受到不快、不被尊重吗？
- 我体验到了发自内心的好感和温暖吗？
- 我对其他人的某些特质或者外表感到反感吗？

用友好的方式把反馈表达出来会降低对方的防御！

当听到尖锐、讽刺、说教或者其他贬低自己的言外之意的时候，许多团体成员的耳朵就像装了卫星接收器一样灵敏，并且会作出过敏性反应。人们无法时刻都充满善意，但是你可以要求反馈要直接、明确，并且反馈中不应包括推卸责任和摧毁性的空泛大话。当你作为带领者觉察到事情不妥，或者某位成员的某个方面让你感到困扰甚至是反感的时候，也许大多数时候你会有种想要给出反馈的冲动。

针对这种情况，亚隆有个好建议："趁'凉'打铁。"他探讨的正是这样的困境，他的建议是等患者出现不一样的行为，再用认可和肯定的方式提出这件事情。在积极的氛围里谈论这件事情，会让人们更容易接受可能会让自己受伤的反馈。

> 有位女性来访者一直以来都表现得非常顺从，以此和我保持距离。有次她分享了自己的噩梦，梦里有位嗜血的女君主朝她索命。我提议让她扮演这位女君主，她照做了。之后我给了她一个反馈，告诉她我喜欢她的活力，以及她展示出来的那种力量感和权威感。
>
> 直到这个时候，我才和她分享了之前和现在我对她的印象的反差。她很认真地听，并且觉得自己确实是这样的。在接下来的一次会面里，她自豪地分享了好几个自己自信地捍卫自己的观点的场景。在我们的接触中，我也能感受到她的改变。

当成员能够认同那些以前被自己割裂开的人格部分的时候，其他成员会表示欢迎甚至庆祝这种情况的出现。在他们自发的反馈中，成员们经常会提到之前的行为引起了自己的不适。他们小心翼翼地压抑着自己想给予批评的想法，直到现在"趁'凉'打铁"的时机出现。

例子：

安科是培训小组的成员，她总是能随时随地讲笑话而且非常想得到所有人的喜欢。她在团体面前隐藏了自己容易受伤的一面，而只在团体之外寻求支持和安慰。

她通过这样的方式和团体带领者以及团体保持距离。她充当了小丑和谐星的角色，没有人真的把她当回事儿，而且有时候团体成员觉得她假装快乐的表现很招人烦。有一次，当团体成员恼火地回应她的时候，安科没有办法继续隐瞒自己受伤了，她在团体中表露出了自己的痛苦。

她抽噎着请大家不要再嘲笑她了，并请大家告诉她自己到底有什么问题。团体感到震惊的同时解脱了，因为其他团体成员总算可以给她真实的反馈了。这个请求是安科明确提出来的。有些反馈是这样开头的：

"我觉得你不像之前那样戴着面具了，这样很好。我立刻觉得和你亲近些了。"

"不好意思我嘲笑了你，我也不喜欢自己这么做，当时我没有其他的办法。我更喜欢现在的你。"

"我了解你的感受了，你也是容易受伤的。我希望能经常看到你的这一面。"

从此之后，安科表现得更真实了也更容易让人亲近了。

可惜，我们并不总是能找到合适的语气和时机来给出真实的反馈。成员们可能会感觉严重受挫，从接触中脱落、撤退，甚至离开这个团体。就像在真实的生活中一样，这样的伤害或者自恋受挫是我们没有办法完全回避或者修复的。尽管如此，我总是会记着这些突发事件，我会思考如何找到更好的解决方法。

让反馈更容易被接受的另一个方法是，反馈时强调批评的这个特点只是人格的一部分，它和其他的人格部分反差很大，看上去不太和谐，而我们想对其进行进一步了解。

例子：

　　在休息吃饭的时候，培训团体里有一位女性成员一直坐在我旁边。我们聊得很热烈，而且我们发现彼此有许多共同的爱好。但是在团体会面的时候，她却非常克制和安静。我向她指出了这个差异，表达了我的好奇以及希望可以更多地了解现在在团体里沉默和退缩的那个人的愿望。她很乐意地接受了这个邀请。这样我们就可以认识她的笨拙和无趣的那一面。

重要的是合适的时机

　　如果你作为团体带领者觉得很难和某位成员建立良好的关系，你可以更多地关注自己对他的觉察，并收集数据以便作出反馈。像之前提到的那样，重要的是合适的时机。以前我更倾向于迅速行动，想要在此时此地分享和探索我的觉察。但现在我有时候会等待过久。

例子：

　　在培训团体里，我立刻注意到一位特殊的成员。他的行为举止和外表（不修边幅）以及身上的气味都让我觉得非常奇怪，特别是他身上的气味让我特别警觉，因为这让我联想到无家可归的酒精成瘾者。我把自己对他的觉察记了下来，继续收集数据。我注意观察他在团体中的行为。我很快就发现，他在这个团体里成了"异类"。最后一位女性成员公开表达了对他的厌恶，这个反馈可能会让他感到非常受伤。

　　现在我得利用这个机会把我的反馈传达给他，以及表达自己认为他是个酒精成瘾者的猜测。由于担心再次对他造成伤害和羞辱，我克制了自己的反馈和猜测。之后在和他接触时，我感觉自己是无能为力的，在最重要的事情上我保持了沉默，从长远来看，团体带领者是无法忍受这种状态的。所以我必须找一个解决方法。当时我觉得自己没有能力在团体中解决这个困境，我觉得自己被束缚住了。

他参加三次团体会面之后就离开了团体。我感觉松了一口气，但是我并不开心，我对他的接触中断也有一定责任。团体看上去似乎也解脱了。

我在这种情况下本来可以怎样进行干预呢？我原本可以在团体中分享自己的觉察，坦诚我的纠结，因为一方面我不想伤害或者羞辱他；另一方面，如果我不坦白我所观察到的他的行为，以及这些行为对我的影响，我在他面前就会越来越拘束。然后，我可以问他想不想听我的反馈。

- 如果答案是肯定的，我会尽可能具体和友好地给出反馈，然后询问他，听到我的反馈时他有什么感觉。
- 如果答案是否定的，我可以探索他不想听反馈的理由、担心和他的想象，也会探索他希望得到什么。

在阅读这个案例的时候，有带领团体经验的读者也许会联想到类似的例子。因为出于某些合理的原因，担心自己的批判性的反馈会对某人造成严重伤害或者羞辱，所以你压抑了自己的反馈，然后陷入了无能为力的状态。

- 以刚刚的这个案例作为背景，请你像放电影一样再次回放你经历的场景。
- 现在看来，你当时的行为可以有什么样的改变？
- 在以后遇到类似的情景的时候，你想要做什么新的尝试？

现在我会用宽容一些的心态回顾我的工作，我会从成员是出于自我保护才离开团体这个角度进行考量。他在团体中没有感受到接纳、支持和重视。

虽然从我带领团体的经验来看，总是会有成员使用这个自我保护的功能，然而这种功能大多数时候对典型的困难人群是无法提供帮助的，这样的例子有许多。如果带领者压抑自己批判性的反馈，等待太长时间，其受到的束缚会越多，接触中断的风险也越大。

所以团体带领者需要持续不断地练习给予反馈，这既包括在团体里进行公开大声的反馈也包括小声的反馈，既包括批评性的反馈也包括褒奖性的反馈。这是格式塔团体工作的重要组成部分，也是团体工作的内在督导的重要部分。

以上我描述的反馈是针对个人的。除此之外，当然反馈也可以是针对伴侣、小团体和整个团体的。上文所有的内容也适用于这些情景。

给两人同伴小组的反馈

当我给出的反馈是针对两位团体成员互相之间的行为时，这就有点类似于伴侣咨询。我的主要任务是，秉承内在的中立态度对两者之间的过程进行评论，并且把双方的注意力引导到他们之间的互动上。这对我来说意味着我要有意识地轮流站到双方的立场上。用格式塔的语言来说，我的反馈首要的作用：

- 更有意识地体验他们的接触（以及接触回避和接触中断）
- 给他们提供支持，提升他们的接触能力

从严格意义上来说，这些当然不是发生在一个真空的环境中。我的在场和团体都会对团体事件产生影响。

例子：

培训团体里有两位成员之间的关系很明显非常紧张，我们最后也关注到了这个情况。没有人真的在听对方说话，而是自说自话甚至同时发言。为了让他们注意到这一点，我做了悖论式的干预，即要求他们继续同时说话，绝对不要听对方在讲什么。两个人都一头雾水，有些成员笑了出来，接着他们吵不下去了。我把这个情形看作他们准备好改变自己的行为的信号。

他们开始了新一轮对话，来澄清两个人之间的张力。后来我们发现双方在精确地理解对方说的话这件事上都有困难，我把自己观察到的这一点反馈给了他们。接着，我建议他们用一个方法确认有没有正确理解对方的话：一方说完话，另一方必须在一字一句正确重复对方的话之后，才可以作出回应。在我偶尔的干涉下，双方都能够用这个方法进行对话了。

完成这个练习之后，他们的未完成事件和与此有关的脆弱以及焦虑浮出了水面。两个人都受到了很大触动，彼此变得亲近了一些。

在这个例子里，我作为团体带领者的任务仅仅是，先把他们缺乏沟通这件事情反馈给他们，提供改变的建议，以及轮流支持他们去告诉对方是什么触动了自己，在他们努力去更好地理解对方的过程中陪伴他们。

在"澄清团体过程"这一章中我将介绍给整个团体提供反馈的方法及其作用。

第九章　澄清团体过程

作为格式塔团体带领者，你的任务之一是集中注意力跟进团体过程，并且从你的主观视角描述这个过程，这种做法有助于团体过程变得更清晰。特别是在团体刚开始的时候，你的描述比成员的描述要更有分量些。

要注意的是，你作为团体带领者始终都是团体过程的一部分。所以我一般习惯尽早地询问团体成员观察到的过程，这当然是从他们的主观角度出发的。如果我们把这些信息汇总起来，就可以获得关于同一个团体事件的不同视角。甚至在某个不太明确的团体过程是什么时候开始的这一点上，大家的主观评判都会有差异。

从这个意义上来讲，观察过程需要对团体事件进行较长时间的观察。这和团体中对此时此地的觉察是相反的。但是对过程的反馈评论当然也可以是和团体中此时此地的互动有关的。

内容和过程的区别

对于任何陈述和行为，我都可以从两个方面来理解：内容层面和关系层面。团体里发生的事情也不例外。陈述的内容当然是重要的，但是在格式塔里，我们首先关注的不仅是人们说了什么，还有他们是怎么说的。

另外，团体中所有的互动都是在过程中发生的，我作为团体带领者会时刻关注过程。这里的过程能反映出互动成员之间的关系的本质。为了探索团体事件的过程，我会离开内容层面，切换到元层面，去探索事情是怎么样、什么时候、为什么正好是现在发生的，以及这件事情反映了我们彼此之间关系的哪个部分。

另外一个定义更简单：团体过程是除了带领者布置的任务内容之外，在团体里发生的一切事情。换句话说，我指的团体过程是团体如何完成任务的过程。当然，内容和过程是互相决定的。比如，我带领过许多培训团体，所有团体的目标都是相同的，但是每个团体经历的过程各不相同。

团体过程有一个近义词——团体动力。团体动力这个概念来自于精神分析，动力指的是创造行动的力量。团体成员的每一个行动都会影响其他人的行动，等等。团体动力是由团体中的人创造出来的，而不是降临到团体身上的神秘力量。用格式塔的语言，我们可以把它称作"影响团体事件的场的力量"。

为什么观察过程这么重要

通过观察过程，我们可以意识到自动化的行为模式，这些自动化的行为模式可能会让人们感到不满意。觉察到这些模式后，个体就拥有了更多选择的可能性。同样，通过观察过程，我们也可以意识到自身的能力和性格特点，并且更有自信地将这些在团体中展现出来。如果带领者不对过程进行观察，而是任由团体发展下去，经常会冒出一些行为模式妨碍团体形成凝聚力。

观察什么

1. 成员个体的行为和发展。

2. 成员之间的互动以及关系的发展（也包括和团体带领者的互动和关系发展）。

3. 整个团体里出现的现象及其发展。

4. 我自己在一段时期内的行为、感受状态、想法、需求和想象。

5. 所有以上提到的各方面的组合。

分享什么

作为团体带领者，你观察到的内容当然远比你告诉团体的要多。我尝试在上文介绍的五个层面里切换，并且关注那些引人注意的部分。

举例说明这五个不同的层面：

1. 一位女性成员（萨比娜）总是第一个（或者最后一个）发言。
2. 玛丽塔和约亨之间总是会隐约有些敌意和恐惧。
3. 在每次分享感受的环节里，死亡和悲伤都是很大的议题。
4. 我感觉团体有点不安。
5. 在自我体验的团体里，某位女性成员在接连几次团体会面中都是主角，因为她是唯一一位在团体里讨论个人议题的成员，而其他成员则一直保持低调。我表达了自己对他们的兴趣，而他们表现得非常克制且拒绝讨论自己的事。我开始在团体里感到不舒服，注意力很难集中到这位乐于分享的成员身上。我希望能和其他成员有更多接触。

如何分享

只有当成员们觉得团体观察不是对他们的攻击和贬低时，团体观察才是有效的。理想情况下，这种观察会激发成员的好奇心，促使他们找到以下问题的答案。

- 那些描述的现象是怎么发生的？
- 行为背后有哪些动机？
- 这些行为是想要满足哪些需求？
- 哪些需求还没有得到满足？
- 对我、你和我们这个团体来说有其他更好的可能性吗？

带领者对团体过程的描述要具体明确，并能够展示这些现象出现的过程。

接着上面的例子：

1.我们假设，在团体开始的时候萨比娜在大多数情况下会第一个发言。我可以告诉她我观察到的情况，然后看她有何反应。也许她自己意识到了这一点，并且在其他团体里她也扮演着这样的角色，因为她不喜欢等待。她觉得自己要负责让团体转起来，如果所有人都沉默，她会感到不舒服。这和她人生中的一个重要议题有关，也就是她通常是怎样构建关系的。平常她也受不了等待，而且她觉得自己要为一切负责。萨比娜现在体会到了这个角色带来的负担。我可以建议她做个实验，即试着做出与之前全然不同的行动，并且在团体中评估这种新的体验。这会不可避免地对整个团体带来影响。但谁会接替萨比娜的角色呢？

2.我跟玛丽塔和约亨分享了我观察到的情况，他们克制的敌意背后是对彼此的害怕。他们的行为并没有任何澄清的效果，而只会让他们之间的关系变得更紧张。这个分享可以开启他们的个人探索，探索在这背后有什么样的移情反应，让未完成事件可以得到完结。也许玛丽塔让约亨想到了他那位咄咄逼人、沉迷于掌控他人的母亲，约亨则让玛丽塔联想到她那位酗酒的前夫。

随着他们进行更多的沟通，他们对彼此越来越坦诚，他们的关系缓和了许多，其他成员也能够感到释然，感受到这种流动。另外，这也会启发其他人用更多的注意力，并且尽量不基于预设结果，觉察自己和他人之间的关系。每一次澄清有张力的关系都会创造信任的团体氛围，在这样的氛围里，即使将来出现棘手的情况和困难的感觉，成员们也是有能力处理的。

然而，也可能会出现完全相反的情况。

3.在这个例子里我也会先分享我的观察。死亡和悲伤的议题在这个团体里占了很大一部分。难道就没有其他的议题了吗？如果团体成员有一些其他的重要议题，比如即将举行婚礼，或者找到新工作带来的喜悦，那他们现在有什么感觉？

如果这个分享和观察的时机恰当，团体会感恩地接受。那些没有对悲伤和死亡感同身受的成员，也许之前退到了团体的边缘。而现在他们有更多的勇气去正视自己觉得重要的议题，并且把它们在团体中呈现出来。

4. 如果我在一个团体里感到越来越不舒服，也许是觉得呼吸困难或者头疼，我就需要格外注意。通常我可以和成员分享这种觉察，并且询问其他人是不是也有类似的情况，做到这步经常就已经足够了。这个分享可以邀请大家进行进一步探索和深呼吸。有人在压抑什么？还是我觉得有位沉默的成员在批判地打量我？这虽然只是个猜测，却让我感到不安，并且这个想法在我脑海里挥之不去。如果我能与团体分享这个猜测和不安，那我就能与团体开始进行接触，团体过程就会再次流动起来，团体成员有可能会变得更坦诚，进行更多的表达和沟通。其他成员也许也感受到了类似的不安。如果真的有人在批评，那现在就是在团体中将其表达出来的时候了。

5. 我只要一感觉出现了某位成员主导多次会面，而其他人对此表现得非常退缩，我就会尽可能具体地把这个过程描述出来，并且邀请其他团体成员分享他们对自己以及对团体的觉察。在这种情况下，有可能会有人表达和澄清一些之前没有说出口的期待和担心。也许那位强势的团体成员给自己设了一个标准，她得在团体中做到哪种程度的自我暴露，但这不是她想要做的，或者她没有看到这么做的意义。

你对团体过程进行观察的过程中，自我暴露的标准这个议题会出现在团体里。你作为团体带领者有重要的决定权，你可以清楚表明自己的态度：每个人都为自己负责，并且共同为团体中发生的事情承担责任。你需要支持成员关注自己的边界，并且注意它们对其他成员的影响。

第十章　过程中——一些基本原则

你已经成功度过了团体的开始阶段。大多数你所担心的事情并没有成真。团体认可了你这位团体带领者的权威。你有了底气，获得了对自己和对团体的信任，并且和团体一起成功处理了一些危机和冲突，其中可能也包括因为自然的选择过程，有成员在团体开始后不久就离开团体的情况。

团体成员之间也更信任彼此了，大多数人在团体中找到了自己的位置。由此，小团体形成了，某些成员喜欢在休息时间待在一起。大多数人都找到了固定的座位，团体当中也产生了有约束力的氛围。成员们开始私下交谈，他们更有勇气打断你了，这有助于团体共同决定团体的事情。成员们对格式塔的方法感到着迷，在接触中变得没有那么害怕和回避了。有时候甚至会出现插科打诨的情况。带领者在格式塔团体的开始阶段尝试干预时，经常会进行自我讽刺。

作为团体带领者，你能对成员个人以及他们习惯性的接触中断形成初步概念。成员们也意识到了他们的一些限制性的接触功能，在团体中尝试了新的东西，并且把这些迁移到日常生活中。就像我在"团体过程中的我、你和我们"这一章节中写的一样，现在团体成员会有角色固着的倾向，这会扼杀他们感受到的活力。团体带领者当然也面临这种风险。

格式塔疗法的本质在于：你必须一直重新发现自己、创造自己。格式塔不是背诵下来之后就可以一劳永逸的标准化流程。

团体带领者的创造力

人们认为有一些标准化的干预是格式塔团体带领者的标配，比如：

"你现在感觉怎么样？"

"你现在可以不用'人们'而用'我'来开头讲话吗？"

"你现在可以直接跟她说这件事，而不谈论她吗？"

这些干预有利于促进觉察和接触，从方法论上来看是正确且有效的，但是也容易造成刻板影响，让人觉得没什么人情味。如果团体带领者大多数时候都仰仗这些标准化干预，那他们会像格式塔自动售货机一样，容易让人预测。然后团体就会变得刻意、僵化、单调、失去活力，团体里也无法形成清晰的图景，成员间自发的互动也只会偶尔出现。我认为"再次激活自我"是格式塔治疗的一个高级目标。团体带领者的创造性是实现这个目标的重要前提。我指的创造性是什么？它是指你需要创造一些新的、独特的东西并且只适合当下的、之前从未出现过的团体情况。

若想创造这样的干预模式，团体带领者就需要有良好的方向感，以下这些问题能帮助团体带领者找到方向感。

- 我们是从哪里来的？我们共同经历了哪些团体历史？到目前为止，团体里出现了哪些议题和需求？
- 我们现在在哪里？当下有哪些议题？
- 我们可以一起去往哪里？
- 大家对哪些议题有兴趣？
- 有没有某个成员表达了什么需求？
- 还是做两人练习或者团体练习更适合？

团体带领者的创造性不是为了创造而创造，而是为了促进团体成员的觉察和接触。如果带领者的创造性干预是成功的就能帮助成员打开空间，让他们接触到自己自发的冲动，拥有创造力，从长期的固着中解脱出来，用独一无二的体验和行为方式给自己创造惊喜。团体带领者和成员一起踏上了探索的旅程，探索到目前为止还没有踏足的领域——地图上的空白部分。

解除长期固着

长期固着指的是一系列几乎自动化的行为和体验，这种模式会重复出现，并且经常是无意识的。一个简单的例子是刷牙。我们每天做刷牙这个动作时几乎不用思考。相反，在刷牙的时候，我们经常会想些其他的事情。只有当牙膏用完了的时候，刷牙这个日常的行为才会成为我们关注的图形。如果刷牙方式正确，那这种近乎自动化的行为就会既省事又实用。

我在合唱团里也观察到另外一种典型的团体行为模式。似乎所有人的位置都是事先定好的，即使指挥希望成员换位置，大多数成员也不愿意这么做。在合唱的时候，这种熟悉的模式给予我们支持和安全感，但是也可能会妨碍每位成员乃至整个合唱团探索新的音色和声音的可能性。

案例：解除长期固着

安德烈亚斯是一位年轻的男性，他在休息了一段时间之后重新加入了咨询团体，并且他不认识里面的团体成员。这次和以前不一样，安德烈亚斯这次能更好地用语言表达他的痛苦，描述他在异性面前的孤单、困难和自卑。

这时候出现了一个重复的模式：安德烈亚斯总是在抱怨，其他人不停地表示理解，给他提出出于善意的意见，但是他似乎没有真的听进去。安德烈亚斯和其他成员之间的互动很快就变得模式化，接触只停留在表面，这让人不满。

这时候就得看团体带领者的创造性了。他可以创造哪些互动，让安德烈亚斯可以意识到这个模式，并让安德烈亚斯在团体中体验到这个模式？他可以怎样让安德烈亚斯体验到自己是怎样固着在自己的模式上，卡在这个让他不满的状态中的？

针对这种情况，格式塔发展出了各种各样的适用于个体治疗工作的方法，这是格式塔治疗的特色。

在这种情况下，我首先考虑的是有什么能让其他的团体成员加入，充分利用团体的力量。因为在团体中我们总是可以观察到这种现象：像安德烈亚斯这样的成员因为痛苦和压力想要改变，所以他们走进了团体，但是同时他们又用许多创造力和能量来维持他们的长期固着，并且他们非常擅长把其他成员，以及团体带领者都拉进他们的模式里。

识别

对团体带领者来说，重要的首先是在事情发生的时候，把它识别出来。可能会有些标志性的信号，比如有可能你会变得不耐烦或者感到疲倦，或者感到无能为力，已经预料到接下来成员之间的互动以及和你的互动中会发生什么，就像老夫老妻一样。如果你意识和觉察到了这个过程，你就可以改变自己的行为，给整个团体的互动模式施加新的刺激。你可以调动自己的能量和创造力。

所有接下来提到的干预方法，从根本上来看有以下两个目的：

- 让团体成员和安德烈亚斯觉察到他们是如何合力让这个问题进一步固化的；
- 调动能量和创造力，尝试做出新的行为。

表达

也许你在团体中把自己观察到的固化的互动模式分享出来就已经足够了。有时候这可以促使团体成员调动他们的创造性潜力，形成新的行为方式。

反馈

你可以和他们分享自己的状态："我没有耐心了，而且感觉有点累，因为我们现在一直在绕圈子。你们感觉怎么样？"

实验

1. 夸张

你可以邀请安德烈亚斯和其他成员故意夸大他们的行为。安德烈亚斯应该继续抱怨自己的经历多么让人绝望，而其他成员则应该不厌其烦地鼓励他，给他提供好的建议。这样的实验结果是未知数，但是肯定会给所有团体成员都带来新的体验和更多的觉察。

2. 反馈而非建议

另外一个可能性是不允许成员给安德烈亚斯提建议，而是要求他们试着用另外的方式建立接触（比如分享他们在听安德烈亚斯说话的时候，他们的感受、冲动、图像或者观察）。这个要求经常会遭到反对，我们可以探索这种阻抗，而不是取消禁令。

在我受训的时候，培训师强调要克制自己给出建议的冲动。但是我认为把这一点奉为教条（特别是在团体刚开始的时候）是没有意义的。团体成员们可以通过做实验，自己体验和学习什么时候提出建议是有帮助的，什么时候提出建议是起妨碍作用的。特别是他们可以学到除了提供建议之外，还有什么替代方法可以让自己参与到他人的个人议题中，从而和对方建立接触。当然，这需要一定的创造性。

3. 悖论式的干预

有一种悖论式的干预方式：和安德烈亚斯以及团体一起想象，如果一切都是老样子，那会有多美好，并且把所有阻碍改变发生的事物汇总起来。

4. 对内在心理冲突的两个方面进行工作

你可以把团体分成支持和反对改变的两个阵营。安德烈亚斯可以先听双方陈述，然后交替加入双方阵营。这样他就能体验到内在心理冲突的两个方面，并让自己认同这两个方面。这样一来他就可以有意识地为自己内在的那位"破坏者"承担责任。

5. 呈现被否认或者发展不充分的人格部分

你可以邀请安德烈亚斯在团体里扮演一个和他截然不同的、受所有女性欢迎的男性角色。这种干预肯定会把性这个提议带到前景中来。

你也可以不允许安德烈亚斯抱怨，明确要求他赞美团体中的女性，和她们开玩笑和调情，做一些他在日常生活中很难做到的事情，而团体可以给他提供一个安全的练习场所。

6. 探索调节需求

你可以让安德烈亚斯去关注，当他在不停地抱怨这种绝望感的时候，他对团体成员有什么需求。当团体成员提出建议的时候，你也可以问他们同样的问题。

7. 解除习惯性的内转

你也可以关注安德烈亚斯的习惯性内转，即他一直以来是怎样贬低自己的。你可以邀请他做个实验，把攻击转向外部，朝向女性群体或者某位女性。接下来你可以请他和团体里的某位或者多位女性做实验，让他批评、打击、贬低她们。

如果这是你的团体，你最倾向于选择哪种干预方式？你还能想到其他的干预方法吗？

我推荐的做法：团体带领者先设想各种干预的可能性，就算看上去不着边际也没关系，然后再根据情况选择一种方法。我之所以说"然后"是因为团体带领者不可能事先预料到成员们会接受哪一种干预。你可以在和团体成员的对话中调整自己的干预方法，或者放弃之前的方法，而选择另外一个更适用于当下团体情况和团体成员的方法。

所有的这些干预都是一场实验，实验的结果即使对团体带领者来说也是个未知数。你的高级目标是不断激活团体成员的自我，重新发现团体成员的创造性潜力。无论对团体成员还是对团体带领者来说，这个过程都是永无止境的。

总结

团体带领者可以按照以下流程解除长期固着的过程。

1. 识别

2. 表达

3. 反馈

4. 实验：邀请团体加入的实验。比如：

（1）夸张

（2）反馈而非提出建议

（3）悖论式的干预

（4）对内在心理冲突的两个方面进行工作

（5）呈现被否认的或者发展不充分的人格部分

（6）探索调节需求

（7）解除习惯性的内转

团体越成熟，团体成员们就能越早提供这些推动力。

团体作为容纳退行性分离工作的容器

正如我在"团体过程中的我、你和我们"这一章描述的那样，团体中发生的事件是同时在不同的系统层面（即个人内部、人际间和团体整体层面）上进行的。

因此有时团体带领者需要和某位成员一起进行治疗工作，只聚焦于这位成员的个人内部这一层面。而团体则会在这时退回到背景中，一直到个体工作接近尾声的时候，团体才会再次变得重要起来。如果团体中出现了对带领者或者对某位成员的移情反应，并且在多次进行觉察和接触的练习后，移情反应也没有自动消失，这时就适合做这种递进式的聚焦性短时退行工作。有些移情的阴影非常的顽固，这经常和成员经历过的严重的丧失、伤害，甚至是创伤体验有关，这些体验是他们在儿童时期经历的，并且至今为止还没有被修通。

在退行性分离工作中，成员可以首先识别出自己的感觉和行为方式原本是指向谁的。这样会让背景变得更清晰，他的这些感觉和行为也便有了意义。而团体成员和这个对象之间有一些未完成事件需要完结，他们可以在此时此地的团体情境中进行工作。成员可以在想象中回到可能已经阔别多年的那个初始场景（退行）。他感觉自己仿佛回到了过去，过去的事情在现场一幕幕上演，然后我引导他和初始场景里的那位对象进行接触，把当时压抑的东西都表达出来。

你的任务是在这个过程中支持他和陪伴他，并且把他从退行中引导出来，促进他的发展。这时候团体有很大的作用，团体不仅见证了成员回到儿童时期的这次旅程，而且给他提供了一个在当下情境的参考坐标。之后团体也会分别给儿时的成员以及现在的成员提供反馈。

退行性分离工作的目标：

1.疗愈早年体验带来的痛苦，限制这些体验的影响；

2.矫正觉察和减轻冲突。

这两者都有助于建立情感层面上的清晰的治疗关系联盟以及改善团体中的人际关系。

为了不让读者产生错误的印象，我想声明：根据我的经验，团体成员们并不会急切地想要摆脱他们的移情阴影。这正是因为移情有保护功能：有助于个体回避和真正的冲突方的争论，因为人们在内心还是一直觉得自己是弱小、无力和处于下风的。这时候治疗师必须具备坚持不懈的能力、说服力、清晰的聚焦能力和毅力。治疗师只有在极少数情况下才可以一次性处理好这种分离工作。成员有时候会因为还没有做好准备面对移情选择放手，有时候这也是有好处的。

和不同的自我状态工作的特点

本书面向的首先是和成年人团体一起工作的读者。但是如果工作内容涉及暂时的退行，了解一些和儿童以及青少年工作的特点的知识是很有用的。

- 游戏是接触儿童的基本要素。人们通常通过游戏接触儿童。当然语言也是很重要的，但是必须考虑儿童的年龄。

- 儿童和青少年生活在依赖性的关系中。治疗师在和他们一起工作的时候必须时刻考虑到他们的家庭和社会环境。

- 儿童和青少年的自我反思能力或者差异化思维尚没有发展完全。他们匮乏生活经验，并且他们只聚焦于生活在当下。

- 在和儿童以及青少年一起工作的时候，对发展心理学以及儿童和青少年的"正常"发展有所了解也是重要的。从中我们可以引申出治疗性的 / 教育性的目标。儿童 / 青少年还有哪些发展任务需要完成？他们卡在哪个发展阶段了？

- 在这个基础上的诊断是具有差异化的，与针对成年人的诊断全然不同。

- 在这种情况下，格式塔必须借鉴其他研究领域的成果并且将其整合到自己的理论中。比如借鉴依恋理论、早期婴儿研究和精神分析领域的研究。

- 在和儿童以及青少年开展格式塔团体工作的过程中，有时候会相应地涉及其他的主题，比如依恋行为、处理边界和攻击、非暴力处理冲突、控制冲动、体验和接纳善意的规则等等。

如果带领的是儿童和青少年的格式塔团体，那带领者的工作内容自然和本书里介绍的会有所不同。带领者只有熟悉上述内容，才可以把这些知识整合到自己的工作中，帮助成员解除固着。因为当我们在格式塔里谈到固着这个情况时，指的通常是卡在了儿童期或者青春期的思维和行为方式中，这种情况会在进行退行性的分离工作时产生影响。

作为团体带领者，在这种情况下你需要和一位暂时处在儿童期的自我状态里、处在成年之前的早期发展阶段的来访者建立接触。因为来访者没有从环境中得到足够的支持，所以他当时无法完成在那个时期需要完成的发展任务。你可以通过提出一个简单的问题建立接触："你现在感觉自己几岁？"

你作为团体带领者必须能敏锐地觉察到来访者当时可能缺少什么。比如，你可以用什么样的语言和行动和来访者的内在小孩建立接触。在这个过程中，治疗师可以使用的有效干预是问他："现在这个六岁的小汉斯最想和他的爸爸说什么？"你可以通过用这种方式检验是不是六岁的孩子在说话。

由深入浅的技术

在培训团体里，成员看到前面介绍的那些工作方式时不免会担心要是来访者卡在了退行中怎么办？或者时间突然不够了或者来访者被唤起的强烈感觉淹没了，而我束手无策怎么办？

当然，就算团体带领者没做什么事情，团体里也随时都可能会出现强烈的情感爆发的情况。如果我了解如何处理这种情况，我和团体都会感到安心一些，具体方法如下。

1. 请你和来访者保持接触，无论是通过眼神还是肢体进行接触，或者等你重新找回重心稳定下来之后和他谈话。

2. 也请你和自己保持接触，这样可以给来访者带来安全感，让他们平静下来。以下这些问题可供带领者参考。

• 我现在感觉怎么样？

- 我的呼吸怎么样？
- 我可以有意识地缓慢地深呼吸吗？
- 我和地面的接触怎么样？
- 我感觉自己是被支持的吗？
- 我的坐姿或者站姿舒适吗、平稳吗？
- 我在担心什么？
- 我可以通过向来访者提问核实情况吗？
- 我还能觉察这个团体吗？
- 成员们有什么反应？
- 有人主动提供支持吗？
- 我有充分利用团体成员给予的支持吗？
- 有人想与来访者握手或者坐到他旁边吗？
- 就算是递一张纸巾，这个简单的动作也能帮助来访者暂时回到当下。

现在你准备好了。如果来访者还没有自己脱离深层的情感体验，返回当下的话，你可以潜入来访者的记忆深处找到他，并且小心地陪伴他回到当下。在深层的情感层面上，来访者经常体验到的感觉通常是从童年早期开始沉淀下来的。你可以从元层面出发，描述现在发生了什么，比如说：

"现在你感觉很疼。"

"现在你压抑的愤怒情绪完全释放出来了。"

"现在你太害怕了，怕得直抖。"

过一会儿之后，你也可以完全站在来访者那边，加上一些评价性的解释，比如：

"有时候父母会做这种糟糕的事情，因为他们不知道该怎么办。"

"把你的想法告诉他们，你等这个机会等了很久了。"

"你当时需要的是一个听你说话、给你提供帮助的人。"

处理自发的身体反应

自发的身体反应也会让团体成员以及一些团体带领者感到害怕，这其中包括：

- 解离；
- 内在撤离和麻痹；
- 过度换气；
- 剧烈颤抖和发冷；
- 心跳过快；
- 惊恐；
- 视野严重受限；
- 严重的眼前闪光感；
- 突发的冲动行为（比如持续大声叫喊或者自我伤害）。

如果出现最后一种情况，你一定要进行干预！在其他的情况中，你可以与来访者保持紧密接触的情况下陪伴来访者。接下来我会介绍一些简单的格式塔身体工作的原则，比如：

- 让成员去感受；
- 扎根；
- 有意识地呼吸；
- 动起来；
- 跟随直接的身体冲动和需求。

当这些身体自发的反应再次静止的时候，你可以通过向团体成员做一些解释让他们安心。比如：

"如果吸入的气体比呼出的气体多，血液中的二氧化碳过多，会出现过度换气的现象。当个体的兴奋感很强烈，但是没有办法得到释放的时候会出现这样的情况。这时候，有意识地进行深呼吸有助于缓解过度换气的问题。"

到此为止，团体工作还远没有结束。但是共同探索是什么引起自发性的身体反应的前提已经形成了。现在来访者可以一步步学习积累身体里的兴奋感，有意识地忍耐，用合适的方式疏导兴奋感，然后进行接触。

通过身体工作加深自我体验

我在前文中介绍了一些技术，它们能使带领者把成员们从深层的情感体验里带领出来。接下来我介绍的方法是借助身体工作加深自我体验。这些练习和实验非常简单且有效，适合带领者在对整个团体或者个体、两人小组或者三人小组进行工作时使用。

在每次的团体会面中，我至少会提议做一个邀请整个团体都参与的身体练习，从而让成员们觉察自己的身体感受。这种练习关注的不是身体姿势是否正确，比如成员的动作是否灵巧或者是否能够得到很好的放松，而是为了学习觉察和感受情感和精神紧张会使身体如何作出反应以及固化。来访者通过进行相应的伸展练习，找到重心、扎根、借助支持性的呼吸和身体姿势，可以学习允许和积聚身体上感受到的兴奋，并结合自己的感觉、动作和行动把这些兴奋表达出来。如果想了解更多格式塔身体工作的重要原则，我推荐读者阅读凯普纳的文章。

在这类针对整个团体的身体练习中，我们会对身体体验的一些基本元素进行改动。有关格式塔的身体工作练习，读者们可以参考伊尔莎·米登多夫的例子。成员们可以学习：

- 有意识地觉察和仔细地引导自己的呼吸；
- 有意识地让自己被地面托住，让自己扎根；
- 有意识地动一动；
- 觉察自己想动起来的冲动；

- 进行拉伸和伸展；
- 感受自己的灵活性的边界；
- 觉察或者有意识地制造紧张感；
- 意识到有些身体部位是自己只能模糊地感觉到的，或者完全感觉不到的；
- 觉察能量，让能量流动起来。

在完成这些练习之后，我通常会邀请成员们谈一谈他们的体验。这个邀请向他们传递的信息是身体体验是重要的，是他们的需求、感觉、想法和行为的背景。

有时候，进行身体练习之后会出现更有张力的个人工作，特别是当某位成员表现出强烈的兴趣，想更深入探索他的身体现象的时候。在这种情况下，我通常会给予许多指导，从而引导他更轻松地关注身体体验，具体如下所示。

- 你可以有意识地把呼吸带到这个身体部位吗？
- 等一等，你感觉发生了什么，你允许它发生吗？
- 也许你想到了能恰当地描述你的感受的一句话。
- 你想要把这句话告诉我或者告诉团体中的某位成员吗？
- 你可以在说的时候看着我或者那位成员吗？

如果来访者愿意的话，我有时候会通过与他接触支持他，并请他关注我的接触。总的来说，我们需要探索：

- 在和治疗师或者另外一位团体成员接触时的身体体验；
- 所有的身体体验（包括语言、情感和行动导向方面）；
- 表面似乎没有联系的身体感受之间的联系。

探索是为了让来访者可以：

- 有意识地体验两极：既包括被压抑的感觉和行动，也包括如何压抑的方式；

- 体验这两极的意义；

- 能够完成被打断的动作、冲动、行动、表达和情感；

- 最后是摆脱长期习惯性的紧张，体验到更多的活力和感受能力。

但是绝大多数情况下，这些目标都不是仅仅通过一次工作就可以达成的。

有时候我会在团体活动之后提议做一个两人或者三人小组的实验。因为信任程度和团体当下关注的焦点不一样，所以实验允许的亲密程度也会不同。下面列举的几个练习是一小部分。重要的是，你需要在练习的过程中提醒成员关注他们的边界："你想参加这个练习还是更想先看看再说？"

特别是对曾经遭受过虐待的团体成员来说，太亲近会让他们感到恐惧，带领者需要提前设想到这一点。但是，就算是没有经历过这种侵犯的成员，在大多数时候也不熟悉这些带着觉察的身体体验。他们也许会觉得尴尬，或者至少需要习惯才能适应。最好是团体带领者在团体里做这个练习之前，自己先尝试一遍。

两人小组工作

用眼睛

尝试用不同的眼神进行接触，比如有敌意的、坦诚的、看透对方的、回避对方的、不信任的、充满爱意的、害怕的。

哪些尝试是简单的，哪些尝试更难一些？

扎根和接触

一位同伴坐在椅子上。另外一位用手抱住对方的脚，带着注意力关注这种触摸和接触。

两位体验到了什么？

三人小组工作

一位成员躺着，一位成员托住他的脚，另外一位托住他的头部。成员们觉得这么做困难吗？有多困难？他们体验到了什么？

一位成员伸开双臂，站在其他两位成员中间。然后放下手臂，其他两位同伴把他的手臂再托起来。

成员们可以接受让别人托起自己的手臂吗？

团体带领者有很多实验方法都拿来用在身体层面的工作上，其中包括拉开距离的方法。带领者也可以引导团体或者成员抚摸自己，去感受自己敲打、按摩（手）、脉搏，以及有意识地觉察呼吸的动作。

根据格式塔原则，在这种实验里你必须特别注意保护边界，把任何形式的阻抗——肌肉收缩——都看作有待整合的保护功能。另外，你能够很好地意识到自己的身体存在这一点也很重要。身体觉察和伸展的练习已经融入了我的日常生活，成了我的生活的一部分。这可以帮助我进行自我照顾，也可以帮助我在和团体成员的相遇中全然在场。只有当我们的能量和呼吸畅通，我们可以进行自我支持的时候，带领者才有共鸣的能力。

第十一章 典型的团体过程

每个团体中都会出现一些削弱团体凝聚力的事情。如果是短期的开放的团体，而且成员是自愿参加的，比如说聚会或者读书会，这就不是个问题，团体成员可以随时离开。但是如果这个团体是有约束力的，成员是非自愿参加的，情况就不一样了。班级里学生的家长们是非自愿形成的长程团体。参加家长会或者定期聚餐的人会越来越少，团体会分裂成小团体，有些人会成为局外人。对这种结果也许有人会觉得可惜，但是大多数人会认为这是正常的。但是如果团体指的是工作小组或者家庭的话，这种破坏团体凝聚力的过程产生的影响就会很大了。

如果参加的是培训小组，成员们通常要在同一个团体里待上几年。他们也会遇到一些让人非常有压力、难以忍受的事情。在自愿参加的治疗团体里，让人感到不舒服的团体过程带来的压力没有那么大，因为根据入组协议规定，成员通常可以提前告知自己的决定然后离开团体。尽管如此，这种团体体验本质上也是一段时间并不算短的团体冒险之旅（就算本身是短程治疗团体）。

在长程的封闭团体中经常会出现一些事件破坏团体凝聚力，或者彻底阻碍团体产生凝聚力。对格式塔团体咨询师来说，自己有意识地经历这些事情和过程是有好处的，这些经历会帮助带领者识别出对团体不利的事件，并且亲身体验这些事情的积极的和消极的方面。有了这种经验作为背景，也许带领者能够从积极的视角，保持镇定，成功地进行干预，鼓励成员为了整个团体的利益放弃他们的固着。

从下面的这些列子里读者们可以了解到，团体成员有多么执着于他们那些妨碍团体凝聚力的行为，这种体验给团体带领者带来了怎样的危机感和不适感，以及这些团体过程是如何助长所有参与者的被动性的。

小团体的形成

读者可以从下面的例子里清楚地看到，就算只是小组里形成固定的座位顺序这种事情也可以对团体产生巨大的影响。

■■■ **例子**

我曾经和某位男同事共同带领了一个培训团体，其中就形成了小团体。有三位女性成员之前在其他场合就已经互相认识了，在第一周小组会面的时候她们就坐到了一起。不仅如此，她们刚开始都带了一条颜色鲜艳的毯子，为了占座位她们把毯子铺在椅子上——就像游客一早就去沙滩占领躺椅一样。虽然明文规定这种行为是被禁止的，但是没有人想去和她们争这些座位。

刚开始的时候我除了蛮喜欢她们的毯子这点以外，没怎么留意这个情况。我认为她们在自我照顾，她们在通过用这样的方式告诉其他人她们是熟人，并且想待在一起。我觉得在团体刚开始的时候，这种现象是完全正常的，人们往往会先和自己熟悉和信任的人在一起，也许这也是因为她们对安全感有强烈需求。团体在刚开始的阶段经常会有人感到担心，但她们找到了好办法来互相支持。

当某位其他成员突然离开了小组，而还有一位成员也在考虑是否要这么做的时候，我开始留意到这个小团体。另外，我还从多个渠道（在团体之外的渠道）收到消息，成员离开是因为这三位女士的关系。她们经常毫不客气地批评其他人，对他人的要求相当高，而且作为三人团体不接受反驳。

我和同事认为，这是团体经历的第一次严肃的危机，成员们会在下一次会面的开始分享圈环节提到这个议题。而让人惊讶的是，在团体正式开始之前，有位成员要求我们来接手这个任务。

团体成员在正式的团体会面时间之外给带领者任务会带来复杂的动力，我现在不想深入探讨这个部分。

我们采取的方法是不忽视任何一个隐晦的线索，我们通过用这样的方式成功创造了一个空间来谈论团体的危机。所有的成员都有机会表达自己对这件事的看法。

团体的前景里浮现了一个清晰的图形：害怕评价。三位女士形成的小团体化身为咄咄逼人的评审团，三位带着鲜艳毯子的女士像皇后一样坐在王位上作出裁决。这样会让她们更紧密地抱团，读者们肯定觉得这是一件很自然的事情。

团体中出现的这种情况会让我们这些带领者陷入困境：公开批评这三位女士的行为会让她们抱团的想法更强烈，因为这样做可以保护她们免受其他的潜在攻击。

另一方面，其他团体成员也希望可以和这三位女士单独接触，这也是有理由的。我们必须找到方法解决这个利益冲突，这样才可能让整个团体凝聚起来，缓和现在的紧张情况。否则，如果边界泾渭分明且僵化的小团体长期存在，就会滋生大量的投射。大家已经能从这个例子中体验到铁三角的投射可能是"你们想摧毁我们的友谊"，而其他成员的投射则是"你们在批评和评价我们"。

僵化小团体的干预方法

当小团体形成的时候，有哪些干预的可能性？这又要考验团体带领者的创造性了。我推荐的做法是考虑多种可能性，然后进行选择。无论是什么样的创意想法，我都会恪守格式塔的原则：识别、命名、对话和实验。

首先你应该从现象学角度出发，尽可能多进行体验并把这些体验用语言准确表达出来（命名）。我觉察到了什么？其他人觉察到了什么？这些觉察会帮助带领者从众多个人化的主观觉察中拼凑出一幅全景图像。

我们达成了共识：是的，存在一个边界狭窄的小团体。是的，一些团体成员希望这个边界可以松动些。小团体的成员想要自己决定他们的边界。

这些为进行下一步实验打下了基础，通过做实验，成员们可以加深体验，也有可能会产生改变的冲动。

一个很容易想到的实验是改变成员的座位，尝试反固化行为：这对所有成员来说都是个好机会，可以帮助成员验证自己到目前为止的想象和担心。同时他们可能也会意识到自己想要或者需要接触和改变。

另一个方法是邀请小团体用夸张的方式展现他们的行为，比如更紧密地靠在一起，互相窃窃私语，用批判的眼神打量其他成员、奚落其他成员。所有的团体成员都可以用这个机会验证自己的投射，也可以认清自己在处理对团体里发生的事件的批评和贬低上有多大度。

另外一个干预方法是带领者可以问团体成员："想象一下，如果你们也可以和一两位团体成员有这样亲密的联结，你们会选谁？"这种方式可以让成员们有机会承认自己的愿望，以及意识到愿望背后的担心或者鄙弃。

团体带领者可以继续对"担心评价"这个议题进行工作，让所有人体验这种担心是如何产生影响的。你可以邀请每个人直截了当地评价一位成员。但是这样的干预很有可能会让大多数团体成员过于焦虑，带领者得寻找一个没有那么让人感到害怕的过渡步骤。在津克的文章里读者们可以了解到风险级别不同的实验。

在本章的开头我们说过，所有的团体（特别是规模较大的长程团体）里都会存在小团体。它们的存在是自有其目的的，否则就不会形成小团体了。只有当小团体的边界过于狭隘和僵化时，它们的存在才会威胁到大团体的凝聚力。团体带领者可以把团体分为两个阵营来公平地讨论这个事件：一方认为这三位女士应该待在她们的小团体里，另一方激烈地反驳，三人小组可以倾听和感受这种讨论对自己的影响。这种干预有助于处理团体中的两极化倾向，以及纠正讨论中非黑即白、非得争个对错这种错误想法。

当然还有其他的干预方法，你还想到了哪些？

在上面介绍的这个特别的案例里，我们做的这个实验几乎是水到渠成的。这三位女士对团体的批评感到非常震惊。每个人都基于自己的成长史和敏感性给出了自己的反馈。她们希望团体接受她们的友谊，这一点是一致的。

有些成员充满感情地向她们发出邀请，希望和她们交换位置，被邀请的对象也心存感激地接受了，这个格式塔可以暂时完结了。

接下来，我认为重点还包括如果固定的小团体已经形成了，只靠一次干预当然是不够的。目标当然不是解散小团体，而只是让它的边界变得灵活些，不要成为异体，阻碍大团体。如果团体规模较大，我通常会建议团体成员经常和不同的成员组成小团体做练习或者做双人练习，这有助于克服面对陌生人时的羞怯。

对团体带领者来说，这种情况下存在的风险是自己站队，我选择站到团体冲突的一方，要么支持解散铁三角，要么支持另一方。我会在后面的内容中介绍在这样的情况下会发生什么事情。

团体过程中的指导性干预

我认为格式塔流派的本质是带领团体没有一定之规，也没有对和错。我会为团体提供推动力，并且不回避结果。我们先看看下面的例子。

这次又是我和另外一位同事一起带领培训团体。在培训的某个阶段成员们应该组成固定的工作小组，在接下来的两年内有规律地见面。一些成员在之前就已经认识了，并且商量好共同组成一个工作小组。这种行为经常会造成一些动力方面的变化，妨碍新团体的共同成长。一些成员抓住那些熟人不放手，而其他人却不认识任何人或者只认识少数几位成员。他们觉得自己被排挤了，选择受到了限制。而已经确定下来的小团体可能也会突然意识到他们定得太早了，以致不得不放弃其他选择。

如果我作为团体带领者恪守自我调节的原则，任由这个过程发展下去，很有可能出现的情况是团体里会隐隐出现许多担心、恼火和不满，这些都会对团体产生影响。这次我和同事想做个大胆的实验，把我们团体带领者的权威用起来。我们坚持新成立的小组里最多只能有两位成员是来自之前商议好一起组团的原则。

当然，我们遭到了来自已经私下成立的小组的愤怒和抵抗。但是也有些成员对我们的干预表示了感谢。尽管成员们进行了激烈的争论，但是我们坚持了原定的计划。成员们会感觉自己的自主权受到了约束，这是正常的。但是通过这样的方式，他们也可以体验到为了集体的利益必须放弃自己不受限制的自主权，并且赢得一些其他的东西，这对他们是重要的体验。

当然，前几个月我们时常在怀疑这种利用权威性的干预会不会提升团体的凝聚力。而在团体结束的那个周末所有成员都到场了，那时候成员们看上去已经很好地整合了这种经验。当时团体里的成员认为这种体验让他们变得更丰富了，刚开始的愤怒变成了肯定和感谢。

但是在按这种方式组成的小组里，也有一组一直没能成功形成对其所处的小团体的身份认同。这让我们想起了那句名言：就算是团体带领者也没法让所有人都满意。

　　我还有个遗留下来的问题：我们当时作为团体带领者是不是还有一些更简单的做法也能达成类似结果呢？

成双结对

　　另外一种团体里典型的现象是成双结对，两位成员组成小团体。成员会在团体里给自己物色一位支持自己、总是与自己观点一致的盟友。他们会一起聊其他团体成员和带领者的八卦，有时也挑挑刺，当然这些内容只有很小一部分会出现在团体的公开场合里。这种情况再正常不过了，当然，即使一个团体有两位带领者，他们也未必能摆脱这个两人小组配对的情况。配对像刚刚踏入爱河一样，遵循的原则是"我们和世界上的其他人"——这里指的是我们和团体。融合是如此美妙，无人能及，如果遇到有争议的情况，愚蠢的都是其他人。

　　这个说法是稍微夸张了一些。我当团体带领者时会经常遇到配对的情况，也经常因此苦恼。同时，作为团体参与者，我也享受过配对的好处，了解过它的吸引力，这两方面形成了平衡。配对这种行为对团体凝聚力会造成多大的危害，取决于这两位成员对他们融合的行为模式有多执着。如果融合的表现是在部分事情上意见一致，以及团体成员之间的友谊不断巩固，这只会促进团体的共同成长。

　　如果配对成了固化的行为模式，长远来看这会妨碍团体里的开放沟通，会引起私下的不满和压抑。其他的团体成员只有在少数情况下才会鼓起勇气，公开面质这个两人小组和他们融合的行为。这当然是有道理的！成员经常会把这个面质偏转到其他方面或者忍下去，最糟糕的情况是成员做出攻击行为来维护当下情况。但是也许第一种情况更糟糕一些，第二种情况好一些，因为在第二种情况里，至少能量被调动了，因此会产生改变的可能性。

　　团体里的两人小组总是坐在一起，一起到场也经常一起迟到，并且休息时间也待在一起。大多数情况下其中一位更有主导性，另外一位更顺从。他们在团体公开场合除了说一些互相了解对方的话之外，不会说什么其他重要的东西。同时，他们也会尽可能避免任何的冲突、意见相左和批评对方。同类不相残，同室不操戈。谈论团体里两人小组的关系是个不能公开的禁忌。

团体里这种配对现象带来的动力很容易蔓延开来。这有可能会导致接下来整个团体都分散成两人小组和小团体，所有成员之间的接触越来越少。

对僵化的两人小组的干预

作为团体带领者，你有哪些方法来干预和对抗这种破坏性的动力呢？

第一步是大家都熟悉的：先觉察这种现象，在团体里具体明确地分享自己观察到的现象。接下来，不要计划任何事情，对接下来两人小组以及其他成员出现的反应保持开放的态度。团体如何进一步发展有多种可能性，具体如下所示。

1. 两人小组感觉自己受到了攻击，作出回击。

2. 其他成员感觉受到了你的鼓励，终于也分享了他们自己的观察。

3. 另外，团体成员们表达他们对两人小组的感觉。

4. 也许某位成员可以成功地表达希望自己能和这两位成员有更多接触的愿望。

5. 偶尔两人小组在听到了这些真诚和勇敢的反馈后，会受到触动或者表达谢意，给出回应，并且自发跟随自己的个性做出行动。

你作为团体带领者必须对团体里充满接触的相遇（不是融合）是什么样子的有具体的设想，这样你所提供的推动力才有方向性。处理这种僵化的两人小组的情况时，你可以描述自己对他们的感觉和印象，这样的处理方式可能不会让他们觉得太有攻击性。比如：

"我看到你们俩总是在一起的时候会感到不安。然后我会想象你们在挑刺、说我或者其他人的坏话。"

"我感觉你总是和我保持距离。我观察到你和 X 在一起的时候，你可以和他很亲近。你是对我有什么意见吗？"

"我不喜欢你在我和 X 说话的时候打断我，X 自己可以表达。"

一个相对间接的处理方式是借用创意媒介，比如用团体雕塑的方式让大家体验这种团体动力。读者们可以在里希特、尼切 - 贝克和屈恩以及艾布拉姆和希策尔的文章中了解到许多用创意媒介工作的方式。

另外一种间接处理固化的行为模式并且能让团体动力更清楚地呈现出来的方法是要求成员们找不太熟悉的同伴一起做两人或多人小组练习。如果团体带领者觉得自己不是很能应对这种情况，需要和团体成员保持距离，或者认为团体在水流缓慢的水域稍微晃一晃会有好处，就可以使用这种方式。

或者你可以探讨融合这个一般性的话题，在元层面上对它进行描述，举例说明，并结合合适的练习进行探索。

也许你现在想到了一个两人小组配对的具体案例，也许你能想到一种正巧合适的干预方式来处理这种情况。

希望读者们读到这里，不要误以为优秀的格式塔团体带领者必须总是进行干预、保护团体、避免不愉快的情况发生。我曾经无数次觉得团体里存在两人小组，但我没有作出特别的反应。老实说，如果觉得成功干预的可能性不高，或者试了试水之后觉得干预可能会带来伤害，我大多数时候就会顺其自然。

自我调节的案例

一个自我调节的典型案例如下。

培训团体里有一个两人小组，他们在团体之外也是一对情侣，但是在团体里他们既没有提到过这一点，也没有直接表现出来。这两位成员似乎无所不知，非常挑剔，对我也是一样，并且非常强调成就。总的来说，我觉得他们很麻烦，这个两人小组在团体里也是让人心生畏惧的存在。

在好几个月的时间里我一直都在思考是不是应该在团体里和他们谈一谈他们的关系，我到底应该怎么做？直到有一天（团体活动的间隔一直比较久）两个人有了很大变化：变得更柔和、放松，更重要的是容易接近了。现在我总算有勇气问他们了。是的，他们分手了，并且两个人都觉得很好！现在铁已经凉了，我可以开始打铁了。

分裂

分裂的意思是使某物分成几个部分，包括两种不同的过程。一种是对内在心理过程的描述，我是如何觉察这个世界的。人们被分成好人和坏人，我们被分为好的和坏的团体带领者。儿童会非常自然地这么做。这是他们成长的一部分，可以给他们带来安全感和自我价值。

"这太讨厌了！这是我最好的闺蜜。我是无辜的。是其他人的错！是其他人先开始的！"

这种分裂也会出现在自我觉察的层面上。

我要么是百分之百好的要么是百分之百坏的，要么绝顶聪明要么愚蠢透顶，要么是绝世美人要么是极其丑陋的人。

能够更分化地、细微地觉察自己和他人能力的发展过程是缓慢的，并且经常也是在不情不愿中形成的。

另一方面，分裂指的是当团体内部出现强烈的两极分化的时候，个体的行为对整个团体产生的影响。这个团体指的也可以是培训师的团体或者联合咨询师们。

参加格式塔团体可能意味着个体会面临很大压力，这时分裂就会作为退行性的解决模式出现。但是这对团体气氛和凝聚力是有害的。

带领者小组的分裂

我曾经和一位男同事共同带领过一个培训团体，随着我们发现各自的工作方式和对格式塔的理解差异非常大，气氛变得紧张了起来，而且我们没有找到有效的解决方法。我们的差异似乎不是互补性的，而是彼此都不能够接受对方的不同。

团体成员们当然很快就注意到了这一现象。当团体中有个两人小组陷入危机的时候，情况就激化了。我一直都没办法和这两位成员建立接触，相反，他们对我展现出很难接近甚至是拒绝的态度，而且会寻求我的同事的帮助。我和同事在他的危机干预方式上大吵了一架，吵得不可开交。

由此，我们没法正常工作了。因为我们两位都被卷入这个站队分阵营的过程，我们面临着巨大的压力，急需找到解决方法。到了万不得已的时候，我们之间必须有一位离开这个团体。在非常激烈的争论之后，我的同事没有向团体解释或者和他们道别，就把团体的带领工作交给了我。一方面我感到松了口气，另一方面我也觉得恼火、受伤，感觉被抛弃了。团体成员也有类似的感觉，就像父母离婚之后的孩子突然失去了父亲，要适应和单亲妈妈一起生活。

对我来说，这是当时那种情况下的最佳解决方案，但是也不是个让人满意的方法。因为带领者团队的分裂会对团体造成巨大的负面影响。团体成员体验到出现危机的时候，差异和不同意见会让一方突然遭到抛弃，由此所有人都小心翼翼、如履薄冰，并且尽可能回避冲突。

针对分裂过程的治疗工作

我们可以如何避免这种分裂呢？我的同事本来应该让那个两人小组明白，在涉及团体成员的重要干预上——特别是危机干预上——他都是和我商量过的，当然我也应该这样做。

根据我的经验，团体总是会把带领者分裂成一位友善的好带领者和严格的、咄咄逼人的带领者，或者他们认为一位是有能力的，另一位是没有水平的。成员也许会信任其中一位带领者，而对另一位带领者则感到害怕。这是完全正常的，我们可以预料这种情况会出现，并且这些信息可以给我们提供方向。大多数人在儿童时期就在父母身上练习过：如果爸爸不允许我们干什么事情，也许我们可以去找妈妈再试一试。

但是当团体带领者接受这种非黑即白的移情，以及——用格式塔的语言来说——和这种移情融合的时候，会出现问题。每个团体中都可能出现个别成员试图割裂团体带领者（在有两位带领者的情况下），以此来打压他们的权威的情况。

◣◢◤ 一个简单的例子：

> 我给一位女性团体成员布置了任务（补交一些结业论文的材料），并且我是特意事先和同事商量好这么做的。几天之后她去咨询我的同事，问这些材料是不是必要的，这是一个试图引起分裂的陷阱。有时候，可能是因为我的同事在其他人看来没那么严格，所以被选中成为这个尝试的对象。同事和她说这是和我商量过的，成员分裂我们的计划就这样失败了。

治疗团体和培训团体的成员之间也可能产生分裂，出现两极分化的阵营。其中一方觉得团体和团体带领者的工作方式不错，另一方则表示不满意，非常挑剔。当这种分裂固化，并且特别是在暗地里产生影响的时候，团体的凝聚力就会受到损害。

带领者可以通过用一些方法觉察到潜在的分裂：在每次团体会面开始的时候邀请成员们分享感受，以及在结束的时候让每位成员有机会给带领者提出反馈，明确邀请他们除了赞美之外也可以表达批评。在感受分享圈环节我总是会问成员："还有什么没有完结的事情？"然后他们可能会提到自从上次会面之后让他们挂念的任何事情，比如说恼火、喜悦、羞耻、疑惑的事情或者是他们认为存在的问题。

出现两极分化现象的原因也经常和团体的某些价值和标准有关。

在培训团体里有一些成员的行为方式非常感性，另一些成员则非常理性和克制。双方都坚持自己的方式是更好的。这样的团体会面总是张力十足、让人疲惫。

在一次团体会面中，当有位理性克制的成员用单调且没有起伏的声音发言的时候，另一位成员突然喊道她受不了这种有气无力的声音。结果对方继续单调地解释人们为什么会拒绝感性。

这个两极分化是逐步形成的，直到这个时候我作为团体带领者才清楚地看到，现在以他们两位成员为中心形成了两个阵营。

之前在暗处涌动的东西现在总算有部分公开出现在团体里了。团体带领者需要给这两个阵营一些空间，让成员们表明自己的立场，阐述两个阵营的优缺点，并且知道另一方在认真听。

这种处理方式可以激起成员们的好奇心，并了解他们现在仍然拒绝的另外一种方式的好处。这是尝试弥合分裂的开始。

分裂和投射性认同

想要带领好一个团体，带领者就需要理解分裂和投射性认同这两个内在心理过程之间的基本关系，并且有意识地在团体中体验它们带来的影响。读者们可以在凯斯门特的文章里看到相关的定义介绍。我在这个章节只会进行简要描述。

梅兰妮·克莱因把投射性认同和分裂描述为早期儿童发展的部分。比昂认为这是一种原始的沟通交流方式。罗森菲尔德指出投射性认同是精神病性过程的组成部分，并且对投射性认同进行了区分：

- 是沟通的形式；
- 是尝试将不想要的人格部分分割（分裂）出去；
- 力图在关系中控制对方。

亚隆的书里有一章介绍了困难的患者类型，读者也可以在他的书中了解到另一种关于投射性认同的描述。他把精神分裂症、自恋和边缘型人格障碍患者归入这一类，这些患者虽然可以从团体治疗中获益，但是会威胁团体的凝聚力。他们的共同点是没有办法设想能够安抚孩子的父母会是什么样子的，因为他们曾经被自己的父母抛弃，情感上被忽视以及对父母感到失望。他们在被抛弃和自恋受挫时会变得愤怒和脆弱，这种情感在他们身上打下了深刻的烙印。因为从来没有一个人能容纳他们的这些情感，所以他们学会了把这些部分从自己的内在生命里割裂出去。

因为投射性认同的防御机制，来访者把他割裂出去的那部分内在生命投射到了另外一位团体成员或者你这位带领者身上，并且这种方式让你产生了和他投射出来的相同的想法、感觉和行为。

这在某种意义上是自证预言。在团体成员投射性认同的影响下，你的行为开始逐渐向投射靠拢。一开始还只是投射，现在看上去要成为现实了。现在来访者试图控制你的行为，或者甚至是和你的行为进行对抗，这种情况下来访者的潜台词可能是"我没有这种感觉，我想让你也没有这种感觉"。

团体带领者可以如何确认自己是不是成了投射性认同的靶子？我的回答是这样的：我所有的接触邀请似乎都是无效的。我感觉自己总是被误解。因为投射性认同起作用了，情况不但没有好转，反而越来越糟糕。这种情况下带领者要做的是暂停一下，以抵抗这个自证预言这个恶性循环。

我的第一步是接受这个现象，承认投射的核心内容。

第二步是共同探索对方是怎么做到这一点的，他还在做些什么。显然这个部分是解除投射性认同的难点所在。因为这部分的工作需要来访者重新认同自己分裂出去的自我，有意识地觉察并且承认这个部分。

我们可以从成长史的角度去理解最开始的分裂。通过重新排演在成长过程中的某个未完成事件，让结局变得让人满意，让之前被压抑的部分可以得到觉察和整合。

例子：

培训团体中有位女性成员从刚开始就非常孤立和退缩，这引起了其他人的关注。当有人和她说话的时候，她一直保持拒绝的态度，隐隐有些敌意并且强调她需要保护自己并且设立界限。

刚开始团体对她的友善逐渐变成了烦躁和攻击。到最后，没有人想和她扯上关系。而那位成员只把自己当作受害者，不能或者不想看到自己在这个痛苦的团体动力中扮演的角色。

现在因为她的所作所为遭到攻击，团体觉得最好把她踢出去，所以她确实需要保护自己和设立边界了。

在和投射性认同进行工作的时候，关键是让这位成员意识到这种熟悉的感觉来自于她的儿童时期，她小时候确实遭受过许多暴力伤害。

在和这些创伤性经验进行工作时，这位成员成功地接触到了她对施暴者的恨意，并且能够把它表达出来。受到了鼓励之后，她变得更自信了，并且可以在团体里直接保护自己，设立界限，而不会后撤了。这样，破坏性的团体动力这个恶性循环就此被打断了。

但是通常在类似的情况下事情不会这么顺利，当事人可能会真的离开这个团体。然后团体也会缺乏足够的安全感来觉察和整合这种分裂。这种想法会帮助我尊重成员提前离开的决定，这是一种自我保护。

第十二章　团体中出现接触中断时的干预方法

格式塔工作的核心是觉察接触中断以及学习弥合中断的方式。对我来说这意味着重新获得伸展和收缩的自然节奏、勃发的生命力和流动的能量。就像河流一样，河水会流过石头和弯角，时宽，时窄，有时奔腾而过，有时缓缓细流，有时卷起一些东西冲向深谷，有时会携卷碎石和树根，有时水流平缓适合游泳，但是也可能有危险的旋涡，有些流域的河水尝起来非常清冽可口，而另一些流域的河水被污染而无法使用，特别是河流一直在变化，人们无法两次踏进同一条河流。

在个体治疗设置下，只要治疗师带着所有的感官在场，和他自己以及对方保持良好接触，这个格式塔工作的核心工作对他来说还是相对清晰可控的。

始终在团体里对个体的接触中断进行工作

在团体中完成觉察接触中断和学习弥合接触中断方式这个任务非常复杂。团体带领者容易被自己的觉察淹没。为了摆脱这种情况，带领者需要把注意力放在某位成员和他的接触中断身上，类似于屏蔽团体中的其他人，这种做法很有诱惑力。

这种在团体设置里做个人体验是皮尔斯最早期的风格，这种在大型团体前做的示范也曾经为格式塔的传播作出了贡献。现在，在团体设置下做个人体验仍然非常流行。这个过程中产生的巨大的张力和活力非常有魅力。也许在这样此时此地的体验中，"观众"对深层的触动以及全然的升华的渴望也得到了满足。但是团体能够带来改变的可能性还远远不止于此，团体才是学习社交能力的完美场域。

另外，在团体设置下做个人体验也会威胁团体凝聚力。

开始个人体验之前或者结束个人体验之后，我总是会邀请其他成员和整个团体一起加入。在这个过程中我会跟随某种节奏。有时候我会关注团体事件的边缘区域，以便看到团体全貌，接着我会重新进入和一位或者多位团体成员的直接接触中。

当某位团体成员和我进行接触时，无论是通过提问、引发团体中的冲突、表达强烈的情感或者说起梦，或者提及生活中突发危机的方式等，我都可以进行个人体验工作。但是我也会经常跟随自己的兴趣和爱好，主动提出这个建议。在进行个人体验工作时，除了内容层面之外我还会关注接触的形式，关注互动是"怎么样"的。

在"团体中的治疗过程"那一章我介绍了我有一幅"地图"可以用在团体的变化过程中。这就像用照相机一样，在和接触中断进行工作的时候我会用变焦镜头。首先拉近焦距，会让自己看得更清楚，但是看到的只是图像的一个局部。如果焦距过近，这个局部也会因失焦而变得模糊。如果失去了和整个图片的联系，清晰的图片细节对我们也没什么用处。所以始终在团体的框架下和个体的接触中断进行工作很重要。

用接触循环模式来看团体中典型的接触中断案例

如果我们现在再回忆一下接触循环那张图，会发现图上有空白处和间断。这些可见的空白大多是没有意识到的习惯性的回避（见图 12-1）。

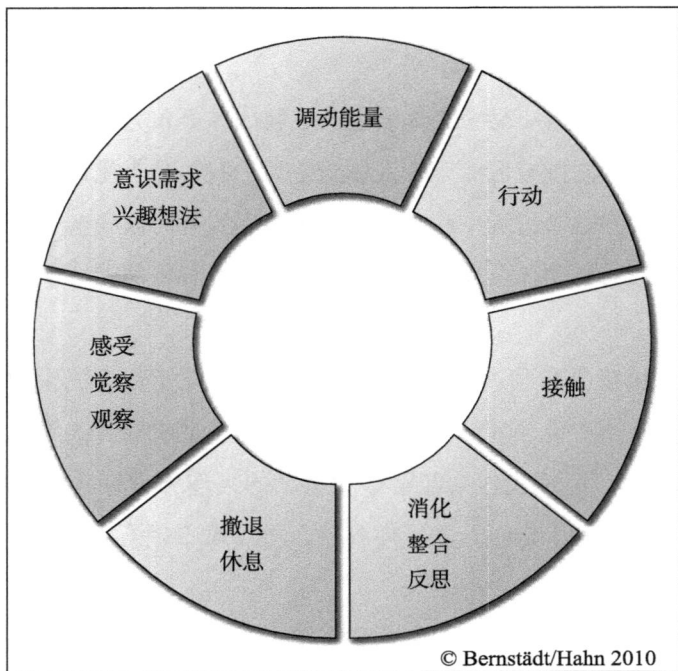

© Bernstädt/Hahn 2010

图 12-1　接触循环

接下来描述的团体成员的例子都是基于真实的事件进行改写的。

　　1. 团体会面刚开始，有人问玛格特的兴趣和需求是什么，她耸了耸肩膀，微笑着说她对一切都是开放的。

　　"你真的可以接受团体的一切吗？"

　　"是的，我会看看能发生什么。这些都是惊喜。"

　　觉察和兴趣、需求之间出现了中断——觉察兴趣、需求和想法这个环节出现了空白。

　　2. 苏珊娜做的很多手势都是重复的。她的动作和她说的话不匹配。我和她分享了我的观察，问她现在感觉怎么样。

　　"我很焦虑。当我非常焦虑的时候，我总是这么做。"

行动和接触之间出现了中断——感受和觉察的环节出现了空白。

3. 维基一直在抱怨她感到精疲力竭。她经常是第一个推动团体的人。看上去虽然她一直都在场，但是非常紧张。当其他人提到这点的时候，她解释道："我感觉自己总是要承担责任，我不想要错过任何事情。"

接触和撤退，撤退和接触之间出现了中断——撤退、休息的环节出现了空白。

4. 加比有个重要的议题，我们已经对其工作过很多次了，似乎每一次她都能体验到触动。但是之后这种触动就几乎消失了，没有留下痕迹。指出这点之后，她感到有点尴尬和惊讶。

"啊，是的，是这样！"

接触和消化／整合之间出现了中断——消化和整合的环节出现了空白。

5. 安雅因为个人生活状态感觉自己压力很大，她很沉默、很紧张。我问她现在最想要做什么，她下意识地回答："大喊大叫。"

"如果你想要这么做的话，现在可以在这里试试。"

"哦，不，我做不到！"

调动能量和行动之间出现了中断——在行动的环节出现了空白。

用这种方式对团体成员的行为进行归类和诊断，可以帮助带领者设计出有效的干预方法。这些接触中断是因为个体害怕自己产生的反应，害怕体验兴奋，以及害怕把这种兴奋带入自发的行动中，害怕可能会引发的后果，害怕羞耻、拒绝、受挫、无力和惩罚以及其他的"灾难"。因此接触中断也具有两种功能：保护功能，以及扼杀自发性和充满力量的自我负责的功能。

作为团体带领者你现在应该在两条轨道上进行工作：

• 认真对待和探索这些畏惧

- 同时告诉成员们可以怎样允许自己的兴奋，并且让它传导到自发的行动中。

在这个探索过程中你会遇到融合、内设、投射、内转和自我中心这些接触中断。你可以描述不同的过程：兴奋感是如何被扼杀和控制的，以及那些心底的害怕和焦虑是如何阻碍自发的行动的。这些内容是由皮尔斯、赫弗莱恩和古德曼首先提出来的，之后克利夫兰格式塔学院的约瑟夫·津克对此进行了深入研究。我会结合上面的例子对这些接触中断做介绍。

融合

对应例子一

团体带领者可以把注意力放在玛格特的融合上，让她能够更好地意识到自己的融合。

"如果你什么都可以接受，那你肯定不会和谁产生矛盾，是吗？"（强调融合的保护功能）

"是的，但是我现在真的没有什么特别感兴趣的。"

"有没有什么事情是你不想在这里做的？或者你真的对所有事情都能接受？"

"现在我不想继续这样和你没完没了地谈下去了。"

"好，现在你环顾一下团体。如果你有个没有实现的愿望，而在场的某个人无论如何都会帮你满足它，这个愿望会是什么？"（支持她去体验自己的兴奋，让兴奋传导到自发的行动中）

"我想请卡特娅给我做肩部按摩。"

"现在吗？"

"不，等会儿，在休息的时候。"

我可以干预到这一步，将其控制在这样一个简单的场景里，不继续深化和拓展。这个干预更像是一个游戏，就像开场序曲一样。主题已经出现了，我们之后会再回到这个主题上。我也可以进一步深化："玛格特，当你这样微笑地看着我，等待我给你一个惊喜的时候，你感觉到了什么？"

"我感觉有点激动，我想知道你现在要对我做什么。"

"如果我现在告诉你我想对你做什么，你一定会照做吗？"

"也许吧，我当然要看是什么事情。"

"好，我想让你现在看一下团体，和一些成员复述一遍这句话：'我什么都可以接受'，同时感受你的身体感受和你的感觉，并且感受一下是不是对所有人都可以说这句话。"

我们可以通过进行这样的引导验证她的那句话，面质她融合式的接触方式。也许她会意识到自己完全没有自己想象中的这么开放，而是在用微笑掩饰和隐藏害怕和焦虑。

这里的干预也是一方面强调融合的保护功能，另一方面支持她在接触中验证这句话，把自发的冲动带到行动中来。比如她可能会说："在你面前我感觉自己不是什么都可以接受，你让我想起了我的前夫。"

这样，我们可能就接触到了有可能对玛格特重要的人生议题。

以现象学的方式探索融合的过程取决于团体带领者的风格和创造性。

内转和投射

对应例子二

我可以和苏珊娜对她的内转进行工作，请她关注她的焦虑，感受她的身体和呼吸，然后看向团体。

"用一些时间，好好看一下这些人。也许你会意识到有一些人让你感到焦虑，而其他人会让你感到安心。你可以跟我们分享一下你的感受吗？"

她没有采用常规刻板的运动练习让自己平静下来，我向她指出了另外一种让自己平静下来的方法：通过和某位成员的接触，从外界获取这种平静。

"当我看着米歇尔娜的时候，我的焦虑就消失了。我感觉她喜欢我。"

"你有没有什么想要跟她说的，或者你想要从她那里获得些什么？"

"有。米歇尔娜，我喜欢你。"

接着米歇尔娜自动站了起来，走到了苏珊娜面前，拥抱她并且坐在了她旁边。

干预可以在这里告一段落了。如果这个团体的成员已经认识比较久了，我还可以对投射进行工作。我可以邀请她关注某位让她感到如此焦虑的成员。

"你能直接告诉他，他让你感到焦虑，以及他是怎样让你感到焦虑的吗？"

"当你这样傲慢地说话，完全不在意我的时候，你让我觉得焦虑。"

"苏珊娜，你愿不愿意试试对我们做同样的事情呢？不要在意我们，你可以摆出傲慢的姿态夸夸其谈。调动你整个身体，最好在整个房间里走动，越傲慢越自大越好。"

苏珊娜犹豫了一下之后完全进入了这种傲慢的场景，她说的话和她的动作是一致的。结束之后有个反馈圈，没有人感到生气，大家反而为她展现出前所未有的活力感到开心。苏珊娜拓展了她的自我图像，接来下针对她的治疗任务将会是把自己的傲慢整合到日常生活中。

自我中心、投射和内射

对应例子三

在维基的案例中，我可以聚焦在她的自我中心上，关注她想要控制一切并且期望不要发生任何计划之外的事情的愿望。我们可以探索的一个方面是她对失去控制的担心。

"维基，如果你错过了一些事情，并且觉得自己不用为所有事情承担责任，会怎么样？”

“其他人也许会认为我是冷漠的、没有感情的。”

“然后呢？”

“然后没有人想和我扯上任何关系。”

“你觉得这样很糟糕？”

“对的，那当然。”

“你想看看周围的团体，再次验证一下你的想法吗？只要你往后退了一次，你就不属于这里了吗？”

维基慢慢地看着周围，若有所思，最后笑道：“一次肯定不会。”

现在维基的边界有点松动了，我可以建议她做一个实验：“维基，只要你感觉疲倦，就试着在心里把自己从团体里抽离出来，并且去感受这么做会不会让你变得冷漠无情。然后下一次有机会的时候你可以做一次分享。”

或者，如果是成员之间已经比较熟悉的团体，我可以对她的投射进行工作：“维基，你有没有真的很冷漠无情的时候？”

“当然有。”

“比如什么时候？”

“大多数是在和我爸爸说话的时候。”

“那在这个团体里呢？”

维基不安地扭动，也不说话，而且有点脸红。

“看上去这个问题让你感到不舒服。”

“当然，有谁愿意承认自己是冷漠无情的呢？”

“你可以对团体里的某个人表达和展现出你的冷漠无情吗？”

维基再次看向了团体。

“可以，我可以对伊罗娜说这句话，她现在看着我的目光非常坦诚。”

我也可以对维基的内射进行工作，她内化的规则是永远都不可以冷漠和无情。

"维基，你可以在这里告诉一些成员，他们永远都不可以冷漠无情吗？"

她有可能会感到惊讶并表示反对。那我还可以邀请她测试这条规则的有效性，看它现在适用于什么情况和哪些人。

我会在以后继续进行澄清她和她父亲的关系这个任务，如果到时候还有必要的话。也许她在父亲面前一直小心翼翼，是为了保护自己的界限不被侵犯或者不在情感上受到伤害。我们利用此时此地的团体带来的潜力，给她提供新的重要的推动力，这暂时就已经足够了。

最后，维基也许可以学会偶尔放松地从团体里抽离出来，并且把这种经验迁移到日常生活中。

融合

对应例子四

在加比的例子里，我很明显可以看出她隐藏了自己抗拒任何改变的一面，而展现出了坚持维持现状和融合的那一面。带领者要尊重这一点，并且让她体验到融合的保护功能。

"加比，你看上去很快就把在这里体验到的东西抛之脑后，并且一直都在谈论同一个主题。我们设想一下，如果这么做是有好处的，那这个好处是什么呢？"

"那我就不需要改变自己了。"

这时候她的眼泪涌了出来。

"这让你感到害怕吗？"

"是的。"

"你宁愿一切都保持原样吗？"

"嗯……"

"你能在这里跟一些团体成员说你想要一切保持原样这句话吗？"

加比犹豫了，然后有些愤怒地看着我说："我不想让所有事情保持原样！"

此时就出现了分歧，作为团体带领者我抓住了这个良机，我让加比非常具体和明确地列举一些她确实想保持不变的事物，也列举一些她想改变和重新尝试的东西。重要的是鼓励她现在在这个团体里做一些新的尝试，并且有意识地在她加工吸收的过程中陪伴她。

对于她对在团体之外开始改变的恐惧可以之后再讨论。

内转、内射和融合

对应例子五

我们可以把安雅的高度紧张和退缩理解为内转。我之前也提到过，作为团体带领者我是两条轨道并行的。为了探索内转的保护功能，我可以询问她如果跟随着自己的冲动大声喊叫，她觉得会发生什么。

"我可能会完全失控。"

"然后呢？"

"我不知道，我害怕这件事情。"

"你可以和你的害怕情绪待一会儿，去感受它吗？你可以找一位同伴，告诉他你害怕在团体中失控吗？"

也许安雅会接受这个实验，从她害怕、僵硬的状态中迈出一步。她这样做至少能表达出自己的恐惧。

她也可能会试着澄清自己的担心。她的担心和信念（内射）可能是，如果大声地把自己的愤怒和挫败吼出来的话会让自己变得可笑，或者面目可憎。

同样，我们也可以预料到，安雅可能会暂时不想接触、融合以及固着在自己退缩的这一面。

"不，我现在不想这样做。"

"你现在想做什么其他事情呢？"

"虽然有，但我现在不想继续谈下去。"

"你也可以跟我们说一说是什么让你这么激动，让你恨不得大吼，这样你就能有更多的掌控感。"

"好的，我想以后再说。"

安雅获得了各种关于怎样把压抑的兴奋用行动表达出来的建议。现在她需要做出愿不愿意以及什么时候接受这些建议的决定。

在以上五个案例里，我都会邀请团体参与其中。我给成员们提出了关于如何互相建立接触的具体建议。在精心调整过的实验里，我邀请他们去尝试谈一些他们回避的事情。我并不是说一定要他们做这个实验，更重要的是让他们意识到这些接触中断。读者也可以从案例中看出，我很少会针对单个的接触中断进行工作，因为接触中断会互相影响，接连出现。

作为团体带领者我会关注成员回避了哪些自发的行动，我可以如何鼓励团体处理当下的未完成事件，以及团体如何创造比过去更有利的条件来完成这些事件。

第十三章　移情和反移情

作为投射的特殊形式的移情和反移情

我自己接受格式塔治疗师培训的时候对"移情"和"反移情"的概念是避而不谈的，因为我觉得这些概念是多余的，并且认为把这些概念当作投射来理解就足够了。但是对我的工作而言，沿用弗洛伊德当时提出的名字称呼这种特殊的投射形式是有好处的：当我们把内射的和重要的人的重要体验投射到当前生活中的人身上的时候，我们称之为"移情"。

对于移情和反移情的现象有各种不同的描述。传统意义上移情这个概念一直指的是来访者扭曲的觉察，而治疗师总是会用反移情这个概念。这个模式暗示着是来访者先开始的，然后治疗师才用反移情来回应。这背后的想法是治疗师是不会犯错的、是修通过的，并且是没有扭曲的觉察的。只有当来访者出现移情时，治疗师才会失去平衡，产生扭曲的觉察。

事实当然不是这样的。我们所有人在看周围的人的时候都带着失真的眼镜，这是我们的成长史决定的。我们永远也摘不下这副眼镜。在这个认知理论的困境里，格式塔是种有效的方法，因为它采用现象学的方式，关注显而易见的事物，以及治疗师和来访者之间秉持对话的态度。同样，格式塔团体带领者要意识到自己的反移情，利用反移情诊断，以及摆脱反移情。

也就是说，反移情是我们人类的基本组成部分。它是投射的特殊形式，是双方在彼此之间的场域里共同创造出来的。所以对治疗师和团体带领者来说，我们也可以说这是一种共同的移情。不过我还是沿用反移情这个经典的说法，因为从反移情这个概念上可以明确看出这指的是治疗师的移情。

在团体工作里出现在前景中的移情的内容和在个体治疗设置下出现的移情不一样，因为团体像一个有兄弟姐妹的家庭。团体成员之间在"父母"面前的竞争是其中重要的一部分。相对应的是，许多我的反移情现象和我自己的家庭经验，以及母亲和父亲有关。但是团体带领者的反移情现象只是众多的工作重点之一。

移情、反移情和简单的投射之间的区别

移情作为投射的特殊形式是一种自发性的接触中断。对治疗师来说，"简单的"投射相对容易解决，不一定需要做退行性分离工作。

> 在某个培训团体里我有半个小时几乎只在讲理论概念，我突然有些担心成员们可能会觉得无聊，他们也许想做点别的事情。我看着他们的脸，问道："你们觉得无聊吗？"
>
> "不，这很有趣。""我还可以继续听你说很久。""我总算明白其中的关系了。"
>
> 然后我清楚地意识到，想要做其他的事情的人是我，是我不想继续讲课。我把这个需求投射到了团体里。因为那些不想听我继续讲理论的成员是没有发言的。所以我决定接下来做一个实用的练习。

当出现移情的时候，个体的行为表现会不一样。

移情和反移情是复杂固化的接触中断

在包括投射在内的各种接触中断的形式里，移情和反移情是较复杂的模式。因为这个模式非常抗拒改变，所以格式塔把它称为"固化"或者"固化的格式塔"。它指的是人们长期以来使用的创造性调整会像自动化的反应一样出现，

使人们很难主观感受到自己行动的自由。和其他的固化产生影响的方式一样，那些来自于过去或者当下生活的开放的未完成的冲突情景在背景里发挥作用，卷入此时此地和对方的接触中，渴求得到完结。我很喜欢洛特·哈特曼-科特克（Lotte Hartmann-Kottek）使用的概念，她把这种情况称作"移情阴影"。

也可以说，我们在新环境中寻找自己信任的熟悉的事物，以我们认识的事物为中心，可以帮助自己在团体里更好地适应，减轻自己的恐惧感。从这个角度来说，把以往的经验迁移到新的场景中是有用处的。

识别以及处理移情和反移情

和经典的精神分析不同，格式塔团体带领者的目的不是通过节制自己的行为，为对方提供一个空白的投射平面，促进成员的移情。首先，这种做法是一场不可能成功的冒险，其次是移情不需要促进。它是在自我调节中自发产生的，能够指明重要的方向，最终为个人成长过程服务。每个投射都基于部分真相。来访者的移情反应指向的是他成长史里的未完成事件，来自于他过去的未完成事件急切地寻求着完结。

作为格式塔团体带领者，你也不用焦虑地试图回避每个反移情，因为这些都是自发过程，是在我们意识之外进行的。更重要的是，带领者要了解那些反移情的信号，并且知道可以如何对反移情加以利用以及予以解除。

作为团体带领者，你如何知道自己的情绪反应和冲动是出于反移情，还是根本上只是和团体的此时此地有关？首先，每一次投射都或多或少都包含着部分的基本真相。带领者判断自己是否形成了反移情的一个重要依据是出现的感觉是否不合时宜的强烈，并且这种感觉是否和真实发生的事情完全没有关联。

从本书前面的内容里我们可以总结出一些措施，无论团体带领者的经验是否丰富，都可以用它们来帮助自己更有意识地处理反移情。这些方法本质上与带领者在和团体成员工作时使用的方法是相同的。

首先是评估团体带领者的固化，我可以通过思考以下这些（或者类似的）问题进行自我反思。

- 我有哪些痛点？

- 我经常会卡在哪里？

- 我经常会对什么反应过度？

- 什么总是会惹恼我？

- 我无论如何都不想做什么？我总是想做什么？

- 我会在哪一阶段经常掉进陷阱？

- 我很难拒绝什么？

- 我想给团体留下什么样的印象？

其次是，当我在团体里觉察到自己不对劲的时候思考以下这些问题。

- 此时此地发生了什么？

- 我在哪里也曾经遇到过这种情况？这让我想起了什么？

- 和以前相比，共同点和不同点是什么？

- 我可以把不属于这里的部分先悬搁起来吗？

- 我现在感觉怎么样？

- 到底是什么让我感觉不舒服？

- 我现在想请对方给我提供些什么？

- 我在哪里卡住了？

- 我现在可以做些其他的事情吗？

- 对方现在发生了什么？

- 我可以问问吗？

- 我现在觉得其他的团体成员怎么样？

- 我可以问他们观察和觉察到了什么吗？

- 我可以在听别人讲话的时候稍微放松些坐着，也许可以往后靠一些，呼吸稍微畅快些吗？

- 我现在愿意接受新的信息吗？
- 我现在可以尝试接受一些新的东西吗？

许多类似以上这些问题也会被团体带领者用来询问某位团体成员。但是除非这次会面要结束了，否则带领者不会期待成员悬搁和压抑这些不属于团体中的事情。正相反，需要在团体里完成的事能让成员从移情的阴影中解脱出来。但是在格式塔培训小组以及督导小组中对这个问题的处理方式会不太一样，因为成员们有机会在个体咨询中继续对这些议题进行工作。

从我个人的经验来谈，这些措施知易行难。正是因为反移情伴有强烈的感觉，所以人们有时候很难对其进行掌控和悬搁。我认为这是团体带领者面临的最大挑战之一。带领者会陷入进退两难的困境：如果我压抑这些强烈的感觉，那和团体成员进行接触几乎就是不可能的。这引发了团体的不安，他们会疑惑我是怎么了。如果我把这些感觉表达出来，那团体里的焦虑水平也会上升，成员们会感觉没有那么安全和抱持。理想情况下，最好有个人能把我安全地从这个深渊中带出来，这时候如果旁边有一位共同带领者是件好事，他可以暂时承担这个角色，给团体提供更多的安全感。

移情是通往现实的道路

团体带领者体验到的移情也可能是完全不一样的，这种移情不会像上文描述的那样限制和固化带领者的行动自由，反而能够拓展自由。哈特曼-科特克（Hartmann-Kottek）称之为"广义的移情"。这种广义的移情以带领者的投射能力为基础，在这里投射是一条通往现实的路。实现这种投射的前提是带领者调动所有感官，把注意力集中在和对方的接触上，并且同时带着放松的注意力觉察自己的共鸣。

- 对方在带领者身上引发了哪些情感、冲动、图像、想法和想象？
- 和对方分享其中的什么内容取决于带领者的评估。
- 对方可能会接受哪些信息？
- 哪些信息对他是有用的？
- 哪些信息是他能消化吸收的？
- 最重要的是他可能对哪些信息非常感兴趣？

对于以上问题的答案，团体带领者当然也只能根据自己的经验进行猜测。如果猜错了的话，那工作的艺术在于能够放下错误，而不是紧咬不放。

适用于单个成员的练习当然也可以在团体中使用。我经常会建议团体进行投射练习。这可以帮助成员体验到自己是团体的一部分，并且意识到自己对团体的意义。这个建议总是会带来兴奋的感觉，也会经常引起一些团体成员的焦虑。

移情和坦诚

我在上文中简单介绍了移情过程，读者可以从中清楚了解移情所具备的潜力，以及人们可以如何摆脱移情，重建接触能力。

如果移情和固化有关，我们可以通过对成长史进行工作来摆脱移情的阴影，可以在未完成事件发生的那个场景中对其进行工作，并且逐步进行整合。团体在这种情况下会是个非常好的场所。

当移情指的是广义上的移情、投射性觉察的时候，我们可以在接触中验证这种移情，把猜测和现实进行比较，这当然需要对方的坦诚。对方对我们越不坦诚，我们在人际交往中就越依赖自己的投射，当然也要进行细致的观察。

总的来说，如果来访者愿意的话，他可以非常坦诚和真实。至于治疗师能有多坦诚和真实是治疗师根据情况而定的。团体带领者必须在每个情境下重新选择以及承担责任。团体带领者可以做一些不同的尝试，来积累和评估自己的经验。

节制与坦诚

团体带领者多么坦诚和真实才是对团体以及成员有好处的？从经历过弗里茨·皮尔斯（Fritz Perls）时代的见证人那里，我们了解到皮尔斯在他晚年仍然在直接并且不加修饰地和培训学员以及来访者分享他的观点和感觉，人们甚至会疑惑他居然从来没有因为职业行为不端被告上法庭。相反，许多人觉得他极具魅力、非常有影响力，也非常有名。当时他似乎引爆了人们向往已久的、摆脱所有规章制度的解放潮流，而这些规章制度束缚的不仅仅是治疗师。

若干年后，格式塔里出现了提醒治疗师要自我控制的声音，这当然是有道理的。现在，这种节制似乎又滑向了另一个极端。我在许多格式塔治疗师身上看到了过度的节制、后撤，以及把自己隐藏在角色里的行为。因为想要格式塔疗法再度被纳入医保成为指导性疗法，因为经济收入的不稳定，所以治疗师感受到了压力进而就要迎合心理治疗界的现状？

当现在回顾前文中的那些问题时，我的内心会浮现一个对话，我想用表格的方式呈现这个对话（见表 13-1）。

表 13-1　关于节制与坦诚的对话

希望更节制	希望更真实 / 坦诚
现在的格式塔咨询师更谨慎了，这是件好事。我上次参加了几个工作坊，没有感到焦虑——放松可真舒服。	对的，但是总觉得少了点什么。你不太能猜到他们对你的真正看法。就像每个人都按常规进温水里泡一泡，让自己感到舒服些。
但是，这种一会儿冷水淬、一会儿热水浴的方式经常让我感到非常错乱。	是的，你经常觉得受不了这种方式，但是就像洗澡的时候冷热水交替能促进血液流通一样，这也会刺激你的循环。另外，你可以更好地了解你在咨询师面前的状态。当咨询师关注你的时候，这种关注是真实的。
但是别忘了，你有多少次在骂他们只顾着走自己的路，总是把问题推给你，把自己摘得干干净净。	是这样的，他们的这种行为有时候确实很过分，完全是反移情，但是没有人直接承认这一点。但是我们当时从格式塔治疗师身上学到了很多东西，多亏了这些经验使我可以和其他的成员一起自己创造和发挥了。

（续表）

希望更节制	希望更真实／坦诚
是挺不错，但这样就能补偿我了吗？	不，不能这么说。但正常的生活里也总是会有这样的人，他们从不反思自己，只在你身上发泄情绪。我已经学会了怎么处理这种情况。
目的正确了，方法就不重要了还是什么？你还记得你那几次感到多么羞耻，甚至感觉被踩到地上了吗？	当然，但是这只是个别情况。我从来没有感到被困在那里出不来。我感觉自己非常安全和抱持，所以完全没想过退出。在心底我一直坚信自己会安全到达对岸。
好的，因为你自己的体验很好，所以你也想给其他人带来这样的体验吗？	如果你这么直接问我的话，是的。
这是说你赞同把你的情感反应毫无保留地告诉团体成员吗？	不，你太夸张了。当时的格式塔治疗师肯定也没有这么做。我把它叫作"选择性的真实"。反馈有时候会让人不舒服，有可能会造成伤害或者让人感到羞耻。如果我的反馈都是友好的、支持性的，那就没有真实性了，接触也无从谈起了。
这听上去像是总算轮到你来伤害、羞辱其他人了。	我肯定得注意这种情况。但是一般情况下我反馈不是因为想要伤害或者羞辱某人，就算我觉得团体伤害了我。

让我们总结一下讲过的内容吧：

- 移情是投射的一种特殊形式，是我们人类的基本设置之一。
- 如果在团体中出现移情，治疗师可以针对它进行工作，从而重新创造接触能力。可以通过对成长史进行工作来摆脱移情。
- 当移情是广义上的移情，即投射性觉察的时候，治疗师可以在接触中进行验证，将猜测和现实进行比较。
- 对这两种移情进行工作时，都需要移情或者投射性觉察主体的坦诚。对方越不坦诚，我们在人际交往中就越依赖我们的投射以及细致的观察。

但是当你作为团体带领者毫无征兆地被意外卷入，没办法控制或者悬搁自己的反移情的时候，你会怎么做呢？当没有足够的时间、精力和空间来运用上文介绍的方法时，你会怎么做呢？

你需要什么来保持工作能力

为了在团体里保持工作能力，你个人需要什么就做什么。每个团体都是不一样的。

如果是机构的督导小组里出现了个别团体成员贬低我的情况，我可以当作这件事和我没有关系，并且保持足够的工作能力。如果是在社会教学性质的案例督导和团队建设的场合，我可以暂时把自己的高度敏感性悬搁起来。之后，我也许可以在督导里静下心来继续探究感受，并且思考未来我可以如何处理这种情况。

在咨询团体里，这样进退两难的困境我经历得更多。大多数情况下我会选择坦诚，让形成的反移情变得"流动"起来，用这样的方式保持自己的接触能力和在这个情况下的工作能力。但是这个过程对我来说绝不是个舒服的过程。

> 贝恩德是治疗团体的一员，他加入这个团体的时候正在经历一场严重的婚姻危机。他很难在情感上接受自己在这个危机中扮演的角色，许多时候他只是用理性的口头承认的方式来承担责任。有天晚上团体会面刚开始，我跟他提了一下他的费用还没有支付。他很惊讶，并回答说他早就已经转账了。我心里有一丝不信任。在这次会面快结束的时候，他顺口提了一下，说他现在确定想要待在这个组里了。
>
> 这时候我基本上确定贝恩德欺骗了我。像被什么驱使着一样，我试着找出他什么时候转的钱，而那笔费用一天之后果真到了我的账户里。之后，我意识到自己反应过度了。共同带领者的冷静让我稍微安心了些。
>
> 对其他人来说，这件事情就到此为止了。但是对我来说还没有结束。我已经对贝恩德非常不信任了——这显然是反移情。我生命中的其他重要男性欺骗并且伤害了我。接下来的一次会面中，在开始环节轮到我最后发言的时候，我说道："贝恩德，关于上次的会面我还有些事情没有了结。"

"是吗？"

"现在开口谈这件事情我觉得有点困难，另一方面这个反馈对你来说也许是重要的。在我们上次会面之后，我意识到我对你有多么的不信任。"

"为什么？这句话很伤人。"

"我之前怀疑你在小组的事情上给自己还留了条后路，并怀疑你在这件事情上对我和团体不是很坦诚。"

团体的氛围瞬间改变了。大家明显变得焦虑紧张了起来。因为贝恩德没有说话，所以我邀请其他人分享一下听到我的表达之后他们有什么感受和想法。

"这是个严重的指控。"

"我不想听这些东西。"

"我感觉相当紧张，几乎不能呼吸。"

最后贝恩德也发言了："我还是感到很恍惚，我想先想一想你的反馈。我想说我没有欺骗这里的任何人，并且我一直都是守规则的。"

我到今天为止都不知道我的猜测是不是对的。现在我表达了自己的不信任，显然也接触到了贝恩德的情感层面，找出真相这件事情对我来说就变得不重要了。现在情况清楚了，贝恩德很重视诚实、守约和可靠这些品质。从我的角度来说，他把这些看得过于重要了，因为他不愿意承认自己的阴暗面。这导致他要求自己处于青春期的孩子以及妻子也得和他一样遵守绝对正确的价值观。

对贝恩德的情况我非常好奇：在他的成长史中，他要求每个人都遵守绝对正确的价值观的背景是什么？很快我们就发现，他父亲早逝，而贝恩德作为唯一的儿子要承担起照顾整个家庭的责任。那团体可以怎样帮助他摆脱这种固化呢？他可以如何在团体里展现自己的阴暗面呢？他的阴暗面究竟是什么呢？

总而言之，通过给贝恩德反馈，我摆脱了反移情的阴影，找到了和贝恩德进行治疗工作的新兴趣点。对团体来说，我的面质显然是一个让他们警醒的突发事件。当成员们意识到这个突发事件已经被澄清了之后，他们对我这个团体带领者的信任才会重新建立起来。但是可惜经常因为时机不对，不是每次都会这么顺利。

有些时候移情和反移情是没有办法澄清的。所有的参与者都会因此感到不舒服。在这种情况下，我会觉得很可惜，但是它们也不一定都是遗憾。有时候，就像在真实的生活中一样，人们也会压抑自己的焦虑或者失望。另外，格式塔治疗师这个职业会带来更多的风险，因为我们总是打开自己的心扉，进入充满接触的相遇中，这会制造或者重新制造额外的未完成事件。

错误时机的例子

这个错误时机的例子很极端，我当时也意识到了这一点。事情发生在团体最后一天培训的早上。我们离团体结束还有三个小时，并且我知道自己和大多数团体成员都不会再见了。另外，我和其中的一个小组已经约好了另外一个长期督导项目的第一次时间。团体的情况是，从团体作为一个系统的角度来看，许多事情都是失败的。他们没有形成一个共同成长的团体。我觉得大多数的周末团体会面的气氛都是相当紧张的。我非常努力工作，但结果并不尽如人意。团体成员彼此之间的坦诚和信任都很少。总之，这个团体结束了，我其实是开心的。

但是我没想到这个告别会是这样的！通常结束前一天晚上大家都会有个热闹的庆祝仪式，但是让人失望的是这次只有零星的友好的姿态和绵里藏针的信息，而不是庆祝。到了第二天早上我才发觉，这次没有好好告别对我来说影响有多大。我越关注这种感觉，它就越强烈。

　　怎么办？是压抑这种感觉还是讨论一番？还是表达我的恼火和失望的感觉？如果克制这种感觉，那一周之后我要和同一波人工作会出现怎样的情况呢？现在给团体带来些新鲜的空气难道不是更好吗？在这种情况下我反正没办法直接和他们对视，更不用说和他们接触甚至是和谐地告别了。所以，我深吸了一口气，心跳加快，然后和团体分享了我的感觉。

　　然后出现了连锁反应。对这个惨淡的告别式，许多成员表达了很受伤很遗憾的感觉。我的分享引起了成员的宣泄。现在，在团体即将结束的时候，成员们倾吐了许多在过去两年他们不喜欢的东西。这种告别仪式确实不是传统意义上的告别，但是洋溢着的感觉非常有活力。可惜的是，这场能起到净化作用的"雷阵雨"没有早一点出现在这个团体里。

　　我必须承认的是，我失控了，我的恼怒也伤害了一些成员。事后我发现这里也确实有反移情的成分，因为和真正发生的事情相比我的反应过激了。也就是说团体也承受了不应该由他们承担的怒火。回看这件事情，我认为我在团体里把感受到的不适压抑得太久了。因为压抑，所以我得忍受更多的东西，工作也更吃力。

我欣赏格式塔哲学里这种没有对和错的态度。我们必须为自己的决定和后果承担责任。在这个案例里也是一样的，这件事情当然还有后续。在一周后的督导团体里，我的首要任务是创造足够的安全感和信任感。我准备好接受成员的批评和愤怒，承认我对某些人造成了伤害，但是我并没有收回我的恼火和受伤，这点对我来说很重要。通过作出这样的举动，我可以对成员们投射的许多东西进行提问。这会成为我们后续成功合作的工作重点之一。

　　之前我们也提到过，你作为团体带领者如何处理自己的反移情，允许自己多大程度上的坦诚，这是必须根据情况重新进行选择的。同样，你也要为结果承担责任。以上的例子应该能鼓励你进行实验，以及积累和评估自己的经验。

第十四章 和团体整体进行工作

读者在"团体过程中的我、你和我们"这一章里可以了解到，团体过程是在三个不同的系统层面上同时起作用的，这三个层面相互影响、相互联系、不可分割。在本章，我会结合例子介绍团体带领者如何把团体当作一个整体来看待，推动团体的发展。

有一种常用的方法是给团体找一个合适的比喻。但是根据我个人的经验，这个比喻是自然而然地出现的，而不是人为制造的。比喻和所有的创造性过程一样，是从我们的本我功能的中间模式里发展出来的。

雾中团体——处理融合的团体文化

从下面的例子里，我们可以了解到团体带领者的投射是如何成为通往现实的道路的，以及如何利用比喻来处理融合的团体文化。

> 有个培训团体已经工作一段时间了，有次周末早上在例行的晨圈里成员们在分享一些自己的情况，我几乎没法理解他们到底在说什么。一开始我努力试着通过提问来弄清楚情况，后来我意识到这只会让我更没有方向感。最后我往后退了一步，放弃了，然后脑海里迅速浮现了一幅图像。我感觉自己像在雾里一样，这正是我的感觉。
>
> 我和团体分享了这幅图像，成员们立刻充满了能量和兴趣。我邀请他们带着觉察，根据这个比喻作一些实验。你们还能制造更多的雾气吗？雾气有什么好处？你们觉得雾气的反义词是什么？这个反义词

为什么这么有威胁性？

这个周末，团体里逐渐出现了一些重要的议题，这些议题都和害怕有关：害怕团体带领者，害怕评价，害怕团体成员间隐而不发的冲突会升级。当成员们逐步把这些害怕表达出来，并且对其予以处理之后，雾就散开一些了。之后我们就算又掉进迷雾中，团体成员们也会更积极踊跃地承担这个提醒其他成员的角色，而不用我再费心思了。

疗养浴中的团体——用游戏的方式松动角色固化

这个主意是我在工作的时候想到的。当时我发现团体成员很焦虑，许多成员倾向于分化成不同阵营，固化在自己的角色里，有一些成员则是局外人。在这个团体里我感到越来越不舒服，觉得工作很费力。我知道这时候得给他们提供一些完全不一样的东西了。在做了一个诊断式的现状评估之后，我思考了以下这些问题。

- 团体里现在发生了什么？
- 作为有生命力的组织，团体需要什么才可以继续成长？
- 团体不需要什么？
- 如果我是团体成员，什么对我是有好处的？
- 我可以接受什么？

我在休息的时候想到了这个主意。

这个实验是量身定制的，不能被简单地迁移到其他的团体里。这个团体也对这个实验做了些改动。我原本的设想是桑拿房里只有热桑拿和冷水池这两个区域。后来被改成了有温水池和按摩，以及用来过渡的中间水池和冰冷的冷水池的桑拿房。因为是个大型团体，成员们可以少用些辅助工具比如大毯子来改造房间，然后每位成员代表不同温度的水池。他们有时候把自己认同成冷水池，有时候认同成温水池，这样交替。

我向他们描述了我是怎么样想到桑拿这个场景的，成员们带着玩游戏的心态接受了这个比喻。他们在游戏中的点评增强了自己对团体中固化的行为模式的觉察，其中也出现了充满自我讽刺的幽默场景。当有成员鼓起勇气从温水池换到冷水池的时候，其他人会给他鼓掌。而喜欢冷水池的人会被带到按摩区，体验温柔的触碰。

在接下来的反馈环节所有的成员都放松了很多，团体又有了动力。特别是之前那些扮演局外人的成员，他们通过这种游戏式的接触摆脱了自己的"硬壳"。一些成员惊喜地发现了自己新的一面。我可以接着这个部分，开启团体成员间的充满活力的互动。

如果团体带领者想不到什么比喻来形容整个团体，你当然可以向团体求助："你们在想到自己的团体时脑海里首先会出现什么样的画面？请描述第一张出现在你们脑海里的画面。"

这个过程中有意思的点在于，看每位成员的图像是一致的还是分歧很大的。不管怎样，你通过这样的方式对团体这个整体进行了一次探索。你也可以让成员们把一些比喻用表演的方式呈现出来，这样他们可以获得更直观的体验。

另外一种方法是做个练习，把团体想象成一具身体。

有时候成员们会在晨圈环节分享自己的梦，我们也能从中了解他们对团体这个整体有什么样的体验。如果时机合适，你也可以接着这个分享继续讨论。

团体的疗愈力量

之前的案例更多涉及的是团体内部的分化。而现在我们要介绍的是分化的反面，讲的是整个团体的无差异的参与，有意识地邀请成员进行更紧密的融合。

　　索尼亚是一位不容易亲近而且有些攻击性的中年女性。她怀疑自己得了乳腺癌，正准备去看医生。她的家人——她有两个处于青春期的孩子——对此毫不知情。

　　她之前习惯靠自己解决事情。但是现在她非常害怕，不知道应该怎么做。我问她现在需要什么，她的眼泪涌了出来。过了一阵她才能开口说话："我希望你们都能抱抱我、触摸我。"

　　一位女性成员主动拿了块毯子让索尼亚坐在上面。其他人渐渐地也靠了过来，坐在她周围。有成员用手抚摸着她，或者紧靠着她坐在她身边。除了索尼亚偶尔的抽泣声之外，团体里弥漫着漫长的沉默。最后索尼亚表示这些就足够了。后来成员们结束了这种接触，逐渐和她拉开了些距离。

　　"你现在感觉怎么样？"

　　"我感觉很好。我觉得这能帮我更好地面对害怕的情绪。"

　　"在日常生活中，谁可以给你这样的感觉？"

　　"我有一位好朋友。也许我之后应该去找她。"

　　"也许？"

　　"我觉得这么做有点困难，我不想强求任何人。"

　　"你刚在这个团体里表达了这个愿望。你想要听一听其他人对这件事情的感受吗？"

　　当然，索尼亚听到了其他人的反馈，他们很乐意拥抱她、给她安慰和勇气来面对接下来的事情。索尼亚变得相当柔软，并接受了其他人的反馈。她的那种必须靠自己处理所有事情的内射也松动了。这个例子很好地展示了团体的疗愈力量。

　　另外一个例子是刚开始的分享状态圈里出现的。大多数的成员都感到精疲力竭，对什么都缺乏兴致，他们在周五晚上经常会这样。此时我也提出了这个问题：他们需要些什么，团体里的什么对他们是有好处的。所有成员的想法都一致：希望被触摸和被"宠爱"。一位女性团体成员主动提出来带领大家做一个放松的触摸练习。我也觉得这是个很好的引入点。接下来，成员们就可以在好心情中进行工作了。

有时候，在高强度的个人工作之后人们也会觉得需要放松和更亲近的触摸。在我开始习惯性地问团体成员的需求的时候，我才发现这一点。

刚开始的时候我会更倾向于质疑团体的这种需求，怀疑这是团体要重新回到融合和回避冲突的状态里的预兆。现在面对这种需求时，我会更轻松些。早晚总会有团体成员把这个需求当作议题提出来，到时候我只需要接住这个议题就可以了。

第十五章　利用团体创造性的潜力

我之前建议要利用团体的全部潜力，这也包括利用他们的创造力。有助于团体释放创造力的条件如下。

- 一定程度的安全感
- 结构和框架
- 任务要简单明了，必不可少的且尽可能少的限制条件
- 出于自愿
- 像玩游戏一样无目的性
- 尽可能少展现自己的压力
- 知道自己不会犯错的底气
- 实验的自由
- 尽可能少以结果为导向
- 用自由且灵活的方式关注展开团体工作的过程
- 引进对立的元素，创造张力

我将举一些自己在实践中的例子来进一步解释说明。

用戏剧对未完成事件进行工作

我是在参加一次格式塔大会后想到这种工作方法的。在那次大会上我第一次接触到"回放戏剧"这个概念，觉得非常有意思。回放戏剧是指有人讲述一个故事，回放剧场的成员借助简单的工具，把这个故事用陌生化的方式表演出来。

下面介绍的例子是我改良过适用于团体工作的版本。这个方式只适用于有12 位以上成员的大型团体。

亲属自杀的话题已经在团体中出现好几次了。在之前的团体会面中，有一位女性成员分享了亲属自杀带来的后续影响。她描述了被责任、负罪感和恐惧淹没压倒的那种感觉，并且担心因为疏忽大意引起另一个自杀事件。哈拉尔德是一位 40 岁左右的男性。在之后的一次会面刚开始的时候，他非常严肃地说有一件重要的事情要谈。他想告诉我们那件多年以来让他身负重担的事情。

他和我们分享了他的初恋女友是如何在他提出分手后自杀的；他是怎样被女方家庭公开谴责并怪罪他杀了他们的女儿的；他是如何产生羞耻感的；还有因为得不到父母的任何支持，而不得不独自面对所有的感觉的情形。

我建议他把这个故事演出来，和团体一起对这个故事进行工作。他同意这么做并担任了导演的角色。他挑选了每一幕戏的主角并设定了情节。团体成员当然也可以拒绝被指派的角色。他也选择了一位成员来扮演自己。第一幕戏开始了，呈现的是他因为女朋友的自杀遭到公开谴责。第二幕场景再现的是他不被父母理解，他觉得父母的沉默寡言也是对他的指控。

在看剧的时候我坐在他旁边，邀请他跟随自己的感受，分享他的感觉。他哭了出来。过了好一阵子，他才有时间感受自己的感觉并且将其表达出来。我问他在当时的情景下需要些什么，以及他想要有什么改变。他几乎没有任何迟疑地说出了自己的期待，他希望当时自己的父母可以在他身边支持他。

为了把这个故事演出来，哈拉尔德得具体描述细节、仔细观察、感觉、做改动和调整，加入新的内容并且不断尝试。在这个过程中我一直在他身边陪伴着他。接着我邀请他加入这场和期待有关的表演，扮演他自己的角色。这场戏的最后一幕是在另外一个家庭的厨房里，他坐在他父母中间。父亲的手搭在他背上，他用坚定的声音对他过世的女朋友的父母说："我非常抱歉，阿林娜结束了自己的生命。但这不是我的错。"

这项工作对整个团体带来了非常大的触动，结束的时候哈拉尔德感到轻松释然，他可以卸下这份重担了。现在主演们可以从他们的角色里走出来，清楚并且大声地说出他们真正的名字。另外，他们还可以和团体分享在表演的时候体验到了什么，是不是想到了自己的故事，他们现在感觉怎么样，是不是还需要什么来让这种体验变得圆满。等这些工作结束之后，观察员们才可以发言，以及在有需要的情况下对前面的问题表达自己的看法。

在接下来的反馈环节中，有一些成员反馈他们现在感觉和哈拉尔德更亲近了，因为他们也被类似的罪恶感折磨着。另外一些人说以前他们会对哈拉尔德在团体里表现出来的过度的责任感和努力感到奇怪，现在他们可以更好地理解这一部分了。

现在，团体的议题可能会是处理被压抑的责任和罪恶感，以及这导致的在和其他人相处过程中的过度谨慎。成员个人的成长史背景会更清晰地呈现出来，这会鼓励其他成员再次上演他们的未完成事件。

做这类的团体工作需要预留很长时间。特别要注意的是，参与表演的成员可能会意识到自己的未完成事件，也许这个机会也可以让他们的格式塔得到完结。这种成员的主动参与可以增强团体的归属感和凝聚力。

和极性工作——乔装打扮

这个方法是用游戏的方式引入和极性的工作。这样成员们和自己的阴影接触时就不会那么害怕，并且他们可以尝试认同这些阴影。在团体工作里，我会尽早地引入"极性"这个概念。我认为这可以帮助成员降低焦虑值和减轻总是得以自己最好的一面示人的压力。有一些特质是会让人们觉得尴尬、想要回避，或者让人生厌的。极性可以允许我们承认这些特质，可以启发我们发现那些被拒绝的人格部分里有哪些积极的、有价值的和有活力的部分。

成员们可以在这个实验里乔装打扮。通常我会在上一次会面的结尾通知大家，这样除了我之外成员们也可以带一些乔装的工具来。当然，为了更好地把实验整合到团体过程中，每一次练习的过程都是不一样的。练习要先有一个暖身阶段和选择某个团体要处理的主题。由此，这个实验就不会成为某个割裂的团体经验。适合暖身阶段的练习如下。

- 身体觉察练习
- 利用简单的乐器表达和交流，促进和我们进行非言语体验的接触
- 简短的有引导的想象
- 和一位同伴一起边走边看所有的乔装服饰，互相给建议

在成员乔装打扮完之后，带领者要给他们时间积极认同自己的新角色，具体内容如下。

- 在房间里走走，根据角色调整自己的行为举止
- 互相自我介绍，和其他团体成员建立接触。这个环节的时长可以根据情况进行调整，可以是 15 分钟，或者如果工作坊时间较长，可以持续一天或者几天
- 成员们组成小组共同创造一部戏剧，接着在整个团体面前将这部戏剧表演出来。用游戏的方式呈现已经形成的小团体里面的动力，并且提供改变的机会是一个很好的方法
- 成员在自己的角色里讲述一个自己的重要生活议题
- 在团体里做一些事情或者提出那些在没有乔装的状态下难以开口的要求

接下来，成员们会有足够的时间描述他们的体验，并进行反思和梳理。其中也包括反馈：团体成员之间对彼此有什么样的体验，以及他们对其他人有什么新发现？

这样的游戏方式可以让人格僵化的边界变得松动一些，成员们可以意识到内射、压抑、羞耻以及被掩盖的生命的乐趣。除此之外，许多成员的潜在的治疗议题也会浮现出来。带领者可以在接下来的环节中一步步探讨这些议题。

为了拓展和加深这种体验，你可以邀请团体成员们现在找到他们角色的对立面，并且打扮成那个样子。他们可以自己做或者和一位同伴一起做这个实验。实验的过程和之前描述的类似。但是带领者得做好可能会有一些成员不参加的心理准备。但是在接下来的评价和反馈环节也要邀请他们加入进来分享自己不参加这个实验的感觉，这点是很重要的。

梦的工作

在团体带领者能细腻敏感地尊重每个人的隐私界限的前提下，我认为梦的工作能够很大程度地推动团体过程发展。分享自己的梦是非常私人的事情。这种在团体中展现自己的方式会让人感到兴奋但是不那么费力，并且非常有活力。

在"关注团体的此时此地"这一章读者们可以了解到，梦可以传达团体此时此地的信息，以及我们可以怎样理解和利用这一点。接下来我想介绍一下在团体参与的情况下和梦工作的方法。

如果这是我的梦

一种非常简单的方法是，一位成员描述一个梦，然后每位成员依次补充这句话"如果这是我的梦……"。我喜欢这个简单的方法，因为它能让团体明白梦的含义是做梦的人自己才知道的，而不是在强调梦本身。每个对梦的解析反映的都是诠释梦的人的想法。只有做梦的人自己才能够知道这个梦的意义。

还有个类似的方法是邀请所有成员给一个在中途戛然而止的梦续上一个结尾，这相当于做一个白日梦。比如："如果这是我的梦，那梦的结尾是……"

从这两种方法里我们都能看出成员们的很多不同之处，在这种情况下，差异几乎不会被认为是有威胁性的。特别是当那个中断的梦是噩梦的时候，描述梦的成员可以学到各种战胜恐惧的新方法。他可以从中挑选一种喜欢的方式，和团体一起表演出来。如果他觉得很焦虑，则可以像之前描述的一样，先拉开安全距离观察，然后再自己参与演出。

梦是内在心理冲突的投射

根据皮尔斯和梦工作的经典方法，做梦的人自己要扮演梦的每个部分，也包括扮演没有生命的物体。我一直都认为这种工作方法是有价值的。梦的每一个部分都展现了做梦的人被割裂出去的那一面、他的人格的一部分，这些需要得到整合。这些割裂的人格部分共同存在于内在的心理冲突中，需要在梦的工作中重新得到激活和呈现。在对话中也可以出现一些新的部分，以此来达到整合。

我也会经常邀请其他成员加入，一起来描述梦和梦工作。当然，我会将关注点放在想要对自己的梦做工作的那位成员身上，因为毕竟他才是这场戏的导演。他当然也可以扮演除了他自己之外的其他角色，在角色中进行切换，这样可以更好地对内在冲突中被割裂开的部分进行认同。

这种处理方式有很多好处。和梦工作的那位成员并非一个人完成这个任务，借助其他成员的积极支持，他会更愿意冒险。如果有多位成员能积极参与进来，团体的能量会更充沛。

坏处也显而易见。参演的成员会带入过多自己的想法。团体带领者在这里的任务是提醒他们谁是导演，要听从导演的安排。这会迫使讲述梦的成员非常详细和具体地描述自己的梦境，就像梦在团体的此时此地重新上演一样。和单纯地谈论梦相比，这样他会感觉更容易沉浸到情境中。

在格根富特纳的文章里读者们可以了解到格式塔治疗对梦的工作的实证研究。

用童话工作

经典的童话里凝聚了人类代代传承的原型式的人生议题，这些议题可以唤醒我们成年人身体里的内在小孩。童话虽然使用简单的语言，但其表述方式和重复的语句让人记忆深刻。童话里还会简单地对事物进行对比，比如富—穷，美丽—丑陋，好—坏，聪明—愚蠢，等等。另外，故事里虽然主人公会遇到麻烦，但结局大多都是美好的。最糟糕的结局可能也就是对主人公的道德教育，比如童话故事"渔夫和他的妻子"里，妻子因为自己的贪得无厌受到了惩罚，失去了所有的财宝。童话里的坏人总是会得到相应的惩罚，这进一步强化了童话传达的乐观积极的精神。

童话里的人物和动物代表了原型，他们用一种简单的方式代表了人类可能存在的人格部分，这些形象传达的是强大的心理能量和活力。谁不想成为手握大权的公主，召集这个国家所有适婚的男性为她完成不可能的任务，然后直接处死所有的失败者呢？或者谁不想被英俊的王子从险境里拯救出来呢？

当然，我们都知道童话和成年人的心理成熟度是不相符的。如果人格发展顺利，我们会把这不同的原型以及许多其他的应对模式在内部进行良好的整合。这些原型及应对模式会形成整合的内在自我，这些自我会根据环境的要求以不同的组合形式表现出来。但是，如果在人格发展中出现了空白怎么办？如果有人从来没有像童话故事里的侏儒怪一样表达过愤怒，或者从来没有机会体验害怕或者寻找幸福，或者从来没有被王子发现过怎么办？

如果个体在成年后才能体验这些情景，那这些体验就是迟到的。在团体里用童话来工作则为这种体验提供了一个更安全的框架。我提议用童话来工作的大多数情况是在个人体验中来访者明显卡住了的时候，他需要特定的人格部分来战胜自己所面临的生活危机或者某个生活任务，而这些人格部分并没有发展出来。有时候我会想到一个合适的童话。但是通常我会直接问来访者："你小时候最喜欢的童话是什么？"

我们假设，米夏埃尔最喜欢的童话是"不莱梅的音乐家"。然后我会邀请团体把这个童话讲给米夏埃尔听，每个人按照顺序说一句话，不用担心说得对还是错。米夏埃尔只需要坐在一旁，聆听和感受这个童话对自己的影响。

一位成员开头说："很久很久以前有一位磨坊主，他有一头驴。"第二位继续说："这头驴年纪大了，扛不动沉重的面粉袋了。"以此类推。

讲完童话故事之后，米夏埃尔可以挑选一两个特别触动他的场景。也许他会根据自己的记忆，对现在的版本做一些修正。然后他可以从团体成员中挑选一些成员把这个故事演绎出来——表演和治疗工作的原则和之前介绍的梦的工作的原则是类似的。

我们假设，他选择的是驴子和狗、猫以及公鸡一起大喊，把强盗吓得逃出他们屋子的场景。作为团体带领者我可以鼓励他，比如在他扮演那只狗时必须大声叫出来，如果是他一个人的话，肯定不敢这么做。也许他会发现，他可以和其他动物一起吼叫出来，他甚至可能会发现这么做的乐趣。

在接下来的反馈环节里，他可能会听到许多对他的吼叫和肯定。接下来重要的一步是做好准备，把这种经验迁移到日常生活中。我可以问他，在现实生活中，他想对谁这么吼。如果他回答说"我的上司"，那他可以在想象中把这位上司请到团体的此时此地来，朝他大吼；也许可以先吼出来，接着可以用语言表达出来。如果需要的话，他也可以自己扮演自己的上司，这样他就可以体验到不一样的视角，以及对他和上司的关系进行工作。米夏埃尔对当下的生活议题的探索拥有了新的能量，可以运转起来了。

用另一个自我工作

在面临解除长期固着的情况下，用另一个自我（alter-ego）工作这个方法能够有效地帮助团体带领者减轻负担。

假设，那位非常害羞的团体成员奥利弗又在讲自己没有得到回应的爱情。他第一次鼓起勇气，想象着把她请到面前的一张椅子上，告诉对方他的感觉。

奥利弗开口的时候有点结巴："嗯，塔尼娅，我在想我是不是应该再给你打个电话。"

然后他就找不到话了。最后他说："我做不到！"

有个办法是让团体给奥利弗提供支持。我可以问他是不是想这么做，或者我直接问团体："有没有人想作为他的另一个自我帮助奥利弗和塔尼娅对话？"

我还没有遇到过团体不愿意的情况。通常成员们会踊跃伸出援手。他们作为另一个自我，站在主角后面，也许把手放在他的肩膀上，然后说一些奥利弗会说的话："你给了我希望却又让我失望，我很生气。""我不想承认我们之间没有可能。我真的没有机会了吗？""我几乎每天晚上都会梦到你。我醒来的时候只想号啕大哭，而且做什么都没有兴趣。""我祝你也找不到其他合适的人！"

通常大家会很积极地参与。团体成员们在其他人的议题中也发现了自己的身影。邀请成员扮演另一个自我可以增强团体的共情和共鸣能力。奥利弗可以感受这些语言对自己的影响，这个过程就从这里开始运转起来了。

我想用这个例子鼓励你邀请团体积极参与到团体进程中来。越早在团体中培养出参与感，你的工作就会越轻松。团体中涌现出的创造力经常让我感到非常激动。创造力会使团体的活力增强，促进彼此之间的觉察和接触，带来乐趣和拓展我们的视野。

第十六章 我们渐近尾声

每个团体都有结束的时候。从存在主义角度来看，我们的生命是有尽头的，特定的生命阶段是会结束的，并且这些生命阶段我们只能经历一次。所有的友谊和亲密关系都是有尽头的。我们的日常生活总是提醒我们所有鲜活事物的易逝，包括好友搬家、孩子们成立自己的家庭，或者教堂的钟声宣告葬礼的开始。

同时，我们的文化里有一种否认这种尽头和易逝的强烈倾向。人们会通过不让自己真正和他人发展出深厚关系，让其他人变得不重要，不再敞开自己的内心世界等方式发展出一些技能，从而让自己对痛苦的经验免疫。但是所有人都是社会性动物，有寻求认可、归属感和关爱的需求，所以这会引发说不清道不明的心理压力。

格式塔治疗师必须对这个终有尽头的过程不断地进行觉察。在每个新的团体里都会有一些成员让我特别喜欢。格式塔工作的本质在于打开自己的心扉接受相遇，以及让自己被其他的命运触动。格式塔团体带领者需要不断地培养和发展这种接触能力。团体成员经常把带领者看作核心人物和榜样之一。因此成员和带领者之间经常会形成充满信任的关系，就算这些关系本质上是单方面的。单方面是因为我不会因为自己的担心和困难向成员们求助。同时，为了和成员接触，我也会进行很多的自我暴露。对许多成员来说，带领者的参与和共鸣会给他们带来第一次可以接触到自己内在的感觉、渴望和需求的机会。

特别是当团体是一个长程团体的时候，随着时间的流逝，人们会形成紧密的联结。通常这种性质的联结是许多成员从来没有体验过的。成员们之间的各种关系经常在团体结束之后仍然会持续若干年。充满接触的相遇，这种无比珍贵的体验为成员们的关系提供了养分和支持。

尽管如此，每个格式塔团体都有结束的时候，作为团体带领者，我的任务是意识到这个尽头，如果团体成员没有谈到结束这个话题的话，我就要在团体里提出来。

我带领的许多格式塔培训团体都会持续一到两年。结束的时间是从刚开始就确定下来的。培训团体是个封闭式的团体，只有在特殊情况下才会有成员离开或者加入。也会有些团体只维持一到两天，或者几个晚上，这些团体一般是封闭式的、聚焦某个主题的团体。

除此之外，也有一些团体的存在时间是不确定的，通常只有双方临时决定的短期合同，哪位成员会在团体里待多久也经常不确定。比如，机构的督导团体或者短程培训团体就属于这类情况。

另外，我也会带领连续的治疗团体。成员们根据之前约定好的时间安排参加团体，然后再决定是不是要继续还是离开团体。

如果团体的框架设置和成员都不确定，团体的氛围就不会那么亲密，并且成员和带领者的联结也不会那么紧密，团体的结束也会相应地更普通一些。特别是那些我离开之后仍然会继续开展活动的团体。在有些培训团体或者治疗团体中，我和成员们在相当长的一段时间内共同经历了起起落落，而最后团体也会结束，不复存在。这种团体结束的过程是完全不一样的。

如果是连续的治疗团体，偶尔有少数几位成员离开团体是为了给新的成员腾出位置，这种团体的动力也是不一样的。

短程的特定主题团体

虽然我对短程的特定主题团体也是按照格式塔原则来带领的，但是成员们关注的重点是团体的主题，而不是格式塔原则。这类团体的结束感觉很像人们在长途火车旅行中和其他旅客相谈甚欢，最后告别的时候互道"很高兴认识你"，祝愿对方一切顺利。

事实上，在这类团体中给结束环节预留足够时间也是重要的。只有这个议题圆满结束后，格式塔才会完结。在特定主题的团体里，带领者也需要细致地设计结尾，不能省略后接触，因为这会让成员们更容易地把从团体中获得的经验和学习内容迁移到他们的日常生活中。这不是说所有的问题都得找到答案，或者每次讨论都得进行到最后，而是我们也许对许多事情都只是简单地描述了一下或者完全没有提到。但是在这样的背景下，带领者应该给每位成员最后说几句话的机会，或者做一些什么，总结已经完成的内容，以及提一提还有什么未完成的事情。

在结束圈每位成员都应该有机会发表自己的观点，讲一下他收获了哪些启发、冲动和新的经验，他喜欢什么，他觉得缺少了什么，以及在团体结束的时刻他感觉怎么样。

机构里的督导或者短程培训团体

对于机构组织的督导或者短程培训团体来说，我的离开不会有太大影响，因为在大多数情况下这些团体在我结束工作之后会继续存在。尽管如此，我认为我也需要有意识地规划我带领的这部分工作的结尾，这也是带领者的任务之一。这包括让成员们及时意识到团体已经渐近尾声了。我指的及时是大概离结束还有三次会面的时候，在这三次会面里团体成员们可以决定他们如何利用剩下来的时间。我们可以通过做结构化的练习或者谈话来作出决定。我作为团体带领者经常会提出自己的建议，但最终要和成员们商量之后再决定。

这类团体最后一次会面的评价环节会比短程的团体更详细些，但是基本的原则是一致的，并且更多关注的是事实层面的内容：学到了哪些新的方法，个体成员获得了哪些重要的经验，这对个人及其和成员们的合作产生了什么影响？

长程培训团体

格式塔长程培训团体会持续比较长的时间（至少一年），成员们通常会培养出很强的归属感。在临近结束的时候，成员们可以回顾共同经历过的那些充满张力的、起起伏伏的片段。他们进行了很多自我暴露，共同接受了风险挑战，一起发生了改变，从彼此身上也学到了东西。他们争吵、欢笑、哭泣，也展示了自己最可爱或者最讨人厌的那一面。另外，成员们也发展了新的能力，拓宽了职业技能。在团体结束的时候，治疗师应该对这一切给予肯定和赞扬。

放手这个过程是每个格式塔培训的重要环节，因为这也是接触循环不可或缺的组成部分。从这个角度来看，格式塔团体从刚开始就提供了接触循环这个框架让成员们练习放手这个过程，这会促使团体的告别过程变得更有意识也更让人满足。

但是，值得重视的是，我也观察到越来越多的团体成员有明显的自恋型人格，他们往往会过于保护自己，从而不让自己被其他人打动，也不允许自己进行接触，并通过封闭自己来回避重要的关系。这些有自恋型人格的成员的核心议题是害怕亲近和"健康的融合"。关于格式塔治疗视角下的自恋人格障碍，贝特伦·米勒（Bertram Müller）在他的格式塔指南里做过很好的介绍。

因此有自恋型人格的成员在团体结束的时候不太需要好好地告别，因为没拥有过的东西也无所谓失去。对于这种情况，治疗师在团体结束的时候要有意识地肯定和总结成员们在这个团体中收获的新方法和新知识。

治疗团体

我带领连续的格式塔治疗团体已经很多年了。在这些团体里，告别这个核心议题会以不同的方式出现。通常缺乏哀悼的能力会引起心理/生理的疾病，这是人们决定接受治疗的原因。没有能力哀悼或者接受哀悼的情况在我们的文化中非常根深蒂固，以致人们已经习以为常了。在格式塔团体里，成员们会体验到另一种常态，对一些成员来说这会使他们如释重负，但是也可能会使他们遭到许多人的怀疑和阻抗。

在带领格式塔治疗团体的时候，你会经常陪伴成员们经历告别、哀悼或者放手的过程。现在在团体的尾声阶段要进行告别了。有可能对有些成员来说，其他成员已经成了他目前生活中的重要支柱和可以信赖的人，和他们告别的体验会像跨火坑一样，人们对其避之不及，甚至会被吓跑。所以，团体带领者首先自己跨过火坑，然后带着共情引导成员们度过这个部分，并且有所收获尤其重要。

理想情况下，成员们也能在告别这个环节学会保持接触，并且在允许自己悲伤的同时认识到这种体验会让他们变得更丰富，而不是仅剩下空洞或者被抛弃的感觉。

和之前一样，带领者在团体的这个阶段也有非常大的影响力。如果成员们在谈论和感受自己的感觉时，带领者能够用积极的共鸣给予反馈，那成员们会觉得做这件事会更容易些，就算你认为在情感上你对他们更重要，而相比之下他们对你来说没有那么重要。和在个体咨询中相比，团体成员意识到这个事实后，他们的自恋受挫没有那么严重。因为团体成员成了彼此重要的人。他们之间的告别经常会比他们和带领者的告别更痛苦。但是这绝不会有损你的工作价值，而是恰恰相反。

但是，在团体临近结束的时候也可能会出现贬低团体带领者价值的情况。带领者这时候要做的是核实这个反馈是否符合自己的预判，思考自己是不是真的无法为这位成员提供很多帮助，还是这种贬低更多是成员带有自恋色彩的回避。

在培训团体或者治疗团体即将结束的时候，你作为带领者的任务是让团体意识到这个事实。因为你只有及时完成这个任务，所有成员才有机会带着觉察体验自己是如何处理告别的。

宣布即将结束后的不同反应

有意思的是，带领者宣布团体即将结束之后会出现不同的反应。就像情绪测量仪一样，这可以反映出带领者在团体中的状态以及彼此之间的氛围舒适度。有时候团体里会涌现大量的需求、期待和兴趣，这会对你产生一定的影响，而你不得不伤心地认识到，在所剩无几的时间里自己已经无法再给出回应了。

有时候在另外的团体里你更多感受到的是一丝反感，你感到大多数人都在期待这个团体的结束，这种感觉让人感到压抑。

还有的团体会坚持"太阳照常升起"的风格，这种生活中人来人往的模式对他们来说是个常态，他们已经习惯处理这种情况了。这样的团体文化会让成员吝啬于表达自己的感觉，而关注完成任务。让其他人变得重要以及允许情感上的联结的情况，只会出现在他们的私人生活里。

也有一些团体已经开始不管你，大方地和新的团体带领者一起讨论新的项目，或者轻松地讨论现在可以用什么其他的方式来规划时间。

但是在大多数的团体里出现的反应会综合上面描述的几种反应。

在阅读的时候请你关注自己的感觉。你在哪种团体中会感觉最舒适？哪种团体对你来说最棘手？你对即将结束的团体有什么期待和感觉？

团体结束阶段指南

简单来说，我们现在位于后接触这一环节。关于后接触以及后接触障碍的相关描述你可以参阅德赖茨勒（Dreitzel）的文章。在前文中我们介绍过，后接触对应的是接触循环的最后一个环节，兴奋在传导到自发的行动后，现在可以平息下来了。团体成员们消化吸收了许多新的体验，这个过程中有一部分是他们能意识到的，一部分是无意识的。他们有许多机会来跟随感受，用时间沉淀、思考、分析和评估。成员们觉察到自己和他人的变化，并且能够根据这些变化给出有差别的反馈，意识到自己的改变并且承认这种变化。在团体之外，他们也找到展现自己的新方法和新的行为方式。他们为自己取得的成绩感到自豪，并且对陪伴他们的人怀有感恩之情。

你作为团体带领者是这个过程的一部分，你也在不知不觉中发生了改变，有些改变也是你已经意识到的。在和团体成员的接触中你接受了他们的影响，并且有所学习。现在你也可以为他们共同创作的作品感到骄傲，感恩可以见证许多感人的、亲密的相遇时刻。

现在到了告别、放手、重新思考自己的工作过程，让这些体验继续回响的时候了。团体成员现在要做的是平静下来，忍受住可能会出现的心情低落和所谓的空白，而不是立刻参加下一个团体或者其他的活动。不仅仅是团体成员，你也一样，至少在理想情况下是这样的。关于这个部分的更多内容可以参阅米勒 - 俄贝尔特（Müller-Ebert）的文章。

接下来，我会介绍我在培训和治疗团体里的经验。我给格式塔团体带领者的建议主要适用于这些情景。因为告别通常会涉及非常私人的体验，经常可以追溯到最早的儿童时期。所以告别带来的感觉可能会让人感觉非常痛苦，很多情况下也是充满羞耻的。

提高团体结束满意度的因素

创造让人满意的团体结束，这取决于许多因素。

合适的时间点

时间点合适吗？像之前提到的，由团体带领者和成员来决定结束的时间这种情况是极其少见的。在连续的培训团体中，当个别团体成员想离开团体时，他们可以自己选择结束的时间。如果结束的时间是外部规定好的，这个时间点会让大多数成员觉得太早，极少数成员会觉得太晚。如果是因为外部因素团体必须结束，那要尊重成员的这些想法。

比如说："你认为这个团体完全可以继续持续一段时间，这样你可以从团体中有更多的收获。你觉得怎样才能将被中断的过程继续下去呢？"

此时带领者的任务是与团体成员共同寻找方法来解决这种让人不满意的情况。成员们经常自己已经有了些想法，带领者只需要接纳就好。

在这种情况下，带领者及时让成员们意识到团体即将结束这件事情就非常重要了。这样成员们可以为"脐带脱离"的这个过程作准备，并且如有需要，他们可以在这个过程中从带领者和团体那里获得支持。

从开始就重视后接触这个阶段的设计

如果团体带领者从刚开始就关注后接触（after contact）这个阶段，成员们会学会重视这个阶段的价值以及觉察这一阶段将带来的困扰，从而促使团体的结束更让人满意。

从根本上来看，未完成事件会导致后接触阶段出现困难。没有完结的体验也就无法得到消化和整合。它们会在背景里，通常在意识不到的情况下，潜入所有的新体验中，造成阻碍，就像在听收音机的时候如果旁边有其他的频道有杂音，从收音机里听到的声音只能是模糊不清的。

换一种方式说，因为有机体仍然处在兴奋的状态里，在时刻准备着要完结某个格式塔，所以无法放松。成员有可能表现出不明所以的易怒、没有兴趣、紧张和精疲力竭，就像大多数人在分享圈里抱怨的那样。这种情况下，成员远远不能获得良好的休息，以及回想之前发生的事情。而这种状态是在团体中建立新的接触的一个非常重要的有利前提，这对你作为团体带领者来说也是一样的。

团体文化：带着觉察从一个生活场景向下一个过渡

我带领的团体刚开始的时候总是会有一个"分享状态圈"（check-in-Round），它使团体成员们有机会进行思考和回忆。在这一阶段带领者可以引导成员进行冥想或者通过身体觉察练习动起来，或者简单地做个分享，比如可以问："你现在的生活中有什么重要的事情让你放不下？你现在在团体中放下了什么？"

这样的方式会帮助成员觉察自己从一个生活场景到其他场景的过渡，形成一种团体文化。成员们可以从刚开始就在后接触这个阶段进行练习，有意识地把自己从某个场景中带出来、放手、交出控制权，以及在团体里学习他们需要什么来做到这些。

有时候团体成员必须在参加团体的时候给日常生活中的人打电话联系一下。有一次因为情况需要，我还曾经要求某位成员回家一趟。她忘了关窗户，窗户大开着，她当然没法安心地待在团体里。还有另一位成员，和她非常亲近的祖母快过世了，她想在最后的时间里陪在祖母身旁但是她却压抑了自己的愿望。我不得不"逼着"她回家。当第二天上午她重新出现在团体的时候，她向我表示了深深的感谢，因为她很幸运昨天晚上能够陪祖母度过最后一晚。

支持把团体里的经验迁移到日常生活中

对应开始的"分享状态圈"，我建议在每次会面结束的时候有个"退出圈"的仪式。带领者在团体进入结束圈的时候可以询问成员们各自获得了哪些启发，以及他们认为可以怎么把这些启发贯彻到日常生活中。有时候我会布置家庭作业，成员们也会经常提出想法和建议来表示支持。或者我也会问他们在家的时候是什么样的，周围有没有人会支持他们的改变，是不是感觉身边的人能很好地接纳他们。有时候也会有其他的成员提出可以互相陪伴和支持彼此的改变过程。

关注接触和后撤的节奏

从一开始我就会提议在团体过程中留有静止期，要求成员们在进入下一个阶段之前，先感受一下自己的体验。有成员觉得受不了这种安静氛围，我会向他们解释并促使他们能继续参与其中。

常规性地支持消化过程

在每个接触阶段或者团体互动之后，我会核实参与的成员在多大程度上被这些体验触动了；他们是否因为发现一些新的或者意料之外的事情需要时间先消化自己的感受；他们现在满足吗；他们是不是自己了结了某些事情？

如果对于所有这些问题我得到的答案都是否定的，那我就知道成员们还有核心议题没有被识别和表达出来，而这会阻碍个体自发地改变和成长。接下来，我和这些团体成员工作时会关注他们接触中断的方式。

在团体过程中许多成员都成功地摆脱了过往的羁绊

也许治疗团体里所有的成员以及培训团体里的大多数成员都有过往的羁绊，这些事情是他们到目前为止没有办法用自己的力量摆脱的。也许他们现在还没有意识到这是个问题，而是顺其自然地接受了。在团体的环境里，这些羁绊逐渐呈现了出来。带领者带领团体的任务之一是帮助团队成员摆脱这些羁绊，因为这会阻碍成员和你或者其他成员进行接触。

带领者肯定会遇到阻抗，因为没有什么比羁绊更顽固了。而当成员越来越清晰地觉察到这些羁绊是如何让他们越来越不满意的时候，他们就有动力去改变了，成员们会在和其他成员的接触和对比中逐渐体验到这一点。在日常生活中，他们也会突然发现其他人可能会带给他们幸福，满足他们的需求。

但是成员们真正需要做的是放下对那些曾经非常重要的人的忠诚。尽管理智上，成员们知道这些人对自己现在的生活不再是至关重要的，但是事实上他们仍然会这么认为。团体成员这时候要做的是带着焦虑和激动，以及对自我和团体的模糊的信任跳进未知中。

对许多成员来说，能使他们从过往事件的羁绊中解脱的经常是他们第一次真正的告别。他们在团体里能学会进行真正的哀悼，哀悼和这个事件相关的所有事情。作为团体带领者你的一个重要功能是带着共情陪伴这个哀悼的过程。

如果成功了，这个过程会为成员在接下来的人生中遇到的所有告别和哀悼过程作一个示范。你可以利用团体的创造潜力，让成员从这个过程中获得更多的安慰，毕竟告别是我们人生的一部分。

让自己摆脱纠缠是我们成长的一部分。如果这种经验能够得到良好的整合，那团体告别带来的感觉会是丰富的、骄傲的、欣喜的和感恩的，同时也有对未来的伤感和担心。

提高团体结束满意度的因素

- 合适的时间点
- 从开始就重视后接触这个阶段的设计
- 团体文化：带着觉察从一个生活场景向下一个过渡
- 支持团体成员把团体里的经验迁移到日常生活中
- 关注接触和后撤的节奏
- 常规性地支持消化过程
- 在团体过程中许多成员都成功地摆脱了过往的羁绊

根据优先级计划最后几次会面

在前文中我描述了团体结束阶段的理想状况，以及哪些重要因素有助于创造让人满意的结局。

在团体结束阶段，一些成员没有处理过的悲伤会出现在团体的前景中，比如失去了近亲或者和亲密的人的分开，或者他们一直犹豫不决，不确定是否要离开和摆脱那些不再让他们满意的关系，这些问题会重新变得迫切起来。

这就像成员们突然意识到团体要结束了。现在他们开始意识到自己在这些还没有解决的生活危机上需要支持，不相信自己能够独自解决。现在，所有之前被推开的那些未完成事件又重新回到了他们的意识当中。所以有些人会调动能量，而其他人则更倾向于放弃和退缩——有句老话："现在反正一切都来不及了。"这些成员的内心已经提早离开了团体，不再投入其中了。

团体带领者由于有压力可能会觉得必须满足团体成员的所有需求（比如加快工作速度），或者感觉至少应该公平分配剩下来的时间，这当然也是适得其反的。为了减轻这些压力，我建议带领者对最后几次会面做个规划，思考一下有什么是你无论如何都想在团体里做的，列一张优先级清单，可以包括以下几点。

- 在团体里探讨告别和分离的主题。不同的成员会怎么处理这个主题？他们的成长史里有类似的情况吗？
- 对少数成员的成长史中出现的未完成事件进行工作作为示范。
- 尽可能地让现在正处在生活危机中的成员稳定下来。其中包括和他们一起计划在团体结束后可以怎样自我照顾，以及他们接下来可以在哪里获得帮助以及支持。
- 成员之间还有哪些重要的议题没有完结？
- 团体里还有成员们想澄清的冲突吗？
- 成员们想怎样安排这个团体的结束呢？
- 结束的时候可以有自由或者结构式的反馈环节。在治疗团体的反馈首先可以分享觉察到的个人的改变，在培训团体里的反馈也可以包括职业技能方面的提升。
- 一起评估共同的团体过程。
- 创造某个仪式，让成员们很好地体验团体的结束过程。

团体结束阶段的典型事件举例

读者们可以从下面的例子里了解到，之前在优先级清单里提到的这些主题通常是混在一起的。优先级清单覆盖的是团体带领者认为的重要的主题。在团体里，可能有些部分不会出现，而一些其他的内容可能会比计划的占用更多的时间。我觉得这是没问题的，因为团体毕竟是个有生命力的有机体。

孤单是种生活危机

团体快要结束的这个信号经常是某位成员先提出来的。如果连我也感到意外，觉得这个信号出现得过早了，而且特别是除了这位成员之外，其他人没有同样感受的时候，我很容易略过不管。而现在我学会了更多地关注这件事情，通常表达出想要了解更多情况的意愿和兴趣就足够了。

在这种情况下，带领者可以对特蕾莎说："你现在已经在考虑这件事情了。当你想到团体结束的时候，你感觉怎么样？"

她努力忍住眼泪，抽噎着说道："我感到相当害怕和担心。你们对我这么重要。我周天一回到自己空荡荡的屋子，就会觉得自己非常凄惨孤单。"

接下来我们可以在团体里进一步探索这种孤单的感觉。也许这种感觉是熟悉的，可以追溯到儿童时期，那个时候可能真的没有人在情感上陪伴小特雷莎。显然，彼时彼地还有个未完成事件。考虑到剩下的时间不多，我决定利用团体的此时此地，跟特雷莎说："你想告诉团体里在场的同伴们，他们对你有多重要，他们给了你什么吗？可以说得具体一些吗？"

"伊洛娜，你经常主动靠近我，让我能够有勇气分享自己的事情。我能感觉到你是真的对我感兴趣的。"

"玛丽娜，当你在讲对你老板的愤怒的时候，我被你的勇气感染了，我也想在我的老板面前强硬一点，不再忍气吞声。"

"贝恩德，你上次抱着我安慰我的时候，我希望你是我的爸爸。你真的做得很好。谢谢。"

接下来带领者可以问特雷莎，她可以做些什么来让自己在生活中获得更多这样珍贵的相遇。也许她没有什么想法，因为她坚信自己没有价值并且不值得被爱。而在团体里获得新的体验正好能帮助她有力地驳斥这种负面想法。

考虑到剩下的时间有限，积极的新体验不可能完全代替她内射的那种强烈的孤单体验。但是这个变化过程已经开始了，她承认自我价值感低，并且接受在团体结束后得有针对性地做一些有助于增强自我价值感的活动，这对她来说也是有好处的。

死亡和性

通常在结束阶段，团体里会自发地出现一些有价值的创新。在培训期间团体里有些成员遇到了家人过世的情况，悲伤和告别在接连好几个月里都是团体里的重要议题。而在临近结束的时候，团体转向了对生命的肯定那一极：性和身体快感。团体里涌现了许多能量和创意。他们的告别仪式是一个短剧表演和一幅色彩明艳的图画，非常有意思。

我还想说的是

有一个培训团体的动力一直都很难推进，并且让我看不透。团体里有位成员刚开始和我非常亲近，我也觉得他很友善。但是他成了这种黏滞的团体动力的核心人物之一，随着团体的推进，他在我面前越来越拘束。

在团体即将结束的时候，许多投射都转变成了充满接触的相遇。团体氛围也轻松了一点，除了刚刚提到的那位成员。我每一次试图和他建立接触时，他的反应都是疏远我。直到有一次他很愤怒地让我不要烦他，不要再一直投射到他身上，这时候我放弃了。

在最后一次会面的结束圈里，他告诉我以及整个团体，我是如何让他想起他那位心理学家前妻的。在婚姻里，她总是在诠释他的行为。他向自己发誓再也不要经历这样的事情了。这时候团体里有人深吸了一口气，然后叹气，轻声评价道："你难道不能早点说吗？现在很多事情就清楚了！"

我虽然觉得很可惜，直到结束的时候才了解这个重要的背景信息，另一方面现在所有事情都说得通了，这对我来说就足够了，这个格式塔现在完结了。

和个体团体成员告别——"如果我在这里得不到我需要的，那我就会／必须离开"

在团体里总是会出现成员想提前退出团体的情况，但是他们很少会直接公布这件事，而更多是以间接的方式告知我们，或者直接不出现。当他们坚信在这个团体里得不到自己需要的东西时，就会离开这个场。对作为团体带领者的你来说，重要的是抓住相关线索，和相关成员探讨这个主题，一些潜在的线索如下。

- 经常缺席或者迟到
- 越来越退缩
- 怀疑团体的价值
- 为他人投入很多，不谈自己的需求
- 在团体里越来越感到不舒服
- 经常把团体的不满归结于自己
- 逐渐变成局外人
- 很少从团体里获得积极反馈和支持，以及／或者很难接受这些反馈和支持

你越早觉察和抓住这些线索越好！这样成员就有机会觉察、质疑和改变自己的基本信念。这个信念背后的潜台词通常是"如果我在这里得不到我需要

的，那我就会 / 必须离开"。

这句潜台词也可能以其他形式出现，如下所示。

- 反正也没有人对我感兴趣
- 其他人会觉得我的问题太多了并且我的感觉太多太强烈了
- 如果我在这里真的坦白自我，其他人会拒绝我的
- 我为自己的感觉和困难感到羞耻
- 反正这里也没人能帮助我
- 我觉得这里的一切都很愚蠢
- 反正没有人理解我

那我还是离开吧。

举个例子：

　　卡琳是一个门诊治疗团体的新成员，她因为焦虑障碍和惊恐发作曾经多次住院治疗。在团体里她非常关心其他人，替其他成员操心。但是除了刚开始会面那次之外，她在自己身上和自己的问题上没有花过时间。

　　团体里有好几次的会面都在谈论孤单的感觉，成员们在讨论自己的这种孤单感是怎样形成的，以及怎么改变。只有卡琳在分享的时候说她太忙了，没时间感到孤单。然后她建议小组在团体会面之外也可以组织私下见面，她认为这是最便捷的方法。她感觉有些成员对她不满，但是不知道是什么原因，因为她是出于好心提出这个建议的。在这次会面快结束的时候，卡琳随口提了一句她没有钱继续参加下一轮的团体会面了。以往团体结束时大家会在医院门口集合，再一起去其他地方。但是这次不同，结束后成员们就迅速各自走了。

　　成员们在退出治疗和培训关系的时候，经常会用的原因是缺钱这

个"客观"的因素。成员们希望可以通过这样的方式让其他人可以直接接受这个原因，而不要再追问下去，他们也就不用坦白自己退出的真正私人原因。这时候，既要尊重成员划清界限的举动，避免让他感到羞耻，也要保持接触，为新的体验创造空间，这经常像走钢丝那么困难。我接受了卡琳的决定，但是对她退出的私人原因产生了兴趣，特别是她是不是真的想离开团体。

当她回答说不是真的想要离开的时候，她哭了出来，她终于说出了这几周压在她心头的事情。她有个非常私人的议题是没有办法在亲近的关系中设立边界（在这个团体里也是一样），"客观的"财政紧张只是一个说法。

"你从头到尾都没有在团体里提到这一点？"

"是的，我觉得这里不会有人感兴趣的。"

"你想要再看看周围的人，然后验证一下吗？"

卡琳环顾周围，看到了同伴们被触动的、关切的脸庞。在这个晚上的团体里，她意识到自己是多么习惯一个人独自处理所有事情，以及在团体中接受他人的支持、善意、兴趣对她来说是多么困难。在这个晚上，她第一次能够接受其他成员有用的反馈和生活经验，并且带着这些体验和力量回到问题重重的日常生活中。在接下来的一次会面中卡琳宣布她会继续留在这个团体里。

澄清一下：团体带领者的任务不包括因为感觉成员留下来还能受益而劝说其留在组里。但是重要的是，让成员更有意识地理解自己做决定的过程，并一起验证这个过程。如果成员的行为模式是像之前描述的那样："如果我在这里得不到我需要的，那我就离开。"那还有除了离开之外的其他方式吗？比如说："如果我在这里得不到我需要的，那我就必须更清楚地表达自己的需求，并且学习索要我需要的东西。"

就算成员坚持自己的决定真的离开这个团体，这也是常事。但是像前面例子讲的那样，和团体共同创造出坦诚的氛围有助于团体凝聚力的发展。而每次有成员离开团体，凝聚力都会被削弱，这会加大你作为团体带领者的工作难度。

我们在前面介绍过，有时候会出现我自己觉得某位团体成员不适合待在这个团体的情况。带领者在这种情况下得非常小心和细致，避免使成员感到羞耻和自尊受挫。无论是成员自己离开还是带领者觉得他不适合留在团体而建议其离开，能够尊重彼此地告别对团体过程是有好处的。

最不利于团体凝聚力的情况是有成员不告而别，直接离开团体。这种情况会引起其他成员的各种各样的感觉，比如放松、释然、恼火、担心、内疚、可惜，或者无所谓。如果团体保持沉默，那这些感觉会形成开放的格式塔，作为未完成事件在背景里产生影响。

为了让未完成事件能够完结，团体带领者可以支持成员们表达出各自的感觉。你可以问他们需要些什么来和那位成员告别。每位成员可以在想象中和那位离开的成员进行对话，把自己的感觉表达出来。有时候这会让某些成员回忆起没有被修通过的早年被遗弃的经历——这又是一个寻求完结的未完成事件。

团体带领者必须清楚，这个告别仪式只是暂时的结束。提早离开的成员会作为不可见的成员一直待到团体正式结束那一刻。至少在团体结束的时候——有时候是在中途——成员们会再想起他。我认为这是正常的消化过程，而对有些成员来说这也是需要陪伴的哀悼过程。除非离开的成员和这位成员特别亲近，否则大多数情况下这个过程里出现的是移情反应。

第二部分

第十七章　格式塔团体治疗在精神专科医院的应用

导言

本书的第二部分探讨的是在精神专科医院里住院患者的团体心理治疗。住院患者的团体治疗是个细分领域，我会从格式塔治疗的角度出发开展工作。

在这里读者们可以清楚看到第一个区别。门诊同行努力的方向是做格式塔培训或者格式塔团体治疗，而在精神科病房工作首先考虑的不是选择哪种治疗流派。重要的是，能有机会做团体心理治疗。

我从 1996 年开始从事团体心理治疗的工作，一开始是在法庭强制地针对毒品成瘾者的治疗团体里担任联合治疗师，之后在长期酗酒者治疗团体里有短暂的工作经验，从 2000 年开始在精神专科医院工作。

在回顾我的职业生涯的时候，我也在梳理自己在这段时间的经历以及变化，这对我个人生活和工作都有影响。在职业层面上我的总结如下。

1. 我的时间越来越少。

2. 格式塔团体治疗师的工作让我变得更懂得自我照顾、更自由。

我会在接下来的部分描述具体的情况。

场域

我在一家小型的精神专科医院工作。院方希望整个治疗设置围绕基督教开展。他们希望并且提倡对待患者和员工时要坚持开放、坦诚和尊重的态度，首先从这个方面我们就可以感受到基督教的导向，这也是写在主办方的理念里的。这种导向构成了我作为员工的身份认同，但是也对团体治疗有相当现实的影响：在我九年的团体工作里，一共有两年半的时间团体里会有两位医院的牧师陪伴着团体和做旁听工作。

和门诊的团体治疗不同，住院患者的格式塔团体治疗属于 24 小时住院的治疗体系的一部分，可以和其他治疗相互配合。具体来说，我是在主要负责住院危机心理治疗的科室工作。也就是说，我们接收的患者群体本身有可以诊断出的人格障碍，并且因为面临冲突和要求过高的社会环境，正处在困难和危机状况下。

他们的诊断结果包括抑郁、焦虑和惊恐障碍、人格障碍（特别是有自残行为的边缘型人格障碍）、自杀危机以及创伤后应激障碍。这些诊断是医生们根据国际疾病分类 10（ICD10）作出的，不属于我的首要工作范围。

患者的问题主要是伴侣关系冲突、孩子教育问题上的冲突、工作和职场霸凌，以及和原生家庭的问题。

患者入院时的状态（比如：抑郁、焦虑、创伤、自杀 / 自残和人格障碍）通常是急性压力源和个人反应方式两方面导致的。虽然格式塔治疗的诊断重视过程导向，但是根据 ICD10 得出的诊断可以给精神科的治疗提供相当清晰的方向和结构。这些诊断首先是医生和医疗保险公司之间，以及团队成员之间用来沟通的工具，我们可以依据这些给出治疗建议（比如，根据精神科治疗指导原则）。

当患者对诊断有疑问或者不满意的时候，诊断有时候会成为团体治疗的议题。有时候诊断结果也会引发患者的焦虑情绪。比如患者只会担心自己的抑郁、焦虑、人格障碍，而失去对他们自身的"健康部分"的信任。在这种情况下，带领者必须和患者对诊断结果进行沟通，讨论患者在接触中真正体验到的是什么。

我在社会心理咨询领域工作之外，还在医院科室提供个体和团体治疗。我大部分的日常工作是个体治疗和团体治疗。社会心理咨询在我们科室比较少见，因为大多数患者的社会关系都是清晰和稳定的。

患者有时候会觉得团体工作能给他们带来自由，有时也会造成负担。因此，团体工作之后的消化过程是在医院有保护的框架下进行的，这样他们就不需要立刻面对他们的日常生活①。这种距离对处在危机情况下的患者是重要的，因为他们既能体验到强度和对他们的要求，也可以恢复平静和撤退，这也是整个治疗体系［包括活动疗法（Ergotherapie）、运动治疗、全人护理治疗（Bezugspflegetherapie）②、自我安全治疗、个体谈话治疗、物理治疗］的一部分。治疗体系中的不同疗法为患者创造了空间，让患者可以呈现他们的问题，帮助他们认可自己的人格部分以及促使自己改变。

人类存在最重要的方面是主体间性（intersubjectivity）。相应地，在住院治疗中最重要的因素是互动和关系，因为我们的大脑首先是在社交中发生改变的。马丁·布伯（Martin Buber）说："人应当朝向'你'去生活"。杰拉德·许特（Gerald Hüther）认为大脑是社交器官，也验证了马丁·布伯的这一观点。

患者觉得没有办法解决的问题，通常也能在治疗同盟中呈现出来（患者和治疗师工作人员团体）。在团体中互动模式会清晰地浮现出来，成员的接触行为、自我觉察和对他人的觉察都会像在实验室里一样得到验证。因为通常住院心理治疗师只会在团体会面的时候和患者见面，所以这种验证的机会也是一次性的。

这种高强度的治疗过程会伴随着强烈的、自动化的身体反应（疼痛、头

---

① 在德国，精神病患者在病情稍微稳定或者症状不太严重时，结束全天住院治疗后可以进入日间病房（Tagesklinik）接受一段时间的心理治疗和康复治疗作为过渡，等到完全康复之后再回归社会。——译者注

② 全人护理治疗（Bezugspflegetherapie）是指以患者为中心，提供全方位的护理照顾，包括医疗护理、生活结构重建、家属和社会支持等。——译者注

晕、疲倦等），这会让患者的日常生活变得更困难。而在住院治疗过程中产生的动力会有许多人共同分担，成员们在危机状况下可以互相帮助对方减压。

框架条件

在我们心理治疗科室产生的治疗费用是由医保承担的。专科医生会先给出诊断，并且得解释为什么治疗无法在门诊中进行，然后患者才会到我们这里。

因为公共卫生服务资源紧张，所以所有提供住院心理治疗的机构都有费用的压力。特别是费用承担方会定期检查，这给患者和治疗师都带来了压力。

患者平均住院的时长通常是五到七周，其中不包括治疗开始和治疗结束需要的一周到一周半的时间。这意味着，对患者来说团体治疗通常会在第二周正式开始，理想情况下在出院那周结束。对我来说，这意味着我参与共同带领的精神科团体治疗大概能为每位患者提供五到十次的团体会面，这方面内容我会在后面详细展开介绍。

另一个造成压力的重要因素是，这种设置下我们很难清晰界定团体发展的各个阶段，包括团体的开始、中间和结束阶段。因此，我和同事开始控制接收患者和患者离组。目的是尽可能在不改变团体构成的情况下，增加团体会面次数。

在这之前，团体一直都在不断地经历重新开始和告别，这对团体有很大影响。如果成员组成能连着两三次会面保持不变，这种概率很小。这时候许多患者自然会提出问题："我在这里自我暴露值得吗？我能信任团体吗？我应该在这里冒风险吗？"

这种犹豫不决和退缩会消耗许多能量，使团体推进不下去，而且经常导致成员们感到不安和不满。

住院团体治疗和本书里介绍的门诊治疗以及培训的情况有很大区别。门诊的团体经常能持续两年，有 60 到 70 次的会面。

接下来我想描述我是如何处理这种情况的，以及这种情况让我的治疗方法有了哪些改变。

我的观点的发展过程

我在刚开始的时候介绍过，我大概有 13 年的带领专业团体的经验。但是我想先把重点放在过去 9 年的工作经历中。我在这段时期里真正承担了科室团体治疗的责任，并且在和同事进行探讨的过程中发展出了团体的特定框架条件。

A. 个体治疗师以及 / 或者联合治疗

在九年团体治疗的工作中，有七年时间我大都是单独带领团体的。我不是一直都能遇到和其他治疗师组成一个团队平等地带领治疗团体的这种机会。这在很大程度上会对我开展团体工作的感觉造成影响。

在团体会面之前我经常觉得自己完成不了这个任务，并且会考虑要如何控制团体，有时期望团体尽快结束，等等。我特别担心会出现无法控制的冲突，并且担心自己无法处理。同一段时期，我正在接受格式塔治疗师的培训。

在格式塔里我学习到的是系统性的疗法，但是在实践中，我只能使用自己理解的那部分内容。这是一条非常缓慢，经常让人感到挫败的道路。我感觉自己不能胜任，内心开始考虑是否要使用其他疗法。一开始，我使用自认为自己非常熟悉的 NLP、埃里克森的催眠疗法和德·沙泽尔（de Shazer）的焦点解决短期治疗来达成‘快速并且让来访者满意”的这个目标。但是这让我变得越来越疑惑，越来越受挫。

后来这种情况出现转变是因为我做了两个决定：

1. 在格式塔长程系统培训结束之后，我决定研究格式塔治疗的可能性；

2. 在改变团体治疗的结构框架上，我作出了明确的决定，那就是不再独自带领团体治疗。

B. 选择患者

刚开始在这个专科医院工作的时候，我接手的团体成员是酒精成瘾患者，他们正在接受解毒和激励治疗，同时接受心理治疗。因为酒精成瘾的治疗被缩减到为期 10 到 14 天的解毒过程，所以我们的科室从观念上也变成了心理治疗科室。很长一段时间科室要求所有患者都要参加这个团体。

这时候出现的情况是许多有不同心理障碍的人来到了同一个团体里坐在一起，结果阻碍了正常的工作。我经常感觉自己得什么都做，时不时得增加一些关于焦虑、攻击、抑郁这些问题的内容。然后我决定换一种方式：我引入了初次访谈，并且和同事讨论有针对性地选择参与团体的成员。结果是团体变得非常有活力，并且规模越来越小。有时候我带领的团体里只有三位患者。许多患者不能参加这个团体，因为他们的症状的严重程度不适合这个团体。

这个变化带来的积极方面是，我踏出了最重要的一步：两位心理治疗师共同带领团体治疗，从此之后我会定期和一位同事合作带领团体。

在对成员进行筛选之后我们组成了一个包括 6 到 10 位患者，有活力的工作团体。我放下了重担，现在非常期待和这个团体的工作。两位治疗师通过共同的带领工作和反思也获得了内在的自由空间，这不仅让工作变得更健康，也给工作带来了更多创造性。

C. 团体治疗的规则

团体规则

1. 我可以在任何时候喊"停"。

2. 所有在团体里谈到的事情，只能留在团体里。

3. 禁止身体冲突和辱骂。

4. 如果新的规则可以帮助我更好地待在团体里，我可以在任何时刻提议讨论新规则。

5. 我可以进行批评，并且我有机会了解批评背后的需求。

6. 团体在会面开始后五分钟内允许迟到者加入团体，之后团体就封闭了。

　　7. 因为必须接收新的成员入组，所以每位成员参与团体的次数限制为十次。

　　上述规则是我在团体工作的过程中，和患者一同探索的过程中"提出"的。当然这些规则是大家早就熟悉的，无数团体都在使用这套规则。我指的"提出"的意思是探究、细化、书面记录下来，告知患者规则以及解释规则。特别是患者们总是会担心团体里不能喊停，并且不能保密。在遵守规则方面，我觉得带领者是要首先承担责任的。每隔一段时间，特别是当有新成员加入的时候，我会提议团体讨论和检查这些规则，并且澄清问题。

D. 验证效度

　　通过提前筛选入组成员，团体的工作变得非常有张力和灵活性。当我们这个治疗团队注意到有患者明显不能很好地从团体中受益时，我们会和当事人进行谈话。这个处理方式带来的结果可能是，患者提出他遇到了哪些困难，导致他现在不能从团体中获益。我们要么找到一个好方法处理这个障碍，要么决定让这位患者退出团体。无论是什么样的决定都是我们和当事人一起作出的。

基础

　　那些投入团体中想要积极成为团体的一部分，也愿意承担一定风险的成员需要一个稳固的基础。为了让患者为团体治疗做好准备，并且提供安全感，我的做法如下所示。

信息

　　进入团体的一个前提是入组访谈。我们会谈到团体的各个方面，如下所示。

- 被邀请的患者可以认识一下团体治疗师，我们向他们展示团体治疗室。
- 我会向患者解释团体的结构和少量的规则，给他一张有联系方式和规则的宣传单。
- 我请患者提出问题。我会特别关注他的顾虑、担心和焦虑。
- 我经常遇到患者会有这种信念：我只有展现了自己最好的一面才能成为团体的一员。这最好的一面大多数情况下是父母所期待并且接受的那一面。当患者想象团体会发现他真实的感觉和真实的样子时，这种设想会引发他们的羞耻感（发自内心的觉得自己不行的感觉）。
- 我会做一切必要的事情和这个人进行接触。

◢ 例子：入组访谈的接触

患者："我最害怕的是在团体里被人取笑，因为我经常会讲些蠢话。或者如果我说的话伤害了其他人，其他人会生我的气，所以团体对我没用。"

治疗师："我很能理解你的担心。我从你的话里听出来，你之前有过这样的经历。"

患者："是的，上学的时候，在数学课上我得经常到黑板前罚站。"

治疗师："如果你想冒这个风险在团体里发言，你需要哪些支持呢？你有什么想法吗？"

患者："啊，我觉得只要你能让成员们不笑话我就可以。"

治疗师："当然我不能保证什么。但是我觉得团体中的交流是需要互相尊重的，这点很重要。我的经验是，大家能在交流过程中互相尊重是因为你的这种担心其他成员也会有。如果可以，请立刻开始在团体谈到自己的这种担心，和其他人分享自己的感觉，这经常能帮到你。"

患者："我不知道。团体里有多少成员？"

治疗师："现在有七位，之后可能最多会有十位成员。"

患者："哦……"

治疗师："相信我，你会给团体作出很大贡献的。根据我的经验，很多人都对这种担心的感觉很熟悉。你在团体中提出这个话题会为你和其他成员创造安全的基础。"

患者："好吧，如果你帮助我的话，我参加……"

指标和反向指标

在团体治疗的设置下，许多成员获得的机会和可能性会比他们想象中的更多。但是每个人从团体中获益的能力取决于许多因素。在过去几年，没有能力从团体中获益的患者越来越多。所以我们治疗团体作出先不给某些患者提供团体治疗的决定的情况也更频繁了。我在这里简要总结一下我们的标准，具体如下所示。

- 如果患者处在急性危机中（有 / 无自杀想法），并且在建立和维持治疗联盟方面出现困难。

- 如果是疑似精神病或者是精神病患者，他们没有能力应对团体里公开和直接的表达方式。

- 如果患者内心高度不安，对他们来说待在团体里是一种折磨。

- 如果患者正处在急性的创伤危机中，出现闪回和创伤后应激障碍，团体成员所说的一两个词就会激惹他们，造成二次创伤。

- 如果患者因为接受危机干预正在服用强效镇定精神病药物，来控制不安状态、焦虑和绝望感，那他们也无法从团体中获益，并且无法应对团体。使用精神病药物或者抗抑郁药来帮助治疗本身并不和参加团体矛盾，因为患者也需要参与医院环境之外的正常的工作和生活。重要的是，患者能够跟随团体的过程，并且从团体中获益。有时候他们会和其他患者讨论他们经历过的药物不良反应的情况，有时候他们也会谈到某种药不起作用，而且想讨论精神科药物在治疗过程中的作用。

- 如果想稳定地开展工作，团体工作的视角和方向也是重要的。团体里如果出现重要的议题，那这些议题必须是可以澄清的。重要的是避免让成员们在团体里再次经历之前的那种不健康的、要求过高的和有害的氛围。

患者的希望是通过从团体里获益来达成任务。其中的标准之一是患者的问题引起的内在受限是否得到了拓展或者反而变得更严重了。

团体过程中的信息

在团体进行过程中，我总是根据治疗情景做一些短程教学（一到三分钟），另外还会有一些小练习作为补充。

团体规则

大多数团体里的规则都不是被明确提出来的，而是自发形成的。成员们会被告知现在有哪些规则。

住院团体治疗的目标

团体必须面对和处理的两个问题：

1. 平均下来每位患者只会参加五到十次团体会面；

2. 开始和结束不断交替。

格式塔治疗里有一种非常重要的工作方式是接受现在的情况，并且基于这种情况，有创造性地处理事情。而我在这里描述的精神科团体里，对许多格式塔治疗的内容都没办法实现。比如在团体里我很少使用实验、练习和团体动力的方法工作。因为住院团体的时间不够，所以使用这些方法容易错失目标。

针对我工作时候遇到的挑战，我的回应如下。

- 我最重要的目标：每一位患者都能够在现在的团体里拥有良好的体验，这会鼓励他去检视自己到目前为止的关系，考虑接下来是否要接受门诊心理治疗，甚至是团体治疗。
- 我的工作方式围绕着直接的接触展开，目标是有条不紊地共同创造一个团体空间，在这里每位患者可以：
  - 表达自己的感觉；
  - 在团体内部体验关系；
  - 了解自己的需求；
  - 体验什么是接触（在某个时刻相遇之后还要分开）。
- 必须尊重我们各不相同的这个事实，这种人与人之间的差异不应该让人感到害怕。
- 所以我们看待世界的视角是多种多样的，这会启发人们转换视角。

成员们通过运用这些方法会拥有一些体验。我会借助布置具体的家庭作业和观察让成员们进一步细化这些体验。

另外，我们一起澄清冲突的方式也是一种重要的体验。在这点上我非常有批判性。我始终认为澄清冲突是在直接的接触中，用语言来有建设性地讨论冲突。如果有人用行动表达愤怒（比如，打枕头），我会加以制止，因为这会超过大多数患者能接受的边界，很容易引发羞耻。那些不管不顾其他人的感受表达自己的愤怒的人经常会侵犯其他人的边界。这通常会引发羞耻："其他人不希望看到我露出真实的样子，并且这么做会伤害其他人。"

治疗的逻辑

我在写这一章内容时考虑的出发点一方面是紧迫的治疗时间，另一方面是患者的症状。我试着探究治疗的逻辑，以及思考本书有多少内容可以应用到我的精神科团体治疗日常工作里，问题的答案很有意思。

1. 团体阶段

从2008年8月19日到2009年3月3日共有54位患者参与了团体治疗（源自我的个人数据），平均每位患者参与了七次团体会面。这意味着，平均每两次到三次团体会面就会有新成员加入或者有成员告别。如果团体能在两次到四次会面时都保持"稳定"，这得靠运气。所以我刚开始的时候放弃了使用团体阶段模型来工作的做法。但现在我的想法变了。

我在团体里会经历各个阶段，而对阶段进行描述不仅有助于衍生出不同的工作方法，也会促使我在此时此地，仔细地研究和探索团体的真实存在。我认为把团体治疗分为开始—中间—结束这些阶段的做法是有意义的。我想稍后描述作为团体带领者我重点关注哪些部分。

2. 团体凝聚力

对于在这么短程的团体工作里能不能产生团体凝聚力这个问题的答案我不那么关心，我更重视的是利用每一个机会增强团体的凝聚力。亚隆曾经带领过平均只有两次会面的团体，他通过对这些团体的观察，非常好地描述了团体凝聚力的重要性。

亲近是怎样产生的？亲近是随着不断加深的信任，对周围人的更多的认识，更愿意展露自己的感觉，更愿意接受反馈所带来的结果而产生的。

团体工作最强调的理念是此时此地，这点是很清楚的。如果团体里每位患者都得分享自己的故事，而我必须对这些故事进行工作，带领这样的团体会让我觉得非常吃力和受挫。此外，所有的团体成员都会觉得很吃力，而且团体中经常会出现僵化的现象。事实上，经常有团体成员希望也可以讲一讲自己的故事，而这时其他成员则会变得更退缩。这种情况更凸显了此时此地的重要性。

3. 直接接触

患者进入团体时自带的任何问题都会相当迅速地在他的互动中反映出来，在这点上团体治疗师们的经验是一致的。成员会有自己个人的沟通风格。随着团体中的信任不断加深，也会在信任的基础上给出反馈。

根据我的经验，给每位团体成员提供反馈是团体治疗的核心。即使是非常孤僻、害羞和胆怯、在团体里保持沉默的成员，也会在体验到亲近和获得反馈之后，转变为正直的、成熟的人。这种体验本身就代表团体能支持来访者寻求改变。

这些改变会非常让人惊讶：那些之前这么害怕团体的人在体验到清晰且互相尊重的沟通后，可以迅速地把这种体验用起来，并且愿意接受来自其他成员的支持以及批评，而他们在之前体验到的无助和无力至少现在可以暂时退回背景里了。这个过程对我这个团体带领者来说也是非常温暖的。

利用团体过程

在团体中成员们建立接触，然后撤退；接着再次进入接触，之后再次撤退。通过这样的体验，我们可以在接触中让出现在前景的图形得到满足，并且对新的接触体验进行消化。团体阶段模型里对这些相遇进行了描述，把这些在不断出现的相遇分到不同的"标题"下。我们通过这些标题可以看出在团体中发展的过程是怎么样的。

我在工作中几乎不会关注这个问题。我关注的问题是"在短时间内可以观察到什么，什么对我来说是重要的，以及我关注什么"。就像"改变的治疗地图"里描绘的一样，我认为这些不同的治疗过程并不一定遵循一个特定的顺序，而是会在不同的场景里出现。

开始

在一个新团体开始的时候，有两位成员发言。

安克："我不知道做团体治疗对我来说值不值得，我还有两周就出院了！"

彼得拉："还有两位成员要加入这个团体。我想等他们到了再开始介绍自己。我觉得那个时候团体工作才算真正开始！"

这些发言反映出来的是信任和安全的问题，以及不是在最糟糕的情况下，团体会如何开始对这个问题展开工作。大多数成员在新团体刚开始的时候会感到焦虑、不安和努力压抑焦虑。我们所有人都熟悉这些情况。

当团体中有新成员加入的时候，对我来说这个团体重新开始了。根据我的经验，以下这些方法可以显著降低成员的焦虑指数，为团体工作打下第一层基础：

- 告知和澄清团体组织的信息（频率、地点、退出和请假方式等）；
- 会面的结构：开始时候的闪电圈分享，最后的结束圈；
- 介绍团体规则，并邀请他们进行讨论；
- 给出关于"格式塔团体哲学"的初步信息；
- 让成员们直接接触；
- 提供小练习和成立小组，使成员们进一步熟悉新的环境。

在这种情况下，我经常会做一个简单但有效的练习。这个练习可以带来安全感，打下支持性的基础。

治疗师：现在请你慢慢地在房间内走动

- 当你在走动的时候，只关注自己。观察你是怎么行走的和怎么呼吸的（持续两分钟）。
- 现在请你和这个房间建立接触，观察和探索这个房间。你可以尽管触碰你感兴趣的东西。调动你的感官（持续两分钟）。
- 现在请你和其他人建立接触。朝其他人走过去，互相问候。也许你可以尝试使用新的问候方式。

- 现在请你找一位同伴，组成两人小组。也许你可以找一位自己不太了解或者还完全不认识的人。

两人小组形成了

- 现在请你用五分钟来交流各自的体验、焦虑和担心或者和团体有关的其他议题，以及你想从今天参加的这个团体中获得什么。
- 最后我们所有人重新坐回大组里。

治疗师："我想让大家想象这个团体是我们共同的孩子，我们所有人都有责任让它茁壮成长。无论我们做了什么或者没有做什么，这一切都会影响我们对团体的体验，并且会影响我们接下来能否在团体中获得直接的体验，以及是否愿意接受风险。

所以我对一切和团体有关的事情都感兴趣，包括那些对大家重要的、你们谈到的和避而不谈的事情。我会尽可能坦诚地面对大家，并且我会关注团体氛围。所以我现在想继续请你们做一轮练习，请你们简单描述一下："1. 你们此时此地感觉怎么样？ 2. 你们现在想做什么？想怎样利用这个团体？好，谁想先开始？"

接触是每个人天生就有的能力，是每个人鲜活的渴望。就算之前非常害怕接触，这个愿望也很容易被唤醒。我的经验是，在结构化练习里成员们会感到安全，因此可以更好地融入团体。练习的目的是通过直接的接触让成员们缓慢地进入新的团体环境中。

那些人们想谈论和澄清的议题，通常很快会在前三次会面中出现。这里我主要针对团体在闪电圈里出现的内容进行工作。这也就是说我不会去刻意寻找那些大的议题。因为这通常会让团体的焦虑指数攀升，制造压力。

在闪电圈分享环节，我会和患者探索他们现在在团体里感觉怎么样，他们现在有什么重要的事情。在团体刚开始的阶段，成员们会有很明显的不安感，他们会强烈地想和团体带领者交流这种不安感。带领者此时需要对这种不安做些澄清，让成员们感到满意，从而避免团体能量的僵化或者让团体停滞不前。

📂 例子

西蒙娜："我是这个团体里新来的成员，我想先观察一下，等事情来找我。"

治疗师："什么会让你对团体有好印象呢？你有没有问题想问的？"

西蒙娜："没有，我想先观察观察。"

治疗师："好的。"（刚开始我不想太深究。）

（过了一会儿：我试着尽力在团体中谈论"安全和不安全"这个话题，以及尝试建立直接接触等。在这个团体里我感觉像在晃悠悠的布丁里一样。事情没有进展，感觉一切都僵住了。）

治疗师："我想跟你们分享我的觉察，我在团体里感觉僵住了，甚至几乎感觉到了麻木。我猜你们需要支持。但是我不确定。我想邀请大家做一圈分享，请你们谈一谈这个情况。"

这个分享圈进行得拖拖拉拉的，一开始西蒙娜讲了她的不安全感，以及她参加的上一个团体让她非常受伤的经历。我注意让成员们直接对话，最后团体里出现了一场生动的、关于个人经验的讨论。团体感受到了活力，并且期待进一步的发展。

如果不仅在团体开始阶段会出现能量凝滞的现象，在团体开始之后带领者也能够观察到，这表明出现了阻碍（成员产生了不满、不安，以及没有被注意到的焦虑等）。这种情况不会让我感到紧张，如果这些事情对后续团体进程来说是重要的，那它们还会再次出现的，到时候团体可以对其进行工作。这里我认为有两个方面是重要的。

1.我培养并且细化自己的觉察能力——包括对自己、对团体成员以及团体这个整体的觉察。

2. 通过对自己的完美主义倾向的觉察，我学会用轻松释然的态度对待自己会犯错、会分心的情况，并且不会封闭自己。

中间

我和同事试着根据团体成员的组成情况来控制新的成员入组和离组，保证有两到四次团体会面里参加的成员没有变动。尽管只经历过三次会面的团体还很年轻，还留有刚开始的兴奋，还没有形成团体特有的仪式，而且离开团体这件事已经要提上日程了，但是短期内团体还提供了一个稳定的空间可供我们工作。我作为团体带领者关注的仍然是以下这些方面。

- 团体是在此时此地进行的。
- 重要的是直接的接触。
- 在闪电圈的分享里会出现和团体工作有关的重要动力。

重要的内容会陆续出现在团体里，具体如下所示。

- 人们想讲述自己的故事，并且让自己的故事被听到。
- 对未来的担心，特别是寻找解决方法是个重要的主题。
- 在住院治疗期间人们越来越清楚地认识到没有简单的解决方法，每个办法都要付出代价。这会引发患者的矛盾情绪。患者经常会感觉治疗卡住了，或者自己在兜圈子。
- 接着人们会担心：团体会不会接受我的问题、我的改变和内心的纠结？
- 人们经常会在这个阶段再次陷入危机。一切都还是未完成的、容易受伤的、不稳定的。改变可能会引发家庭冲突，这会让患者感到不安。

带领者面对这些问题的同时还要关注直接接触和此时此地，这一切都是挑战。但是关注并不是要墨守成规。人们想在团体中谈论自己的故事和问题，如果我作为团体治疗师一直制止这件事，成员们会感觉受到贬低、感到羞耻和不理解。当然，如果不需要谈论自己的事情，大多数患者都会很开心，因为他们觉得自己的事太私密了。

我作为团体带领者的任务是让患者获得团体的反馈。大多数时候他们讲述的故事里会出现空白断层。这个时候我会追问团体成员是不是有问题想问，或者有没有人想说什么。通常会出现一些具有澄清性质的、建设性的反馈，能帮助团体就此将议题进一步深入下去。

▰ 例子

一位女性患者想在团体里讲她童年的事情，小时候她妈妈经常贬低她，甚至有暴力倾向。直到今天，她都觉得自己和妈妈的关系是失败的。最让她绝望的是，她和女儿也有类似的冲突。

当这位患者在讲这件事情的时候，我察觉到团体里的气氛变得越来越不安和悲伤。一位女性成员已经泪流满面，另外一位男性成员不安地在椅子上挪来挪去。这时候患者擦了擦眼泪，停了下来。我说我想听一听团体中发生了什么。接下来成员们做了一圈分享，饱含着对这位患者的共情，一些人分享说他们也有类似的体验。我邀请他们和这些感觉待在一起，把这些感觉带到接触中。

所有的成员在这次团体会面中都体验到了丰富的情感。因为他们体验到把自己的感觉带入接触中，感受自己的感觉是重要的。和单纯讲一个故事相比，这会更让人放松、内心更满足。

要在其他人讲述自己故事的时候打断对方，并且把注意力重新引导到团体上，这一步对我来说一直都不容易。我感觉在对方的痛苦面前，我没有权力这么做。大多数时候我会深呼吸三次，然后开口打断他。团体工作里重要的是聚焦此时此地的团体过程。

团体带领者们有一个很大的共识，即个人的问题是因为接触障碍和关系冲突造成的。就算事情发生在很久之前，它的后果也会对后续所有的互动造成很大影响。这种沟通模式会继续加深关系障碍，这种风格也会在团体中反映出来。

团体里包含了成员们多年的生活经验和资源。这些宝藏就像镜子一样，其他成员可以有所觉察，可以意识到自己在关系冲突中承担的角色。成员们可以逐步接受这些部分，在实验中进一步感受这些部分，小心地作出改变，并且对改变进行探索。

例子

今天是马库斯最后一次参加团体。在四次团体会面中，他一直表现得心情很好。外人完全感觉不到他得了癌症，并且有性无能、失禁的问题，感受不到他的绝望（他在个体咨询里跟我小心翼翼地透露了这一点）。他笑口常开，总是愿意提些有用的建议。这次也是，在闪电圈分享的时候就开始了。安德烈娅在最后一次发言时说到了她的悲伤。马库斯立刻开始热情地跟她解释可以怎么样体验到美好的事情。安德烈娅的脸红了，看上去很愤怒。我制止了马库斯，然后邀请安德烈娅说出她的感觉。

安德烈娅："要是什么事都能这么简单就能解决就好了。他说得倒是容易。他总是一副好心情的样子，我完全不理解他为什么要参加这个团体。"

治疗师："请你直接跟马库斯说。"

安德烈娅："你说得很容易。不是所有人都像你那样能轻而易举地做这些事情。你究竟为什么要参加这个团体？对你来说什么事情都是小菜一碟。"

她停顿了一下。

治疗师："安德烈娅？现在发生了什么？"

安德烈娅："我现在暂时什么都不想说了。"

安雅插了进来，跟我说："我也这么觉得。他总是心情很好，特别活跃，我也受不了了，我感觉有压力！"

治疗师："直接跟马库斯讲。等等，马库斯，可以吗？"他点头。

安雅："马库斯，我看到你的时候就会感到有压力。你特别活跃，总是心情很好。我受不了你了！"然后对着我说："就像我的丈夫一样，他也总是安静不下来。我感觉自己很卑微。"

治疗师："跟马库斯讲！"

安雅："你的好心情总是让我变得很卑微。"

治疗师："我可以给你提供另外一个版本的说法吗？"

安雅："好的。"

治疗师："当你心情好的时候，你会让我变得卑微。"

安雅对我说："就是这样，我不想这样站在中间，让我看上去像个无聊的人。"

治疗师："你想做个实验吗？"

安雅："好的，什么实验？"

治疗师："站到中间去。"

安雅站到了中间，开始冒汗，身体蜷缩了起来。

安雅："我感到紧张，而且有点热。"

治疗师："你想继续吗？"

安雅："好的，试试吧。"

治疗师："好的，你轮流走到每个人面前（比如马库斯），跟他们说：'我这个人真的很无趣。'"

安雅："好的。"

　　她开始了这个实验（即使没有对马库斯说），每说一遍，她的声音就变得哽噎了一点。第四位轮到彼得拉了。安雅还没开口，她说道："我现在得出去。"她离开了这个房间。

　　安雅哭了出来，我站起来，给她递了张纸巾。我把手放在她肩膀上，沉默不语。

　　安雅："我不想再说这句话了（声音里透着不服），不是这样的！"

　　治疗师："那是什么样的呢？"

　　安雅："我是有价值的。"

　　治疗师："那继续做这个实验，把你的句子改一下！"我坐了下来。安雅继续开始说那句改过的句子。

　　接下来，当安雅站到他们面前，说出那句话的时候，一些成员的眼泪流了出来。最后，安雅回到了她的位置，哭了出来。我没有干涉她，问了其他成员一些问题。我们在没有忽视安雅的同时，也看到团体里出现了一些小变化。连马库斯也很感动，他（第一次）说了一些他的伤心事。今天他没法谈更多了。

　　最后安雅想让她的议题今天先这样。

　　读者们从这个例子中可以很清楚地看出来，参与工作的不仅仅是主动参与实验的安雅，其他的成员也都参与其中了。

　　在稳定的团体中间阶段，有各种方法可以使成员从团体中有所收获，有多少人就有多少种方法。这里我还想分享一些我的指导原则，如下所示。

- 我分享自己对团体互动和团体过程的觉察，团体可以检验这些觉察。同样我也会邀请每位成员分享他们的觉察。
- 我邀请成员利用团体此时此地的过程，来创造和日常生活的联系。
- 我邀请成员验证、接受、拒绝或者改变构成自己的感觉、想法和行为。
- 我邀请成员进行反馈。

　　以上这些方法都会对患者的自我价值产生积极影响。这样他们就会在面对那些到目前为止都不抱希望的情况时，发现新的机会。

　　最后，在团体中间阶段，我还想关注那些所谓的"安静的见证者"。总是会有些患者在团体中一言不发，不积极参与。如果我认为这些患者是在注意团体过程并且内心是在参与的，我就不会干涉。但是如果我感觉他们内心已经离场了，我就会把这一点提出来并且询问这些成员他们身上发生了什么。在团体结束的时候我会邀请他们具体表达对当下的团体过程的看法，并且分享他们现在的内心状态。大多数时候，团体中发生的事情会触及他们的问题和感觉。

　　重要的是，患者仍然把自己看作团体的一部分，体验到他的过程是受到尊重的，他的感觉和想法对团体里的所有人，特别是对进行工作的那位成员来说，都是有意义的。

例子：

　　有一位女性患者在团体会面过程中一直保持沉默，我在结束的时候跟她提到了这一点。

　　治疗师："安德烈娅，你有段时间没有开口说话了，在闪电分享圈里你也比较安静……我好奇你在想什么？你可以说一说吗？"

　　安德烈娅："马蒂亚斯与伴侣的冲突让我想起了当时我父母吵得有多厉害。我很伤心，但是我不想失控。"

　　治疗师："那现在离开这个团体的时候，你的状态怎么样？"

　　安德烈娅："我觉得对我有帮助的是我们在这个团体里也谈到了马蒂亚斯在争吵的时候孩子们是怎样的。我们家从来没有这样过。"安德烈娅哭了出来。

　　治疗师："你现在离开团体，具体是带着什么离开的？"

　　安德烈娅："我不知道。"

　　治疗师："我可以给你一个建议吗？"安德烈娅点头。

治疗师："到下一次团体会面之前，你也许可以观察一下，在医院，你想别人能看到或者看不到你的哪些方面？或者你有哪些方面是被别人看到的？你是通过什么样的行为让别人看到/或者看不到的？下一次会面的时候我们可以再谈一谈你的经历。"

安德烈娅："好的，可以。"

结束

在告别团体的时候，带领者可以再次对个体成员的经历表示认可和尊重。每个人都认识到自己对其他人是有意义的，不是无足轻重的。对大多数患者来说，离开团体是个困难的过程，具体原因如下所示。

- 告别会让他想起自己的丧失和孤单的体验。
- 告别团体和出院经常会引起不安和焦虑，因为他们得离开安全的环境（医院）了。
- 离开这群和自己有联结的人会让他们感到伤心。
- 因为患者在住院期间发生了改变，在长时间之后重新回到自己原先的环境中，会出现改变引发的冲突和小型危机。在这种情况下重要的是尽早和患者的家庭进行谈话，让改变可以持续下去。

以上这些方面让团体关系的"结束"变得尤为重要。因为团体成员已经建立了联结和纽带，还有共同的经历和在团体中发展出来的和彼此交谈的能力。所以他们在此时要经历重要的考验：有人离开了这个团体，破坏了这个团体，之前的团体不复存在了。

在这种情况下需要探讨的重要议题如下所示。

- 讨论患者在出院之后的日常生活中需要些什么，还缺乏哪些方法策略。
- 允许这些在告别过程中产生的感觉，并把这些感觉带入接触中。

- 创造"哀悼仪式",比如身体工作,或者制作一张海报,上面写上美好的祝福并允许患者带走。
- 提议对不同的概括性主题进行一圈反馈。

重要的是,所有人都能够带着自己的感觉和想法进行接触,没有人需要独自面对自己的感觉。

例子:

今天是丹尼尔最后一次参加团体。在闪电圈分享环节他的议题就出现了。

丹尼尔:"其实我过得挺不错的,我今天没有什么要讨论的。"

治疗师:"但是今天是你的最后一次团体咨询,你明天就出院了,你不提一下这一点吗?"

丹尼尔:"啊,我还指望可以避开这种结束的场景呢。我不喜欢这样。"

治疗师:"我们团体里有个好的传统,每个人在告别的时候都可以说出一个愿望。你知道你想要什么吗?"

丹尼尔:"如果能听到一些反馈,还挺不错的。"

治疗师:"关于什么的反馈?"

丹尼尔:"我在团体中发生了什么样的改变,我刚开始是什么样的,现在他们对我有什么样的印象。"

在闪电圈分享之后,其他成员给了丹尼尔一圈反馈,大家都非常感动。丹尼尔感觉获得了很好的支持,他最后说道:"啊,要是我能把这些都带走就好了,我想要一些可以带走的东西,这样我可以回家之后再拿出来看一看。"

治疗师:"可以啊。大家可以在白板纸上写一些东西,之后你可以把这张纸带走。我可以把挂纸的白板留到明天。"

　　丹尼尔："这太好了。"

危机情况

危机和危机处理的基本原则

　　危机即机会。危机是在转变和做决定的情况下感觉遇到了问题，比如：这样下去不行。所以被医院收诊已经是个危机情况了。生活中很多重大的改变（如入学、结婚、患病、死亡）对我们来说都是挑战，这些挑战要求我们检视到目前为止走过的路，并且开启一条新的道路。

　　患者的危机情况有个典型的特征：他们只能觉察到危机中消极的一面：某些事情结束了、行不通了，而新的东西还没有出现。治疗师和团体的一个任务是为危机的另一面辩护，重视这个重新选择的机会和可能性，为新的选择创造空间。

　　要穿过这个狭隘的瓶颈，患者和其他人一样都需要支持。在这种困难的生活场景下，人们很有可能会失去勇气，体验到无望感和无力感。这甚至有可能引发自杀的危机。我的任务是传达以下几点内容。

- 希望是存在的。危机是可以克服的。
- 患者在他的生活中已经克服了多次危机。
- 为了能够继续生活下去，患者需要什么，不需要什么？
- 在这场危机中蕴含着哪些具体的机会？我们在当下的生活情景中可以怎样利用这些机会？
- 有哪些必要的安全措施可以让患者从危机中存活下来，并且能够利用危机中蕴含的力量？

现在我想简单介绍一下治疗时出现的不同危机。

自杀危机：在这种情况下，患者会表达自杀的想法，没有能力作出不自杀的承诺，或者因试图自杀而入院接受治疗。这种情况下患者需要始终有保护措施。患者的生命必须得到保护，如果他住在开放的病区，他必须有签订契约的能力。因为医院不可能长期将开放病区的安全等级设置到很高级别来保护患者，否则绝对有必要把患者转送到有封闭病区的医院。带领者不需要让只有自杀想法的患者放弃团体治疗。重要的是核实患者还可以怎样从团体中获益：参加团体会引导他走出那段瓶颈期吗，或者团体过程对有自杀倾向的患者来说太困难了吗？通常这些情况中患者会感觉被自己的感觉淹没了（患者缺乏和自己的感觉拉开距离的能力）。之后大多数患者会自己离开团体。

有时也会出现患者在住院之后危机进一步加剧的情况，这时候患者不能直接进入团体。危机加剧经常是因为患者清楚地意识到了自己没有其他办法，这对他们来说是一种打击。这种情况下，患者也没有做好准备参加团体。

许多患者也会把某些团体过程体验成危机事件。这意味着，团体中会出现一些成员无法靠自己的能力处理的事情。这时候团体带领者不仅要识别出这种情况，而且要能够提供合适的方法来拓宽患者的这种瓶颈。

另外，在治疗过程中也经常会出现关系危机／关系冲突。比如，可能是和伴侣的危机，或者患者之间的冲突。这种情况下，重要的是提供处理冲突和表达自己恼火的机会。

在团体治疗中出现危机时，团体治疗师必须创造一个安全的环境来处理危机情况。遇到冲突通常不是离开团体的理由。在探究痛苦的感觉的时候，团体也像一张网，里面有不抛弃我的并且我可以信任的人，在这张网里我可以表达自己的感觉和想法。

在团体会面过程中如果出现危机性的冲突升级，带领者是能明显识别出来的。即使患者不发言、不谈论自己的情况，他的身体信号也可以清楚地反映他的变化：

- 目光变得不安，甚至变得呆滞、流泪；
- 患者的身体开始颤抖、变得不安……

因此，我认为能始终关注所有患者的这种能力是很重要的。如果我发现某位患者身上出现了这些典型的改变，我会打断当下的团体过程（出现的障碍优先级更高），转而和这位患者进行沟通。我想知道他经历了什么。

- 经常会出现患者不想在团体里发言、想离开团体的情况。我的基本原则是不会强迫任何人待在团体里，但是我会问他有没有可能留下。如果患者决定离开团体，我会请他去我们科室说一下，并且去护理部门做登记。之后我会打电话给科室，简单地沟通一下情况。在下一次团体咨询中我会邀请这位患者描述发生的事情。
- 如果患者有意愿，我会请他留下来，让他描述自己经历了什么。
- 如果患者清楚表示他被自己的感觉压倒和淹没了，无法与自己的感觉保持距离，那我会建议他做个拉开距离的练习。在这里我主要使用的练习是地点转换和保险箱练习。我感觉这两种练习的效果很好。通常我只会从它们当中选择，并根据情况做一些调整。

地点转换

这个练习来自催眠治疗，它对我的效果不错。它有助于我们迅速与自己的感觉拉开距离，具体步骤如下。

患者坐在他原来的位置。

我邀请患者观察自己的呼吸，并且想象当他站起来的时候，把他的负担和压力留在椅子上。

患者站起来，走到团体的另一边，坐到一张提前空出来的椅子上。

这个练习通常会让人们拥有不一样的、更自由的体验，并让人们更容易接受之后的干预。

接下来的版本适用于危机情况。在个体谈话中我用这个练习时会更细腻，目的是希望患者们可以学习处理不同的内在位置来帮助自己。

不仅仅是探索呼吸，也要探索身体感觉、情感、想法。患者应该聚焦在他感受最明显的身体部位上。

患者自己放置椅子，根据自己需要调整距离。

在想象中把目前的问题打包起来，放在保险箱里，然后换位置。

保险箱练习

- 请你在想象中，把现在所有给你造成负担的想法和感觉写在一张纸上，然后把纸放在自己面前。
- 现在请你把纸折起来，然后塞进一个 A4 大小的信封里。
- 现在请你继续折叠这个 A4 大小的信封，把它塞进一个 B5 大小的信封里。
- 现在请你拿起这个信封，把它放在一个盒子里。
- 把盒子锁上，拿着这个盒子。
- 你现在转身，会看到前面有一个保险箱，门开着，保险箱中间有个隔板。
- 请你把盒子放在隔板上。
- 往后退一步，你看到盒子在隔板上。
- 请你现在用右手关上保险箱那扇厚重的门。
- 门很重，你得用很大的力气才能关上。
- 当门关起来之后，你把钥匙插进去，转一圈锁上。
- 请你把钥匙挂在脖子上。
- 你现在看到面前的保险箱锁上了。你可以转身离开了。

读者们可以任意拓展和改变以上练习。两个练习都是在内心想象如何积极地使自己和压力源拉开距离。在地点转换这个练习过程中，装有压力的包裹被留在了椅子上；在保险箱这个练习过程中，包裹被锁在了保险箱里。

特别是在做保险箱这个练习时，我给出的引导词会相当明确。这样可以防止患者苦恼他现在想把包裹放在那里，然后自我封闭。

治疗过程举例：当成员离开团体时

在团体会面中，当我们问到某位成员现在的感觉的时候，她多次用防御的方式回应。比如说："啊，这无所谓，没关系。"我对她的行为做了镜映，告诉她我的猜测："之前你在生活中都是自己一个人处理所有的事情，自己一个人解决问题。在我们这个团体里，你试着继续一个人处理自己的感觉和问题。你觉得我的猜测对吗？为什么会这样呢？"

患者突然跳了起来，哭着跑了出去。我跟了出去，因为她不想继续回到团体里，我就请她回到病区里，在那里她可以得到保护。

之后团体里有许多成员都给出了积极的回应，也很受触动，因为其他留下的成员也有类似的感受。

下一次团体会面在闪电圈分享的时候，这位患者一开始就为她上一次的行为道歉。我回应她说不需要道歉，并且在得到她的同意后，邀请其他患者做一些反馈。

她得到的反馈是都是积极的，其他成员表示了他们的赞扬和鼓励，在听到第三个反馈的时候她开始哭了。我叫停了这个反馈圈，问如果她需要什么才能继续待在团体里，并且请她进行深呼吸。她继续听了后续的反馈之后非常感动并且感觉获得了力量。在接下来的几次会面里，这位患者更融入团体，而且整体上显得更柔软和开放了。她开始小心翼翼地享受成为这个团体的一员了。

到目前为止我发现在团体里出现自杀危机的情况还比较少，因为在这种情况下治疗师明显会更倾向于在个体咨询中进行干预。如果患者有冲动自杀的倾向，我也会请他们离开团体，因为我们无法预料团体中会出现什么议题，这有可能会让患者已经不稳定的情况变得雪上加霜。

团体中更常见的情况是急性的心理代偿失调（支持系统的崩溃）。在这种危机情况下我会使用前面介绍过的练习。

处理焦虑的一些想法

在团体治疗里，焦虑和惊恐是回避不了的话题。成员们并不会每次都把这些感觉说出来，或者团体治疗师不会每次都意识到。当然，团体治疗师可以很容易通过个体的表现观察到严重的惊恐发作（强烈的躁动不安、脸很红、呼吸短促），但是有很多焦虑情绪是不会被表达出来的。许多人会认为焦虑是一种缺陷。他们为自己的这种感觉感到羞耻，恨不得在团体中消失。因为没有人可以轻而易举地从团体里消失，许多人会试图在行为举止上特别低调不引人注意。只有极少数人会自发地谈论他们的焦虑。

焦虑对每个人的生活都非常重要，只有"神经性的"焦虑才是有问题的。作为团体带领者，我认为重要的是觉察和接受成员的焦虑，因为焦虑可以帮助带领者测量团体中的安全程度或者是危险程度。焦虑会让人感到不适，同时它对个人应对当下，以及创建团体的安全基础又是非常重要的。和其他的感觉一样，焦虑是有机体给出的一个清晰的反馈。从这个意义上说，感觉永远是正确的，没有"感觉是错的"这个说法。许多人都体验过对自己的感觉的羞耻感。"你的觉察、你的感觉不对"这种信息会导致人们对自己的冲动变得不信任，不再相信来自自己身体的具有调节性的、指示性的反馈力量。

我会使用"安全指示仪"来测试团体里"准确的"安全指数。我请患者描述他们现在在团体里的安全感是多少分（零到十分，零分是非常不安全，十分是非常安全）。接下来，我们可以一起讨论这些结果，从而发现每个人需要哪些必要的方法来获得安全感。对我来说这里重要的是，患者可以在团体里发现他可以做些什么来增强自己的安全感；可以澄清他缺少什么、他是怎样导致自己没有获得足够多的安全感的，以及可以如何更好地自我照顾。我们可以带着觉察，对这个过程中产生的感觉继续进行工作。

所以我认为鼓励患者说出所有的感觉是很重要的。我也可以通过关注身体发出的信号，和那些"焦虑的"患者一起探索团体里的安全感。比如，我会邀请团体细致地感受他们缺少的东西，由此每位成员都可以更好地自我照顾。

我认为焦虑不是一种需要"消除"的感觉，而是重要的信号，能提醒我们情况出现了危机。大多数时候，焦虑、愤怒、悲伤、羞耻以及其他的感觉不太会被社会接受。团体成员的一个重要任务是明确且清楚地表明自己对所有感觉的接纳。这一点我会向患者指出来，并且邀请他们去认可感觉的作用，感觉可以给我们提供建议，作为路标给我们提供指示，以及提醒我们当下有什么需求。

如果患者焦虑发作或者惊恐发作，我基本的干预是，让他待在团体里并让他明白在这里他是受欢迎的。大多数时候我会建议做一些小的身体练习，比如扎根练习或者和一位信任的成员建立接触。

有时候，如果患者情况允许，我也会问他有没有其他的感觉，或者询问他在团体会面之前或者现在在团体里经历了什么事情。

焦虑的感觉出现经常是为了掩饰"其他更糟糕的"感觉。格式塔治疗也认为焦虑会经常和其他感觉一起出现，目的是调节兴奋。这时候在直接的接触中探索这种感觉是一种有效的方法。因为患者们倾向于认为"必须要消除"这种感觉，我试图让他们观察自己的感觉世界，认识到感觉是他们自我调节功能的一部分。而焦虑正好是用来衡量社交情境动力的重要标准。

◤◤◤　例子：

　　在团体刚开始做闪电分享圈的环节，玛丽亚非常紧张，她蜷缩、颤抖着坐在圈里。当轮到她发言的时候，她提到自己在团体会面之前刚经历了一次惊恐发作，现在感觉非常紧张，很想离开团体。我邀请她在闪电圈后谈论她的体验，看看来龙去脉。闪电圈结束后，我问玛丽亚可不可以谈一谈。她明确地表示，做什么都没有用，在焦虑这件事情上没有人可以帮到她。我问了她是在什么情况和背景下经历的惊恐发作。玛丽亚讲到了上周末的事情，以及和她伴侣的那场激烈冲突。伴侣抱怨说她已经在医院待了这么久了，但是什么改变都没有。在团体里，她感觉被某位成员无视了，但是并没有提出抗议。接着她就对自己产生了愤怒。我邀请团体给玛丽亚一些反馈，许多人都响应了。大多数的反馈内容都围绕着冲突的处理，以及担心失去伴侣或者朋友。在团体会面结束之后，玛丽亚不再感到焦虑了，但是仍然有紧张感。承认自己的生气，以及探索到底这种愤怒是针对谁的，对她来说很困难。我能明显感觉到的是她对自己的愤怒。

　　之后，玛丽亚在自己的房间里把她最喜欢的杯子砸到了墙上。

　　从这个例子中我们可以清楚地看到，对某个问题固化的体验方式会导致人们无法觉察其他体验的可能性。人们无法把不同的层面连接起来，探索其他的可能性，改变自己的行为和摆脱这种定式。在这里，其他患者的反馈和治疗师对患者的支持（鼓励他去细致小心地梳理事件的来龙去脉），这两个部分尤其重要。

处理冲突

　　感到愤怒和恼火，以及团体和医院里出现了冲突，这些是导致团体和患者个体身上出现危机的常见原因。

对许多人来说，入院就诊会伴随着对自己的强烈愤怒，比如："我到底是怎么到这个地步的？"这背后还有强烈的感觉：失败感、罪恶感（抛下了自己的家庭），以及不得不面对那些一直都没有得到解决的问题。患者因为这种绝望而自残的情况会经常出现。

开始住院治疗后，治疗师通常会相对迅速地和患者先进行一次稳定化的工作。这样患者的负担会减轻些，如果患者身边有想帮助他的人，通常也可以促使患者和自己的问题稍微拉开些距离。

患者在医院里要面对的是其他病友以及每个人所具有的独特性。大多数人都会住在多床房里，这也会带来摩擦和冲突。

团体治疗本身就自带很大的发生冲突的可能性。人们在团体里相遇的时候不仅仅带着各自的问题，而且会身处在团体动力之中，试图对自己的议题进行工作。

还有一种更常见的情况是通过规避差异和压抑冲动来回避团体里的冲突。这背后隐藏的担心是冲突可能会导致"灾难"：之前都没有办法澄清冲突，为什么现在却突然可以在众目睽睽之下做到？

像之前提到的那样，在团体里如果患者用实际行动表现愤怒和憎恶，我会加以制止。如果团体里有人提到这些感觉，我会试着和他们一起沟通、寻求解决方法，让冲突双方都可以受益。因为愤怒总是涉及很多层面，不是所有的层面都可以在团体里得到澄清的。

如果在团体里出现冲突，治疗师通常可以在多个层面上观察到以下这些现象。

- 患者明显退缩，并且不再参与团体过程。
- 患者回避直接对话和目光接触。
- 患者会提到他们很生气，但是原因很模糊。
- 团体里的能量凝滞了，人们感觉一切都很僵化，而且这种情况会在好几次团体会面中持续出现。

- 在个体谈话的时候患者会谈到冲突，并且请求离开团体。
- 团体里很长一段时间都笼罩着回避冲突的阴霾，并且没有谈到实质性的有营养的话题。

我在刚开始的时候介绍过，在团体里我最重要的目标是让患者尝到心理治疗 / 团体治疗的甜头，并且通过和周围的人的直接接触更好地体验到滋养的关系。这里传达的信息是"允许一切存在"，这句话也适用于出现攻击和冲突这些让人觉得棘手的感觉的情景。我认为可以在团体里谈论和澄清冲突，以此作为示范。然后当患者在处理家庭或者工作中的冲突时，以及在个体治疗中深化工作时，这个示范可以起到导航的作用。

如果我认为澄清冲突会有好处，但是患者肯定无法接受时，我会避免进一步激化冲突。我曾经经历过很糟糕的情况。有一次，我出于好心，鼓励一位女性患者和另外一位患者在团体里谈论他们的冲突。尽管她自己有顾虑，不知道能不能做到，我还是鼓励她试一试。而我高估了患者这么做的可能性，这个冲突在团体里几乎像炸弹一样被激化了。结果是当事人不想继续待在团体里，而团体也用了三次会面的时间来处理这个危机。自从这次经历之后，我越发重视患者有哪些自我支持的方法。在这个案例里，因为对方在团体里贬低和攻击这位成员，所以她有非常强烈的羞耻感并感到非常尴尬，这导致她不得不调动她所有的愤怒和攻击性，这也是她自我支持的方式。冲突激化得很快，我来不及干预。总结：那位成员之前的顾虑是正确的。

我想介绍一下劳拉·皮尔斯（Laura Perls）的基础支持方法（接触—支持原则）：所有能让建立接触变得简单的事情都是一种支持；生理机能、声音、感觉、思考、至今的接触经历、敏感性、灵活性、协调性、语言、习惯、风俗、社会行为方式以及神经性的行为模式，这些本来就具有支持性。

如果我在团体里觉察到出现了冲突的苗头，我会谨慎地指出这一点，并且和相关成员以及团体一起探索，他们需要什么来澄清冲突。然后我会再次强调以下这些沟通原则。

- 每个人都让其他人把话说完。

- 不允许身体和言语暴力。

- 每个人都可以在任何时间喊"停"。

在澄清冲突的过程中，我认为重要的方面如下所示。

- 冲突和所有人都有关系，冲突是团体的一部分。

- 团体在澄清冲突方面有许多方法，团体可以共同找出解决冲突的方法。

- 他想要什么，他需要什么？

- 他缺少什么，他害怕什么？

- 给出反馈（我的观察、我的感觉、我参与的部分、我的需求）。

- 并不一定要解决冲突，而是谈论冲突，寻找处理好自己的问题的方法，并且一直和冲突的同伴保持接触。

　　人们获得安全感的方式也包括刻板地遵守规则（在关注患者边界的前提下），特别是在反馈的环节。

例子：

　　在团体会面中，托马斯这位平时很安静的患者表现得很烦躁，他的态度突然变得不合时宜并且傲慢。他说："我不需要任何人，我在治疗中学到的东西够多了，我知道自己在做什么，我什么问题都没有。"我试图通过他表述的内容和他建立接触，但是他不理我。最后我放弃了，我让他自己冷静一下。其他的患者也试着和他接触，结果也是一样的。最后他得到了不同的反馈，但大家都说他的行为对别人造成了伤害。

　　在团体会面结束之后，我和同事猜测可能发生了什么事情，但是不知道具体情况。在一次个体治疗中有位女性患者告诉了我一个秘密，她说自己几天前和托马斯产生了冲突。他们本来聊得很好，还涉及了各自的私人生活。最后两个人之间出现了一个误会，而误会发展成了冲突，他们开始互相伤害，并且往对方伤口上撒盐。

这位女性患者对这种情况感到绝望，她不知道要怎么解决这个问题。我邀请她在团体里和托马斯谈一谈。因为从上一次会面以来，这个冲突可能也成了团体的一部分。在接下来的一次共同谈话中，我们澄清了他们的恐惧，商定了一些应对的方法，比如设定喊停的信号，等等。

我在团体里解释了基本的沟通规则，并鼓励两位患者交流他们各自的立场。结果出乎意料地好。他们不仅仅再次清晰地看到了对彼此的喜爱（冲突的时候觉察的通道自然会变得狭隘，我们会趋向于只看到对方的消极面），而且发现他们在应对受伤和生气的方式上有很多的相似点。最后团体中出现了鼓励性的反馈，托马斯借着这些反馈在团体里道了歉。接下来有两位女性成员反馈说，她们觉得可以再和他谈一谈这种情况，这很重要。

这个冲突的澄清过程特别让人感动，因为我们从中可以清楚看到：

- 冲突的双方通过行动展现了自己；
- 冲突和自己的部分有关，这部分被投射到对方身上，并且遭到了抗争（投射）；
- 他们重新接触到了联结和喜爱的感觉。

这次团体体验对所有的参与人员来说都是非常深入和鼓舞人心的。在两次团体会面结束之后团体里还在继续出现和这次事件有关的反馈。

在这里，我想介绍一下团体里会出现的另一种情况。从这个例子中读者们可以清楚看到团体工作有哪些方法，以及进一步了解这种谨慎、缓慢、赋予空间和时间的工作方式。

例子：

这个处理冲突的工作涉及多个重要的方面：在病区里已经出现了一些冲突，在个体治疗以及团体中至少提到了其中的一个冲突。尽管我们已经试着在团体里讨论冲突，但是团体的动力仍然让病区出现了不同的阵营。我们站在外人的立场上看不清楚阵营分界线。为了避免出现更戏剧化的、出人意料的场景，我们团队放弃了召集病区患者进行澄清的方法（这也是一种方法）。我们认为这种做法在当时的情况下不太有利。

像之前描述的那样，我们可以邀请冲突双方一起在治疗师的主持下进行个人谈话，讨论这个冲突，接着可以在下一次的会面中在团体中继续谈这个冲突的话题。对两位当事人来说，现在这个情况对她们俩都造成了很大的负担，特别是引发了对方的愧疚感，或者是负罪感，她们越来越绝望。

在之后的一次团体会面中，我们在闪电分享圈中要求成员们不仅需要谈自己的感受和对团体的需求，而且要谈一谈上次团体冲突工作里遗留下来的或者重要的东西。他们应该再回顾一下上次的过程。在这个分享圈里其他的冲突浮现了出来。我们重点对其中最激烈的一个冲突进行了工作。

有位成员认为另外一位成员骂了她，她感觉受到了侮辱，她要求对方道歉，她也举了两个具体的例子。而面对这些愤怒和冲突，对方不知道要怎么做，她想不起来自己曾经骂过那位成员。两位成员都激动了起来。这个反馈带来的第一个结果是，双方几乎不能直接和对方讲话，两个人都认为这种团体没有用，也没什么可以说的，团体陷入了僵局。

渐渐地，我开始冒汗了并感觉有点慌张，因为我不知道要怎么处理这种情况。我邀请团体做了分享圈来听一听其他成员的建议。一位成员提到她感觉这两位成员还完全不了解对方。然后我想到了一个主意。我借鉴了波尔斯特的一个练习，我问这两位成员愿不愿意和我一起尝试往前走一步看看，不是为了成为朋友，而是为了可以让她们在团体里一起待下去、一起工作。她们两位都同意了，我邀请她们再去觉察自己现在有哪些感觉。其中一位讲到，她害怕太快伸出自己的手，却又忘了自己的感受。我表示可以给她时间来验证这一点。第一步我建议她们：直接和对方说三件你们所了解的关于对方的事情，然后交换角色。

两位成员思考了一下，然后慢慢说出了她们对彼此了解的部分。接着我简单问了一下这样可不可以，两位都说可以。我邀请她们每次列举三件关于自己的而且对方还不知道的事情。在这一步，两位成员做得也非常认真。这个时候，团体氛围已经变得温暖起来，出现了想要开放和相遇的意愿。接着我邀请成员们做一个反馈圈，同时我也考虑下一步应该怎么做。在接下来的反馈圈里，气氛越来越释然和轻松，出现了笑声。

最后一步，我请两位成员站了起来，以适合当下场景的方式站在对方面前。她们都接受了这个邀请，在调整之后她们站在了自己的椅子前面。我问她们需要什么来迈出下一步，并且我强调了"只是一步"。她们说现在想两个人私下谈一谈，更好地了解对方。

工作的最后一步是我邀请所有的成员参与反馈。在反馈圈里，成员们会再次提到那些之前讲到的其他冲突。

团体里出现冲突时，我会非常警醒，会关注协商好的规则以及避免出现贬低的情况或者出现其他冲突升级的信号。如果出现了这些信号，我会以尊重的态度进行干预。由此，在团体里澄清愤怒这个过程可以给团体带来许多收获。

我认为尽快地把这些冲突提出来是重要的，特别是因为大多数团体成员只会参加几次团体会面，所以这些障碍在团体过程中是需要被优先处理的。如果障碍没有得到澄清，那它们会污染团体这片土壤，会有损个体对其他团体的信任。

根据我个人的观察，我作为带领者处理团体冲突的能力和我自己处理冲突的能力，以及我是否也可以容忍攻击和冲突直接相关。因为我发觉团体只有对攻击和冲突这部分进行长时间工作，才不会对患者的能力提出过高要求，也才能给患者提供支持。

总结

基于精神科格式塔团体中出现的变化，我可以对自己的职业生涯的若干观点作出一些澄清，具体如下所示。

- 我从单独带领团体发展到和同事一起合作带领团体。
- 我和格式塔治疗有了更多的接触，并且继续探索我的治疗方法。我觉得格式塔对我的生活来说仍然是个挑战。因为我体验到，我和格式塔的接触越多，越带着觉察和自己相遇，我就能更深刻地理解格式塔治疗的方法和理论。
- 在这个过程中我放慢了节奏，这对我的生活是有好处的，并且对我的工作也有不可估量的积极影响。
- 我开始信任在此时此地的直接接触和相遇，并且接受我的觉察的指引，我认为这给我带来了最大的自由。特别是我做了把责任交还给患者的这个重要决定。**如果在工作环境里人们主观上感到很痛苦，而咨询师帮患者承担过多的压力，太替他们减负，会很危险。根据我的经验，当患者以积极的、成人式的、自我负责的方式参与团体时，他们会为这种参与方式以及对他们的"障碍"感到自豪。但是还有个很大的风险是，治疗师把在团体中体验到的深入的过程和自身的过程混为一谈，也就是说治疗师被替身触动了。或者在住院的日常生活中，如果治疗师对这些困难的事情习以为常并且感到麻木，这会导致我意识不到自己感受到的触动、自己的身体、自己的感觉以及自我觉知。**
- 所以通过督导（也包括同辈督导）和自己接受治疗来保持自己的接触，

保持积极性和敏锐度，这一点是重要的。如果我不能和自己进行接触，我和周围环境的接触也是没有创造性的，我的活力也就不复存在。

- 当人们想要高效应对挑战的时候，容易失去自我。在这种情况下我也总是采取放慢节奏的做法。在下一次的团体会面中我只想关注一件事情，比如我的身体是怎么作出反应的，我的身体的哪个部位感觉最明显，等等。我也会把这些小步前进的方法推荐给患者。

- 我也会和同事保持沟通，我们可以争吵、讨论、分享快乐以及交流关于世界的观点。

通过运用这样的方式，我可以把部分压力放在它本来应该存在的地方，也就是放在患者那里。但是对我自己来说，我仍然要面对的挑战是，找到适合自己的个人心理和精神健康的道路。

是什么给我带来了自由？经验的增长、我接受的进一步的培训和对格式塔治疗的探究，以及越来越紧迫的时间，这些因素综合在一起之后让我的工作方式发生了改变。

我更明确地强调直接接触，并且缩短了个体成员探讨成长史和过往经历的痛苦这些方面的时间。这样的做法可以让团体把更多的时间用在它原本的重点上，也就是直接接触，以及和其他真实的人的深入联结上。

团体成员将会领悟和其他人的接触不是一种威胁，而会帮助他们成为自己。这种视角帮助我找到了一种有效的"解毒药"，它能帮我对抗压抑、绝望和死亡的威胁。在我看来，这是通过认可获得疗愈。

第三部分

附录 实验和团体活动的建议

开始阶段的团体

1. 用名字和特质进行自我介绍（使用极性做实验）

你们手边准备好了纸（最好是 A3 纸）和笔，请挑选自己喜欢的颜色，把自己的名字写下来。现在请思考一下，你的名字的每一个字母对应的是你的什么特质，并把这些特质写下来。

比如我的名字 Josta：

jugendlich（这个德语词的意思是年轻的）

ordentlich（这个德语词的意思是秩序井然的）

strebsam（这个德语词的意思是有进取心的）

treu（这个德语词的意思是忠诚的）

aufrichtig（这个德语词的意思是正直的）

把第一个出现在你脑海里的词记录下来，然后在团体中用这些词进行自我介绍。

极性实验

自我介绍环节的下一步如下。

现在大家有机会谈一谈自己的阴暗面。请你们思考一下，第一个练习中出现的自己的特质有哪些反义词。

比如：守旧的、邋遢的、懒惰的、不诚实的、弄虚作假的。

接下来请找一位同伴，一起交流并且设想一下，如果真的按照这些特质生活，那你们的生活会发生什么样的变化？有没有什么会鼓励你们去按照这些特质生活？接下来，每个人在团体中再次介绍自己的同伴。

通过这个游戏式的练习，我们可以了解团体成员改变的愿望。

2. 想象自己是动物——投射

请每位成员挑选一个适合自己的动物。请大家花一些时间，仔细观察自己挑选的动物。

想象，你们就是这个动物。

你们动起来的时候是什么样子？

请大家模仿这个动物的样子动起来。

你们会发出什么样的声音？还是悄无声息的？

在动的过程中，请大家把这种声音发出来。

你们靠什么生存下来？你们吃的是什么？请表演出来。

接下来请回到自己的座位上，让这种体验沉浸下来。现在请大家想出三个特质，用它们来描述你们选择的动物，并在团体中用这三个特质介绍自己。比如：我是一只松鼠，我敏捷、害羞并且总是有周全的准备；或者，我是一条蛇，我会引诱他人、我可能会有毒、我悄无声息。

对成员们来说，在他们提到的这些特质里，有些是陌生的。而这可以成为进一步探索的契机。比如：

- 你反对引诱其他人的原因是什么呢？
- 如果你现在要去引诱现实生活中的某个人，那个人可能会是谁？
- 不那么强烈的面质干预方法是告诉他："不去引诱任何人，这一点你觉得很重要。"

然后先暂时这样。

3. 那时候，你是个孩子——投射

　　每位成员选择一个自己感兴趣的同伴。请你们以舒适的方式面对面坐着，感受你们的身体、你们的呼吸，让眼睛放松下来。在看着同伴的同时，潜入你们的白日梦中。你们的目光也可以时不时地从对方身上移开，你也可以闭一会儿眼睛。如果你们想笑的话，允许自己笑出来，然后继续沉浸到自己的白日梦中。

- 想象坐在你面前的同伴是小时候的他。
- 他的长相是什么样的？
- 他的头发是什么样的？
- 他穿了什么样的衣服？
- 他脸上有什么表情？
- 他喜欢玩什么？
- 他有兄弟姐妹吗？
- 他的父母是什么样的？
- 他住在哪里？在城里还是乡下？在别墅里还是租的房子里？
- 他是在贫穷还是富足的环境中长大的？
- 他有什么样的朋友？
- 或者他是个独来独往的人吗？
- 他在学校里表现得怎么样？
- 他最喜欢的科目是哪些？
- 他最喜欢吃什么？
- 他有宠物吗？
- 在他年幼的时候，是不是曾遭受过重大的命运打击？

- 他想成为什么样的人？
- 他是一个听话的还是没有教养的孩子？

自由发挥你们的想象力，也许你们想做一些笔记，这个过程大概会持续十分钟的时间。

接下来，可以向同伴描述一下你们的白日梦。如果能够连续描述的话，效果是最好的。在听对方的白日梦时候，同伴尽量保持扑克脸，面无表情。

然后你们两位可以讨论，确认这个投射中哪些核心内容是真实的，并且对其他的部分进行纠正。

在这个练习里，成员们经常会惊讶地发现他们的投射相当精确。同样，被投射的一方也会感到非常惊讶甚至会被吓到，因为他们单单从外表上就已经泄露了这么多的信息。

另外，从根本上来说，投射也意味着人们的预测会有不准确的地方，或者投射的内容是和自己有关的。团体成员很少会提及这个方面，在团体刚开始阶段我也不会多加干涉。

4. 我、你、你们

通过做这个简单的练习，团体成员可以学习把觉察聚焦在团体中不同的层面上。

花一些时间把注意力引导到你们的内部，有意识地觉察你们的身体，觉知你们的心情，以及此刻脑海里想着什么。

- 如果你们准备好了，请缓慢地环顾四周，在这里，和你们在一起的都有谁？
- 你们注意到了谁？
- 也许你们想告诉某人某件事，这件事也许是你刚刚注意到的，或者是你们本来就要找时间谈的，现在你们马上就有这个机会告诉他了。

- 现在让你们的视线分散开来，这样可以觉察团体这个整体。
- 同时关注你们的身体感受，你们的呼吸、冲动或者和整个团体有关的愿望。
- 也许你们能觉察到某个图像或者词，并用其恰如其分地描述这个团体。

你们可以对这三个部分都简单做一些记录：

- 关于你们自己的部分；
- 关于团体中某位成员的部分；
- 关于整个团体的部分。

想要分享的成员可以现在分享。

5. 空置的椅子

我在团体中有多重要？团体对我来说有多重要？

在"团体中的治疗过程"那一章我们介绍过，在初始阶段有些团体会缺乏约束力，这会妨碍团体的发展。在下文中我将给出关于如何让基础的团体动力变得清晰透明，以及让团体成员学习如何更好地意识到他们对团体成功的责任的建议。

如果团体中经常有成员缺席，我也会给缺席的成员保留他们的椅子，最好是放在他们平常坐的位置。在某个时间点，这些空置的椅子就会成为团体的一个议题。

也许有人想移开这些椅子，或者有人会为缺席的成员找一个多多少少能让人接受的理由，替他请假。其他的成员要么对这种解释表示理解，要么用行动表达自己的不满。逐渐就会出现截然不同的立场，比如说："本来今天我也更想去参加那个狂欢聚会。""对有人缺席这件事我完全无所谓。在这里，每个人都应该有这种自由。""我很烦有人总是缺席这事情。他们错过了很多东西，然后等他们再来的时候，我觉得有陌生感。"

出现这种讨论时，我会当主持人，我会支持成员用简明扼要的方式表达他们的立场，并且激情澎湃地捍卫自己的观点。大多数时候成员们会分化成两个阵营，我们可以对这个部分进行工作。

或者，有人可以坐到没有来的那位成员的位置上，替他发言。有一点需要注意的是，不要去谈论那位缺席的成员。

如果情况合适，我还会接着提出以下这些问题。

- 在团体中，你觉得对你来说重要的人是谁？他有多重要？
- 你觉得自己在团体中有多重要？你是如何体验到的？
- 你允许其他人成为对你来说重要的人吗？

此时，这个议题并没有到此为止。特别是当那些缺席的成员又回来的时候，就很明显能看出来事情还没有结束。这时候，团体成员想要进行直接面质，此时他们还需要一些支持，但是工作的基础已经存在了。当然，人们对约束力和规则的看法是非常稳定且不易改变的。为了给这个未完成事件画上句号，我们可以在团体里好好谈一下成员们的成长背景。

也许某个成员的父亲控制欲非常强，他不计一切代价要求大家遵守规则。在这种情况下，成员除了讨论团体的议题之外，还需要讨论和这位父亲的议题。

6. 寻找共同点和不同点

这个练习能在大型团体的初始阶段，帮助团体成员找到初步的方向。同时，这个练习也以游戏的方式引入了人类的差异这个重要议题。许多人认为差异是具有威胁性的，所以摒弃了差异。

团体成员在房间里走动，让自己的注意力在内外两个维度间转换，关注如下这些因素：

- 周围环境；
- 自己；
- 承载自己的地面；
- 自己的呼吸；
- 自己的重量；
- 自己的面部表情；
- 其他的团体成员等。

我作为团体带领者喊出一个代表着某个特征的词，成员根据这个特征组团。根据不同的团体，我可以选择中性的或者和生活相关的词汇，具体如下所示：

- 有伴侣——单身；
- 有孩子——没有孩子；
- 有工作——没有工作；
- 素食主义者——肉食主义者；
- 会弹钢琴，会弹吉他，参加了合唱团——认为自己没有音乐细胞。

团体成员也可以提出自己的建议。每次组团之后，成员们可以交流他们的共同点，并且有意识地觉察有谁和他们在这个方面是不一样的。

7. 排序和比较

当团体进行到后期阶段的时候，我们也可以采用这种定向练习的一个变式。成员们可以通过这个练习有意识地觉察并且清晰地看到我们时刻和他人进行比较的倾向。团体带领者必须清楚，无论哪种比较都可能引发一些团体成员的强烈感觉，团体中需要有空间去处理这种感觉。

请大家依据以下标准站成一排：

- 从个子最高的到最矮的；
- 从年纪最小的到最大的。

进行中的团体

1. 排序

在排序这个练习中，团体带领者也可以选择一些不那么清楚，并有可能会引发焦虑甚至羞耻的排序标准。在排序比较的过程中，如果团体成员能获得充满尊重的陪伴，并且能够公开谈及一些内在的部分，这明显会让团体氛围更轻松。

比如，可以谈论竞争、嫉妒这些属于我们人类本能的一部分议题，去体验并且整合它们。特别是成员们可以体验到强大的驱动力，让改变成为可能。

请大家依据以下标准对团体成员进行排序：

- 从团体中影响力最大的人到最不起眼的／最不引人注目的；
- 从团体中最受欢迎的到最不受欢迎的；
- 从团体中最富有的到最贫穷的。

进行这类比较时要注意选择恰当的时机，以及根据团体的情况调整实验。只有当团体中的某位或者多位成员自己提到这个话题，并且这个话题成为前景的时候，团体带领者才应该接着这个话题继续下去。这么做是为了避免引发成员不必要的羞耻感，让焦虑水平维持在可忍受的范围内。如果带领者想用不那么让人焦虑和羞耻的方法提问，可以这么问："在这个团体里，谁比你的影响力更大一些？"或者"谁是你生命里最有影响力的人？"

另外一个方法是使用团体里自发出现的比喻，比如："在这儿就像在鸡舍里一样。"我们可以立刻用几个道具把这个场景制造出来。

2. 团体是个身体

当团体已经进行了一段时间，成员的角色和互动模式已经固定了的时候，可以采用这个练习。

想象一下，你们的团体是一个人类的身体，有人类身体所具备的所有器官。

- 花一些时间想象这个身体。
- 好，你们是团体的一部分，也是这个身体的一部分。
- 你们是身体的哪个部分？你们有哪些功能？
- 拿出纸和笔，把自己的那个身体部分画出来。
- 把你们的身体部分放到一起。
- 身体已经拼在一起了，观察一下这个团体的身体。
- 你们注意到了什么？
- 每个人将自己当作身体部位进行发言，比如："我是这个团体的心脏，没有我你们活不成，你们也要通过我来传达爱意。""我是小脚趾，你们并不一定需要我。""我是大脑，我控制一切，掌握全局。"

对于不同团体来说，这个练习的后续也不一样。对团体带领者来说，这个练习是一个起点，它能让大家在互相接触的过程中体验到各自的团体角色，在一开始这是借助比喻（团体是个身体）实现的。接下来团体成员要把它转化为促进行动和改变的力量。

团体带领者也要关注系统里的三个不同层面。每句话对个体、团体以及特定成员之间的关系意味着什么？比如在团体层面上，需要注意和指出来的一点比如说：有哪些功能是没有人承担的？

这种探索如何继续进行下去就要仰仗团体和团体带领者的创造力了。

就像我在"移情和反移情"一章中指出的那样，仅仅是描述这个练习就可能让团体的焦虑指数飙升。在一个培训团体里，我们至少得准备半年时间，成员们才有勇气在团体里进行这种程度的自我展示。在这之前，处在团体前景的议题是对评价的羞耻和焦虑以及归属感。

3. 体验不同的接触功能（看、听、闻、尝、感受、声音、音调和语言）

格式塔强调重新发现我们感官体验的价值，这会丰富我们的体验，为我们提供重要的方向，并且感官体验是随时随地都可以直接获得的。想法、观念、主意、猜测、推断和诠释这些心理活动经常会让我们的注意力从那些显而易见的事物上转移，这可能会引发我们的困惑以及孤立和陌生的感觉。

接下来介绍的团体练习仅仅是我的一些建议，目的在于启发读者并进行多样化的拓展。这些练习要求成员直接关注团体中的此时此地，所以它们在团体的初始阶段或者中间阶段都适用。练习的目的在于通过训练习得内在的注意力，因此带有冥想的性质。

3.1 看

请你们在房间里走动，把注意力放到以下这些方面。

- 感受你们的身体。
- 感受你们的重量。
- 感受你们的脚和地面的接触。
- 感受你们的呼吸是顺畅的还是不顺畅的。

- 现在让注意力游离到外部。
- 用心观察。
- 让你们的视线随意地游荡，扫视周围。
- 你们可以允许自己的视线没有目标地游荡吗？
- 还是你们更想控制自己的视线？

关注：你们什么时候想把注意力重新放回到自己身上？

你们允许自己的注意力游移不定吗？

关注：你们什么时候又想看外面？那就去看吧。

- 你们发现了什么？
- 有没有东西或者哪个人是你们喜欢看的？
- 花一些时间去看。
- 你们可以不立刻说出那个东西或者那个人的名字，而只是观看吗？
- 现在花一些时间，把你们的注意力集中到形状和颜色上，这种感觉怎么样？
- 当自己被看时你们有什么样的感觉？
- 你们允许在看的过程中有接触／触碰吗？
- 你们能够坦然接受其他人的视线还是在回避？
- 无论是什么，去觉察它。
- 注意，当你们的目光变得呆滞的时候，重新扫视周围，或者把注意力重新放到自己身上，直到再次做好观察的准备为止。
- 当你们的呼吸变得疑滞或者比较浅，不太能被自己感受到的时候，要注意一下。
- 也许你们想把注意力放回自己身上，或者看一看窗外。
- 完全脱离和人们的接触。
- 集中注意力观察一个物体。

- 允许这些冲动，让它们发生。
- 我知道你们也许又想看团体中的某个人了。
- 关注团体中你想看的人。
- 有没有你不想看到的人？
- 你们能允许自己有这种认知吗？把它当作重要的发现。
- 现在在房间里找一个让你们感觉舒适的地方，把注意力集中到自己身上。
- 也许你们想闭一会儿眼睛。
- 现在找一位同伴，和他交流这种体验。

共同对这个练习进行评估的方法有很多种。团体带领者和成员可以先在表层上停留片刻。

"我喜欢看着你，你的笑容真温暖。"

"我之前做过这样的练习，现在看着其他人没之前那么难了。"

"我今天没有勇气看着别人。我最喜欢看窗外，当练习结束的时候我很开心。"

对带领者来说这种评估的主要功能是提供诊断性的方向，而团体成员从中获得了自我认识，学到了觉察的方法。在接下来的评估中，团体带领者也可以顺着个体成员的存在性议题，并用治疗的方式进行深化。有些反馈，比如"我不喜欢看着你，你的目光充满敌意"极有可能会让对方感到震惊和受伤，对于这种情况，带领者不应该置之不理。

带领者可以这样追问："你自己意识到了吗？"

如果问题的答案是肯定的，接下来带领者可以问："你知道这种敌意是针对谁的吗？"或者"你可以允许自己有这种敌意吗？可以用某个姿势强化这种敌意吗？你还能想到把这种敌意表达出来的一句话或者一个手势吗？"等问题。

3.2 听

保持一种舒服的姿势，这样你们可以坐得舒服些。

- 如果想闭上眼睛，那就闭上。
- 把注意力放到你们的身体上。
- 感受身体是怎样被托住的。
- 感受你们的体重。
- 感受你们的呼吸。
- 觉察吸气和呼气的动作。
- 想象一下，伴随着每一次的呼气，你们对自己的体重多了一点宽容。
- 也许你们有时候想换一下身体姿势，让自己能继续不那么费力地坐直。
- 现在把你们的注意力放到你们的耳朵上。
- 轻柔地按摩你们的耳朵，轻轻往下拉一下你们的耳垂，然后结束这次按摩。
- 现在把注意力集中到外面所有的声音和响动上。
- 现在也觉察一下内心的声音和音调。
- 让你们的注意力在内部和外部的声响之间来回摆动，一个瞬间一个瞬间地去觉察它们。
- 当你们的注意力分散的时候，注意一下。
- 把注意力缓慢地引导至所有的声响上，一个瞬间一个瞬间地去觉察内部和外部的声音和响动。
- 你们会注意到，有一些声音让你们觉得不舒服。
- 有一些是你们喜欢的。
- 有一些是中性的。
- 有意识地去觉察。
- 当你们的注意力不能集中的时候，注意一下。
- 把注意力缓慢地带回外部和内部的声响上。

- 当听到某种声响的时候，你们自动说出了是什么制造了这种声响，关注这一点。
- 也许你们内心立刻出现了一幅图像。
- 注意力转移到了回忆中，或者一种感觉中。
- 允许这些发生，给它们一些时间。
- 带着兴趣去觉察。
- 然后缓慢地把注意力再次放到外部和内部的声音和响动上。

你们现在可以睁开眼睛，感受一下刚才的体验。去找一位同伴，并和他分享这种体验。

在接下来的共同评估阶段也可以使用我们之前介绍的原则。根据团体成员的意愿和带领者的判断，可以选择先把反馈放在一边，或者也可以对这些反馈进行进一步工作。

重要的是，团体在接下来的进程中能够重新回到这种体验上，把它和之后发生的事件整合起来。

- "你听到我刚刚说了什么吗？"
- "当你听到他说这些的时候，你感觉怎么样？"
- "当她跟你讲这个事情的时候，你相信她吗？"
- "她刚刚说了什么？你能重复一遍吗？"

这些是我认为需要澄清团体成员之间关系的时候，经常使用的一些干预方法。让人惊讶的是因为没有在听或者听岔了，或者人们不相信他们真真切切听到的东西而导致接触中断的情况出现的频率很高。

像在练习里描述的一样，某些声响会触发回忆和感觉。团体带领者如果能直接捕获到这个点进行工作，这是非常有意义的，即使这可能破坏团体原先的框架。在团体的此时此刻中，那些经常出现的未完成事件、被打断的感觉和行动的冲动，可以被表达出来，进行完形，以及在和其他人生动的接触中进行讨论和整合。

例子：

我曾经有过这样的案例：一架飞过头顶的飞机让一位团体成员回忆起了她在战争最后几年的童年时光。她感到极度的恐惧，感觉自己又回到了防空洞里。

我让她描述当时的情况，小时候的她体验到了什么。结果她当时吓瘫了，感觉自己孤单一人，她的妈妈离她很远，手里抱着她的弟弟。

我问她在那时候最想做什么，在这种情况下她想要些什么。她回答说最想大喊大叫，想要妈妈抱住她并安慰她说一切都会好起来的。

若现在有一个有经验的团体，我们也许可以把这个场景现场呈现出来，让她实现这个愿望。

我们也可以继续跟随这个议题，询问她当感到害怕的时候会做些什么。是不是会象征性地大喊大叫，或者寻求帮助然后获得平静，还是仍然会因为恐惧而变得僵硬？

也许我和其他人以前就已经注意到，这位成员擅长让自己变成"透明人"。现在我可以借着这个契机反馈这个情况，从而和她建立接触。

也许她现在可以鼓起勇气第一次在团体里开始谈论她的恐惧，成为团体关注的焦点等等。

这种创伤性的体验对她的生活产生了重大影响，而对创伤的处理并不是靠一次工作就可以完成，这点是毋庸置疑的。

这种核心的生命议题可以通过简单的觉察练习在前景中呈现出来，并且可以通过体验来进行整合，我觉得这非常有意思。直到这次为止，这位女性来访者只讲述了她在战时的经历，而没有提到她体验到的强烈的恐惧和孤单。

3.3 闻

大多数人的嗅觉非常敏锐，嗅觉在我们的生活中至关重要。当饭菜腐败时，嗅觉可以提醒我们不要食用以免食物中毒；或者当我们粗心忘记关炉灶时，它可以保护我们免遭火灾。气味可以是愉悦的、令人振奋的、刺激食欲、放松甚至有让人兴奋的作用。它也可以是讨厌的、让人不适的、刺激的、让人作呕和感到恶心的。气味可以唤醒那些早就被遗忘的回忆，以及与回忆相关的感觉。嗅觉器官告诉我们，我们可以闻到谁的味道，但是也让我们知道，我们不想和谁接近或者甚至"不想闻到谁的味道"。

如果我们不喜欢另外一个人的气味并直接表达出来，这会被认为是不礼貌的。就像直接告诉别人我们不喜欢他一样，这也是个禁忌，会伤害对方。似乎只有在相互信任的关系中，比如在父母和子女之间，在亲密的朋友和伴侣之间，指出对方的气味让人不适这件事才是恰当的。

所以只有在成员已经比较相互了解，并且在团体中已经形成了善意和信任的整体氛围的情况下，我才会使用下面介绍的这个练习。我会根据对风险的接受程度和具体情况调整这个练习的开放度和直接程度。

请你们在房间内走动，把注意力先放到自己身上，具体方法如下。

- 有意识地感受和地面的接触，感受地面是怎样承载你们的体重的。
- 感受你们的呼吸。
- 感受你们的面部表情。
- 觉察和你们一起在这个房间里的都有谁。
- 现在把你们的注意力放到你们的鼻子上，这是你们宝贵的嗅觉器官。
- 也许你们想按摩自己的鼻子。
- 感受你们鼻子的活力。
- 像狗一样嗅一嗅。
- 非常缓慢地深吸气，就像要抓住什么蛛丝马迹一样。
- 现在有意识地觉察这个房间里的各种不同的气味。

- 可以是物品的气味。
- 可以是其他人的气味或者你们自己的气味。
- 允许自己有意识地去嗅嗅闻闻，并且接受那些气味。
- 注意觉察你们是怎么评价这些气味的。
- 你们觉得哪些气味让人感觉舒服，哪些气味让人感觉不舒服。
- 也许你们觉得闻物体的气味会比闻其他人的气味更容易些。
- 关注你们的边界，尊重彼此。
- 花一些时间去闻。
- 如果你们失去了和自己的接触，关注这情况，然后把注意力暂时重新集中到自己身上。
- 之后把注意力再次转向外界，跟随着你们鼻子的兴趣。

如果你们愿意，现在可以互相交流。也许你们可以先从物体的气味开始讨论，邀请其他人加入自己的探索气味的过程中。也许你们也想告诉对方自己觉察到了哪些气味，你们可以探讨这些气味是让人感到舒适的还是不适的。

- 在自己身上感受一下反馈带来的影响。
- 用一些时间和对方分享，反馈给你们带来了什么？
- 也用一些时间去倾听，你们的反馈对对方产生了什么影响。
- 也许你们担心自己的反馈会伤害他人。

最后，找一位你想与之分享体验的同伴。在你们开口说话之前，先让自己的体验安静地持续作用一段时间。

根据我的经验，这个练习会引发个体强烈的兴奋感，但也会让某些人感到尴尬，会让重要的议题浮现到团体的前景中。在这里也建议安排足够的时间，这样可以使团体成员有机会整合自己的体验。

3.4 尝

我们的味觉和嗅觉器官有紧密的关系，并且同样对我们有很重要的作用。另外，味觉也对我们的美学感受，以及更深一层即对我们的好恶有深刻影响。

在我们的文化里，在孩童时期就有旁人会干涉孩子的个人口味要怎么发展。所以人们频繁出现进食障碍，或者因为失去方向、找不到意义而遭受折磨，出现这样的情况也不足为奇了。在味觉这方面也有许多礼仪规矩，比如当不喜欢吃某样东西时，人们不能很明显地表现出来或者采取行动。如果人们习惯了总是要遵守礼仪，那很快就会失去自己的味觉。

下面介绍的练习也应该根据团体当下的具体情况加以改动。

团体成员或者带领者在下一次团体会面的时候准备若干种食物，并像自助餐一样将食物摆开。

- 请在房间内走动，觉察不同的食物。
- 觉察食物的形状和颜色。
- 它们的质地、气味。
- 感受你们对这些食物的共鸣。
- 你们有食欲吗？
- 嘴里分泌唾液了吗？
- 还是这些其实对你们是无所谓的？
- 你们觉得恶心吗？
- 还是在看这些食物的时候，喉咙有紧锁感？
- 还是你们的身体发出了另外一种清晰的"不要"的信号？
- 花一些时间在这个初步的印象上。
- 现在挑选一种你们认为自己会喜欢吃的食物。
- 调动你们所有的感官近距离接触这种食物。
- 现在尝一小块，像在品酒一样有意识地觉察食物的香气。
- 味道真的像你们期待中的一样好吗？

- 或者你们感到失望了吗？

- 你们想把这种食物放下来吗？

- 或者你们感觉有义务要把它吃完吗？

- 如果合口味的话，你们可以花时间去享受它吗？

- 还是你们觉得要赶快吃完，然后再去多拿一些呢？

你们现在可以再试吃两次。

- 你们是选刚才的食物还是想试试其他的食物？

- 感觉一下，你们现在想要什么？

如果情况允许的话，你们可以邀请另外一位成员尝一下自己最爱的食物。

- 尊重彼此，注意你们的边界。

- 花一些时间感受一下食物给你们留下的初步印象，做个决定：

  - 你们想不想试吃？

  - 用一些时间，带着意识去品尝，决定要不要吃完。

和你们的同伴待在一起，安静地感受这种体验。然后可以和同伴交流。

在分享的过程中，团体带领者应该做好准备，这个练习可能会触发一些成员的强烈感觉。即使不对这些感觉进行深入工作，也需要留出足够的时间觉察这些问题的存在，这很重要。

这个练习可能会进一步引出进食障碍这个议题，在格式塔中我们把它看作接触障碍，就像大多数其他的非器质性障碍的症状一样。进食这个过程是个典型的和环境交流、接触的过程。味觉也和我们内射的倾向（即不加思索就接受信息、价值和信念的倾向）紧密相关。

这个练习也可能会引发某些成员的羞耻感，甚至是惊恐反应。因此在介绍练习时，带领者要支持成员关注他们的边界。我曾经遇到过成员在做这个练习的时候逃出房间的情况。之后我们发现，她一直回避在公众场合进食。这严重限制了她并且降低了她的生活品质。

或者一些成员会由此发现共同的议题：负面的自我价值感，这和身材以及屡次失败的节食计划有关。带领者可以继续跟随这个和羞耻有关的议题。

3.5 感受

感受指的是对我们的身体感受和感觉尽可能不经过认知加工的直接体验。人们经常只是在猜自己感受到了什么，而且常常会把想法、主意和他们在当下可能体验到的感受和感觉混为一谈。

我可以说"我生气了"，但实际上并没有感受、感觉到这种愤怒或者把它表达出来。这种情况可能是因为我想控制自己而作出的有意识的选择。但这也可能是一个自动化的模式，这种自动化似乎剥夺了我的控制权。如果我有意识地关注这一点，就会体验到一种陌生的感觉，对自己的感觉以及身体感受感到陌生。这个现象很普遍，特别是在团体刚开始阶段会在成员身上经常出现。

下面的练习采用了冥想的方式。在练习中我们学习的是先自己带着意识、带着区分度觉察在我们内部发生不同的过程。其中包括觉察身体感受和感觉。通常在练习过程中不会发生什么特别的事情，但是也可能会出现强烈的情感反应，带领者应该有所准备。刚开始的阶段建议冥想的时间不要超过 20 分钟，并且在各个小节之间要安排较长的休息时间。

单人练习

找一个舒适的位置坐下来，确保自己的身体在这个位置能得到很好的支撑，可以坐直，呼吸保持自由通畅。如果有需要可以变换姿势，不需要坐着一动不动。

- 把你们的注意力缓慢地带到内部。
- 你们也可以闭上眼睛。
- 你们也可以半闭或者睁着眼睛，保持你们感觉最舒服的状态。
- 有意识地觉察你们和地面的接触，地面是怎样承载你们的。

- 感受你们的手臂和腿是如何摆放的。

- 感受你们的臀部和背部是如何被撑起来的。

- 感受你们的头部是如何被撑起来的。

- 感受你们的面部表情。

- 感受呼吸。

- 感受你们吸气和呼气的动作。

- 感受在吸气的时候身体是如何略微扩张的。

- 在呼气的时候是如何略微收缩的。

- 现在跟随着吸气和呼气的动作。

- 不需要做其他的事情。

- 只需要和你们的一吸一呼同在。

- 当你们的注意力分散的时候，关注一下。

- 也许有一些想法出现在前景。

- 允许它们出现片刻，带着兴趣去觉察。

- 过一会儿，让它们像天空中的云一样飘过。

- 把你们的注意力再次放到呼吸上。

- 觉察自己的呼吸。

- 当注意力分散的时侯，关注一下。

- 也许你们的前景里会浮现一些内在图像。

- 允许它们出现片刻，带着兴趣去觉察。

- 过一会儿，让它们重新回到背景里。

- 把你们的注意力再次集中到呼吸上。

- 觉察自己的呼吸。

- 当注意力分散的时侯，关注一下。

- 也许你们的前景里会出现一些身体感受。

- 感受可能是舒适的，比如温暖或者流畅涌动。

- 或者是不舒适的，比如充满压力、拉扯感或者疼痛感。
- 伴随着兴趣和感受待一会儿。
- 并把你们的注意力再次缓慢地放到呼吸上。
- 觉察自己的呼吸。
- 也许你们的前景里会出现一些感觉和情感。
- 允许它们出现片刻，带着兴趣去觉察。
- 把你们的注意力再次放到吸气和呼气上。
- 你们不需要做其他的事情，只需要允许事情自然发生。
- 当注意力从此时此刻溜走的时候，关注一下，并且把它轻柔地再次引导到你们的呼吸上。

觉察，在什么时候

- 前景里浮现了想法、身体感受、感觉和情感。
- 让它们在片刻之后重新回到背景当中。
- 把你们的注意力再次轻柔地放到呼吸上。
- 感觉吸气和呼气的动作。
- 当注意力从当下转移的时候，关注一下。
- 把它轻轻地再次引导到你们的呼吸上。
- 现在你们可以把注意力重新带回房间里。
- 有意识地活动一下脚和手。
- 你们现在可以尽情伸展、活动、长舒一口气。
- 然后睁开眼睛，有意识地环顾四周。
- 你们在哪里？
- 和谁在一起？

根据经验，练习结束后，成员不会想立刻就进行分享。团体带领者应该给他们时间，等成员自发地感觉到想重新和外界进行接触，以及分享相关体验。

　　许多人在一有旁人参与的情况下就会中断和自己的接触。他们的思想被其他人占据了，比如是否给对方留下了一个好印象，以致几乎无法感受到自己，也不知道自己的感觉。

　　因此在和其他人的接触过程中，扎根和保持自己的中心很重要，这有助于继续保持和自己的接触。针对这个情况可以做以下的练习。

同伴练习

请你们找一个自己感兴趣的同伴，面对面坐着。

- 花一些时间，首先把注意力集中在自己身上，停留片刻。
- 感受你们的身体。
- 感受地面是如何承或你们的体重的。
- 感受你们的呼吸。
- 感受自己吸气和呼气的动作。
- 感受你们现在有什么感觉。
- 你们的心情怎么样？
- 现在你们的头脑里在想着什么？
- 什么让你们感到触动？
- 现在，你是如何待在这里的？
- 如果准备好了，把你们的注意力缓慢地转移到对方身上。
- 带着意识去觉察这种转移。
- 你们还能感受到自己吗？
- 还可以接触到那些触动你们、萦绕在你们脑海中的事情吗？
- 还是已经忘记它们了？
- 你们可以把注意力再次放回自己身上，直到可以清楚感觉到触动你们和萦绕在你们脑海中的是什么为止。
- 也许此刻已经发生了改变。
- 然后慢慢地把注意力重新放到对方身上。

- 觉察你们可以看见什么，但无须用力盯着。

- 让眼睛放松。

- 觉察它是如何触动你们的。

- 在你们身上引发了哪些感觉和想法，然后继续觉察。

- 如果你们已经感受到了这种冲动的话，把注意力再次缓慢地集中在自己身上。

- 你们现在感觉到了什么？

- 觉察到变化了吗？

- 现在用大概五分钟的时间，让注意力在你和同伴之间来回转移。

- 当你们可能用力过度，并想把所有事情都做对的时候，注意一下，要明确你们所做的一切没有对错。

- 你们可能会发现自己很难保持开放的态度。

- 最后花一些时间，继续感受这种体验。

- 现在你们可以互相交流了。

对于之后的反馈，团体带领者可以先放在一边或者接着这些反馈，对它们予以进一步深化。反馈经常能帮助咨询师诊断出有哪些习惯性的接触中断，并提供方向性信息。比如经常能听到："我知道怎么做这个练习，这次练习中我的表现好了很多"，这句话暗示了反馈成员的以自我为中心，他回避体验新的相遇，回避卷入接触中，并且感到骄傲，他没有因为准备不足而慌乱和措手不及。

像"被盯着看这么长时间，我觉得很难忍受"这样的描述暗含着投射，投射的是自己的幻想，个体会认为对方也会像他自己贬低自己一样贬低他。投射的内容还包括回避用自己的眼睛去对他人作出评判。

团体可以对这些接触中断进行工作，成员们可以在带领者的干预下彼此靠近，真正地了解对方。

当然还有许多其他方法可以让人们重新学习感受。比如可以在运动和触动中感受自己。重要的是不要让这些体验孤立地散落在单个的练习中，而是把它们整合到团体的体验中。

3.6 声音、音调和语言

声音、音调和语言是我们人格的重要组成部分。它们能够透露很多关于我们的信息。比如我们是用声音、音调和语言来展示自己还是隐藏自己。我们可以通过它们来自我表达，主动寻求接触，或者扼杀、压抑、克制、强迫及阻碍自己。

接下来的练习一方面会让我们对语言和声音的觉察变得更敏锐，另一方面也会支持我们进行自由表达和团体能量的流动。

团体音调

这个练习更像是一种游戏。它为团体成员创造了一种能让他们有意识地觉察其他人的声音的氛围。这个练习也可以有诸多变化，我也建议读者们经常对此练习做些改动，从而进一步激发带领者对团体的兴趣。

请在房间内走动，把你们的注意力完全放在自己的动作上，并且感受这个动作符不符合你们当下的感受。

- 有意识地觉察你们的身体，是感到愉悦还是紧张？
- 你们的心情怎么样？
- 现在用一个音调表达这种心情。
- 或者也可以用几个音调来表达。
- 发出符合你们的心情的声音。
- 当你们在房间内走动的时候，用音调去靠近另外一个人。
- 那个人现在可以听到你们的音调，你们也能听到他的音调。
- 你们可以保持自己的音调吗？
- 音调和谐吗？
- 还是不和谐？

- 做个实验，让音调变得和谐。

- 然后离开对方。

- 寻找另外一个成员并听他的音调。

- 让他听你们的音调。

- 你们可以保持自己的音调吗？

- 音调和谐还是不和谐？

- 做个实验，让音调变得不和谐起来。

- 然后再次离开对方。

- 现在让你们整个团体的各种音调彼此和谐起来。

- 认真听。

- 你们是在适应其他人吗？

- 还是等待其他人来适应你们？

- 现在音调渐渐变得不和谐。

- 慢慢来，不要失去和你们身体以及地面的接触。

- 请你们在和谐与不和谐之间来回移动。

- 感受这对你们有怎样的影响。

- 把你们的音调逐渐降下来。

- 花一些时间，去感受。

与一位同伴交流这种体验。

在团体的体验交流阶段，我们可以先将反馈暂时搁置，或者也可以接着这些反馈进一步深化。

有些时候这个练习会引发强烈的感觉，所以需要预留充足的时间。有些成员对不和谐的音调容忍度极低。他们大多都曾经经历过暴力和虐待。如果团体工作框架允许的话，我们应该把全部的注意力放在这些没有得到处理的体验（即未完成事件）上。

我们也可以用游戏的方式经常做这个练习，由此一些团体成员就能在团体的保护下克服他们常见的障碍，这样的体验对他们来说是一种解放。他们可以用大声、走调的音调表达出自己易激惹的敏感，并且这种声音会被团体听到。

另外，这个练习也会带来一个重要的团体议题：个体成员对团体的和谐以及不和谐抱有什么样的态度？迄今为止，他们在团体里有哪些关于和谐以及不和谐的体验？他们能够听出来不和谐的或者掩饰过的声音吗？他们相信自己的觉察吗？

4. 行走中的冥想

我是在多年前参加的一个周末内观（Vipassana）工作坊上第一次接触到这种带着意识行走的形式的，而且当时我也认识到了这个练习的价值。我必须承认自己对这个练习绝对没有一见钟情。当以慢到折磨人的速度走前几圈的时候（记得当时是用 30 分钟走 4 圈）我心里在骂脏话并想着一分钟都坚持不下去了。接着，那个周末我又练习了两次，我慢慢地能坚持下来了。半年之后我报名参加了一个太极课程。因为我知道在这个课程里可以每周都参加这个行走中的冥想。以上是我给大家的一些提醒，同时也是诱饵。

这个练习需要一个大房间（至少 40 平方米）。理想情况下可以脱鞋，但是也并不一定。像我之前介绍的一样：所有人以非常慢的速度绕圈走，所有人都朝着同一个方向走，具体步骤如下。

- 以画圆弧的方式，将你们的重心有意识地从一只脚转移到另一只脚上。
- 你们的双腿可以稍分开些，这样可以较好地保持平衡。
- 手臂自然地在身体两侧下垂。
- 像平时一样挺直腰背地行走，抬头，下巴稍稍收一些，这样你们的后颈可以略微伸展。
- 把全部注意力放在你们的步伐上。
- 感受自己的呼吸，带着意识吸气和呼气。

- 找到自己的节奏和韵律。
- 当发现注意力分散的时候，把它缓慢地带回你们的步伐上，将重心从一只脚转移到另一只脚上，关注呼吸。

如果你是第一次和团体做这个练习，建议不要超过 15 分钟。练习中会有些成员提前退出，或者真的无法慢下来，行走速度相对较快的情况。在接下来的反馈环节，我很重视他们这种宝贵的体验。当我问他们，在这样缓慢行走的过程中他们体验到了什么的时候，大多数时候我听到的答案都是体验到了内心的不安。这是一个可以接下来进行探索的兴趣点。

这种放慢速度的基础练习非常有价值。因为慢下来是觉察的重要前提，而觉察是格式塔工作的核心元素。

5. 带领和被带领

主动带领和被其他人引导带领这两种能力都是重要的。我们可以从下面的这个练习里直接体验到自己在哪种角色里会感到更舒适。

同伴练习

在房间内走动，花一些时间有意识地觉察自己，你们感觉怎么样？呼吸怎么样？和地面的接触怎么样？

- 找一位同伴。
- 面对面站着。
- 伸出手臂，把你们的手靠着对方的手并排放。
- 把你们的全部注意力放到这次相遇上。
- 聚焦在这次接触上。
- 你们还能顺畅地呼吸吗？
- 你们还能很好地感受自己的身体，感受到它是如何被地面承载的吗？

- 为了能够在房间内走动，你们的手臂和手的姿势发生了什么改变？
- 现在一起慢慢穿过整个房间。
- 你们其中一位是带领者，但不要事先商量。
- 其中一人让对方带领自己。
- 把你们的注意力不断放回自己的呼吸和身体感受上。
- 如果你们愿意的话，现在可以交换角色。
- 带领者现在是被带领的那位，而被带领者现在去带领对方。
- 有意识地觉察这个交换角色的过程。
- 你们的呼吸发生了什么改变？你们的身体感受发生了什么改变？
- 这个交换过程中你们有什么体验？
- 现在你们可以做个实验，两个人都是带领者。
- 这时，也把你们的注意力放在呼吸和身体感受上。
- 你们体验到了什么？
- 现在尝试一下，如果没有人带领会怎么样？
- 你们体验到了什么？
- 现在和你们的同伴告别，一个人在房间内走动，跟随着感觉。

这个练习特别是最后一部分通常很有意思。在接下来评估阶段会出现许多"啊，原来是这样的体验"这种反馈。有时候，这是团体成员第一次认识到他们会习惯性地选择哪个角色，也许他们能够尝试一下完全不一样的角色或者至少对另外一个角色感到好奇。

同时，成员也会意识到和这个议题相关的焦虑，比如说非常不信任和不放心自己被其他人引领，或者相反，害怕为其他人承担责任。

即将结束的团体

1. 过往经历中的告别和分离

团体成员一生中在告别和分离这些议题上的经历各不相同。在新的告别情境中，这些过往的体验会以背景的方式产生影响。这个练习能帮助人们更好地意识到这种影响，并为新的体验创造空间。正如我之前多次强调的一样，进行练习的前提是良好地扎根和保持自己的中心，并且带领者要预留足够的时间，从而让因为受到刺激而出现的回忆和感觉能够被表达出来并进行整合。

花一些时间回到你们童年的记忆中。

- 你们能回忆起哪些告别和分离？
- 能想起来的多吗？还是不太记得了？
- 你们能回忆起和这些告别和分离有关的感觉吗？你们能给这些感觉一些空间并感受它们吗？
- 这些感觉是非常混杂的吗？
- 还是其中有一种感觉特别突出？
- 你们现在可以关注这些感觉，并且和它们一起待一会儿吗？
- 或者你们觉得自己有回避它们的倾向？
- 还是这些感觉似乎很快就消失了？
- 在你们的周围环境中，哪些人或者哪些事曾经帮助你度过了这次告别？
- 哪些是没有帮助的？
- 你们当时缺少什么？你们希望有什么？
- 这种体验对你们到目前为止有什么样的影响？

现在带着回忆走到你们的青少年和青年时代。在这段时间也出现了分离和告别。

- 让一些画面在你们眼前浮现。
- 觉察这些画面里包含的感觉。
- 这段时期里，有没有你们自己觉得处理得很好的告别事件？
- 哪些人或者哪些事帮助你度过了这次告别？
- 有没有哪次分离是你们现在仍然不能摆脱、觉得处理得不好的？
- 因为你们的强烈情感从来没有被表达出来，所以你们无法消化这个事件（这是个典型的未完成事件）。
- 当时有哪些人或者哪些事让告别无法顺利进行？
- 你们当时缺少什么？当时你们希望从环境中得到什么样的支持？
- 现在带着回忆走到刚刚过去的几年，这段时间里也发生过激烈的分离和告别。
- 哪些事情对你们来说是最重要的？
- 让一些画面在你们眼前出现。
- 对你们来说，在哪次告别当中你们虽然经历了痛苦，但是仍然处理得不错的？
- 哪些人或者哪些事是有助于你们处理告别的？
- 有哪些告别因为还有未完成事件，导致你们仍然不能真正完成告别？
- 你们当时需要什么来更好地处理这次告别？

如果现在回顾整个成长史，你们发现自己在处理分离和告别上有什么样的改变？以及分离和告别带来的感觉发生了什么变化？

- 用一些时间，用关键词记录你们的体验。
- 然后找一位同伴进行交流。

像在之前的章节中提到的那样，你现在可以和一些团体成员对他们过去没有完形的告别进行工作，这是示范工作。在培训团体里，你还可以和团体成员一起列举有助于哀悼这一过程的因素，以及哪些因素是起阻碍作用的。

这么做存在的风险是，你作为带领者设立了一个正确哀悼的标准。有一些科普类的文章，以及那些介绍成功的哀悼过程包含几个阶段的专业文献，都为这种标准化添砖加瓦，提供了帮助。关于这一部分，比如格式塔治疗师朱迪·塔特鲍姆（Judy Tatelbaum）在她的书里做了清晰的描述。我经常遇到来访者内化了这些标准，而矛盾在于，这却导致了哀悼过程中的阻滞。只有把哀悼阶段模型看作一个工作假设的可能性的时候，它才是有所裨益的。咨询师可以将这个模型当作定位系统，观察来访者在哀悼过程中可能回避了哪些事情。但是，格式塔工作的基本思想是对每位来访者的独一无二的创造性适应感到好奇，并且在现实的接触中检验这种创造性的功能。

2. 共同回顾团体的历史

有时候我会在团体即将结束的时候提议做这个练习，但是不会在最后一次的团体会面中做。我会邀请成员在练习之前进入状态，动一动，让自己"扎根"。

现在请你们围成一圈坐在地上，有意识地选择你们想坐在谁的旁边。

- 把眼睛闭上片刻，觉察，你们现在在这里感觉怎么样？
- 花一些时间，让你们这个团体共同的故事像电影一样在你们的眼前播放。
- 你们觉得有哪些高光时刻？
- 团体中有哪些非常重要的时刻以及危机？
- 现在你们可以睁开眼睛了。

现在我邀请你们来讲述这个团体的故事，这个故事像神话或者童话一样，里面有国王和公主，有等待被发掘的宝藏和需要克服的困难，有好人和坏人，结局基本都是美好的。

讲故事的顺序是按照座位顺序决定的。如果有成员不想说的话，可以把发言机会交给下一位。

我起个头："在很久很久以前，在一个很远很远的地方……"

通过这样一种陌生的形式，团体可以用游戏的方式重现他们自己的故事，并看到在团体成员的共同成长和一起学习的过程中，每位成员作出的贡献。在这个练习里，重要的事情还包括给接下来的共同评估和澄清过程留些时间。

3. 共同回顾每个人的内在旅程

这个配合引导的回顾历程的练习适用于团体最后一次会面。

现在大家回想一下你们第一次来到这个团体的场景。

- 你们当时有哪些目标、期待、希望或者是担心？
- 你们对这里的第一印象是什么？
- 对你们来说，团体里有哪些重要事件？
- 什么人和什么事让你们特别感动？
- 你们在这里做了哪些特别冒险的事情？
- 哪些事情是你们付出了特别大的勇气去做的？
- 你们可以觉察到自己发生了什么变化？
- 从那之后，你们的生活发生了什么改变？
- 你们对这里的哪些方面感到特别满意？
- 你们不太喜欢哪些方面，或者哪些方面让你们感到愤怒？
- 其中哪些事情是你们当时能提出来的？
- 还有什么事情是还没有完成的？
- 如果你们想给自己在这个团体里的内在旅程起一个标题，这个标题会是什么？
- 请把这个标题写下来……

- 并且画一张与其相配的图。

每位成员先看一下所有的图，并且听一听标题的相关介绍。接着，成员们可以组成小组，把这个内在旅程故事的核心内容简单地表演出来。这种方式会让人印象深刻，适合用来盘点长程团体工作的收获。

4. 最终反馈和评价

在长程的团体比如培训或者治疗团体中，对成员来说获得不同层次的和自己的个人发展有关的反馈是很有价值的。

治疗团体中的反馈首先是着眼于可以觉察到的个人的改变，而在培训团体中也会涉及专业相关能力的拓展。另外，团体作为一个整体也获得了发展，变得更成熟，每一位参与者都用自己独特的方式作出了贡献。

在介绍反馈环节的时候，你作为团体带领者可以提醒成员反馈应该是有建设性和指向性的，并且应尽量避免造成自恋受挫和羞耻。如果团体成员从刚开始就通过示范学到互相给出和接受不偏颇的反馈的话，发生这种事情的风险也会小一些。

采用书面方式进行反馈可以节省时间，并且这种接触是相对间接的。成员可以把反馈写在墙上的白板纸上，或者把纸贴在成员的后背上，在音乐声中把反馈写下来。反馈可以是完全不受限的，也可以是结构性强一些的。一个有层次的反馈包括以下这些视角：

- 你的个人发展。
- 你作为团体成员的发展。
- 你对团体作出的特殊贡献。
- 你作为咨询师的特殊品质。
- 我非常欣赏你的那些部分。

- 你让我感到惊讶的部分。

- 我对你的愿望。

- 你让我印象深刻的部分。

就像之前说的那样，上面列举的这些都只是例子。你作为团体带领者可以带着成员一起拟订反馈的计划。成员们认为从哪个角度出发给出最后的反馈是有意义的、有帮助的？他们希望是什么形式的反馈？

特别是当团体规模相对比较小的时候，可以直接坐成一圈给出反馈。这种体验张力更强，而且对许多人来说直接给予反馈和接受批评比较困难。

如果想创造更多的安全感，可以选择"集市"这个练习，即成员们在房间里自由走动，去找其他人，和他们做最后一次交流。比如，反馈都可以用这句话开头："在最后我还想跟你说的是……"通过这样的方式，团体带领者有意识地允许成员再去澄清一些难以说出口的事情。练习的引导词如下。

- 现在请大家意识到，你们可能永远也不会和这个人再见了。

- 最后，你们还想说什么？或者问什么？花一些时间觉察还有哪些事件是未完成的？你们是不是想把这些事提出来？

最终评估中的自我评估是相当重要的，在这个部分可以采用如"共同回顾每个人的内在旅程"这种练习。

当团体即将结束，而自我觉察和他人对自己的觉察仍然有很大差异的时候，情况会变得棘手。成员如果还有许多盲点，很有可能会感受到自恋受挫。这时候，特别重要的是牢记之前介绍的反馈原则。特别是要基于具体的、可理解的觉察给出反馈，这样更容易让人接受。

5. 团体的告别仪式（告别礼物，告别式上的声音按摩）

团体带领者和团体当然可以共同创造出各种各样的告别仪式。有一些告别仪式是我特别钟爱的，我将主要介绍其中两种。这些仪式不适用于所有团体，并且我会经常更倾向于选择成员们选择的仪式。

一份告别礼物

这个告别仪式适用的团体规模不应该超过 10 个人，否则过程拖得太长，容易让人疲惫。

花一些时间，有意识地再去看一次团体，将自己和每位成员一起度过的时光像电影一样放映出来。告别的时候，你们可以在想象中给每个人准备一份合适的礼物，礼物是你根据自己对这个人的了解来选择的。它兼具实用性和象征性的价值，收到的人会感到开心。现在请你们把想送给每个人的礼物写来下，然后按照座位顺序，把礼物交给他们。

在这个告别仪式结束的时候你应该留出一些时间，让成员们可以继续感受这种体验，并且留出空间以便他们提问或者表示感谢。

告别式上的声音按摩

这个练习是我在英国参加吉尔·佩斯（Jill Purce）的研讨课上第一次了解到的。这个练习让我深受触动，也让我充满活力。这个告别仪式只适用于 10 人以上的团体，成员应该对用声音进行工作比较熟悉。在开始之前，我总是会询问大家想不想参与，只是倾听也算是参与。只要有一位成员表示不愿意，我就不会采用这个练习。

我们现在围成一圈坐在地上。你们每个人都可以有一次机会走到中间，躺在毯子上，或许也可以闭上眼睛。

- 我们其他人唱出躺在中间的那位成员的名字。
- 尝试用不同的音调、旋律和音量，同时，也去听听其他人的声音。
- 你们在这里做的一切都是正确的，不用担心自己会犯错。
- 感觉自己体内的共鸣。

- 想象，你们可以怎样用自己的声音去接触那位接收这份"礼物"的成员。
- 继续，直到你们有想停止的冲动为止。
- 花一些时间，静静地感受。
- 然后，下一位继续。

和所有的练习一样，重要的是要预留充足的时间。练习结束之后会有个简短的反馈圈活动，成员们将有机会互相交流他们的不同体验。

当团体对我发出明确邀请，并且这是个成熟团体的时候，我也会偶尔走到中间躺到毯子上。只有在这时候我才会暂时离开负责观察的位置。不过，我总会参与合唱的环节。用这种非言语的方式有意识地和每个人告别让我心生愉悦。

对戈登·惠勒的采访 ①

戈登·惠勒（Gorden Wheeler）来自美国得克萨斯州，曾在波士顿居住了40年。他有8个已经成年的孩子和2个孙辈。惠勒拥有30年从事格式塔治疗师的经验，工作对象既包括成年人也包括儿童，他提供个体和团体治疗，曾经在医院和私人执业的诊所里工作。6年前，他定居在加利福尼亚州的伊莎兰（Esalen），也是在这里认识了他现在的妻子。戈登·惠勒是伊莎兰学院的院长。几年前他不再从事治疗师的工作，之后只带领培训团体和督导团体。

戈登·惠勒在20世纪70年代学习了临床心理学，方向是儿童和发展心理学。他还在美国国家训练研究所（National Training Laboratories）学习了团体动力和库尔特·勒温（Kurt Levin）的场理论，并因此第一次接触到格式塔治疗。他的格式塔培训是在克利夫兰的格式塔学院（Gestalt Insitut in Cleveland）

---

① 这个采访中，GW 代表 Gorden Wheeler，JB 代表本书作者 Josta Bernstdt，SH 代表本书作者 Stefan Hahn.

完成的，其中最重要的培训师包括比尔·沃纳（Bill Warner）、埃德·内维斯（Ed Nevis）、约瑟夫·津克（Joseph Zinker）和伊萨多·弗洛姆（Isadore From）。这个长程培训包括格式塔团体工作和团体不同发展阶段的经典团体动力模型。

2006 年 5 月在德国富尔达举行的德国格式塔治疗协会大会上，我们对戈登·惠勒进行了采访，下面是这次采访内容的节选。

关于完结的格式塔的原则

GW：在团体工作方面克利夫兰格式塔学院提出了一个完结的格式塔的概念——工作单元（a unit of work），我觉得它非常有用。

在工作团体或者管理层会议上经常会出现的情况是一个话题被打断。如果事情没有结束，不能让每个人都说："好的，我已经把我认为重要的东西都说出来了。我们找到了一个好的解决方法"，那么能量就会消退，团体就无法准备做下一个任务，这会导致团体局面的模糊不清。

有可能是因为团体之前发生过争吵或者气氛紧张，能量被束缚住了；但是也可能是成员想隐瞒某件事情而在回避；或者是他们因为担心会吃亏，不想继续进行下去；或者是团体里笼罩着未知和不确定，然后能量就流走了。

作为父亲、兄弟和爱人的咨询师

四十岁左右的时候我开始被投射为父亲，而在这之前我更多地被投射为兄弟或者爱人。现在我被看作好的或者有威胁性的父亲，我觉得这很有意思，并且这让我的工作变得更丰富，也更有利于我的工作。

如果年轻的治疗师被投射成父母，这种情况就会比较复杂和困难，因为这些投射包含了性的意味。在我们的社会里，有许多人和父亲之间的关系有问题，当然也有和母亲之间的关系有问题的情况，在我们的社会里也有很多父子/父女关系破裂的情况。当一位年轻治疗师被女性来访者投射成爱人，而这位来访者和她父亲之间的关系有问题的话，这会带来非常复杂和困难的动力，而年纪稍长的咨询师应对这类情况会轻松一些。

SH：我在精神病院工作时也看到了很多这样的情况。大多数患者的父亲是完全缺席的，相反，母亲的参与度却非常高。

GW：是的，他们的父亲要么人不在场，要么在情感上缺席。我在儿童医院兼职工作了很多年，在那里我带了很多团体，那些成员的父亲们大多数时候是完全缺席的，或者曾经虐待过他们的孩子。

此外，这些女性都是单亲妈妈。如果你和她们的孩子做治疗的话，情况会比较微妙。我认为你可以给患者父母提供很好的咨询。但是当你成为一位患者母亲的治疗师的时候，你和孩子的关系就被破坏了，而且孩子能立刻就感觉到。但是母亲有非常强烈的做治疗的渴望，因为她们没有伴侣。而你是一位关心她的孩子的男性，她有这样一个寻找替代孩子的父亲，寻找完美的、能理解她、会倾听的丈夫的需求。

关于羞耻

GW：大概从 20 世纪 90 年代中期开始，大家（在美国）开始讨论羞耻这个话题。

JB：你是如何接触到这个话题的呢？

GW：我有个好朋友同时也是我的同事鲍勃·李，我们在工作上有很多合作。鲍勃也是一位格式塔咨询师，他的研究重点是伴侣之间的羞耻。在研究这个主题的时候，他对格式塔、接触和场的理解都发生了改变。

虽然我们在克利夫兰受训的时候对关系做了非常多的探讨，包括伴侣关系、团体、组织和政治领域的关系，但是对皮尔斯那拥有非常明显的个人风格的理论遗产，仍然没有达到能够批判性地看待和改进的程度。

鲍勃研究的是伴侣关系中的羞耻，即看个体的羞耻程度能否用来预测伴侣关系的成功和失败。他推断，如果伴侣中的一方或者双方内化的羞耻感很强烈，就会导致伴侣关系的失败。这个发现并不会让人非常惊讶，但是从来没有人研究过。

我不知道你们有没有读过华盛顿大学的戈特曼（Gottman）写的那篇名为《预测离婚的指标》（*What Predicts Divorce*）非常棒的文章。他有 90% 的概率能正确预测哪些伴侣在五年后仍然会在一起，哪些伴侣会分手。预测的标准是如何回应一个他称之为"提议"的东西。比如，我跟你说："今天工作时我碰到一件棘手的事情。"

你可以用包容的方式回应，你可以说："哦，发生了什么事，说说吧！"

或者你可以说："我今天过得更糟糕，还要听你说这些事儿，烦死了！"

或者你可以说："你买牛奶回来了吗？"这是偏转。

或者你可以说："我现在在忙孩子的事儿，马上要吃饭了。但是我想过一会儿再听你说这件事情。"这是接纳。

也就是说，你回应的方式可以是接受、拒绝、不承认或者贬低，或者羞辱对方："看看你自己，我早跟你说了，你应该辞掉那份工作。"

贬低、不认可和忽视都是消极的回应方式。

在成功的伴侣关系中，积极回应和消极回应的比例应该是 5：1。这并不意味着你不能有不同的观点。而是你要么进行接触，要么无视这个提议，甚至是贬低或者羞辱对方。你要么是主动的，要么是被动的。因为如果伴侣不对提议作出回应，会让对方感到非常羞耻，这意味着提出提议的一方一文不值。

JB：从团体动力角度来看，这也很有意思。

GW：是的，这个预测工具的可信度很高，也有很多相关的研究。治疗师们认为，人们是通过关心他们的问题以及帮助他们解决问题的方式来帮助他人的。但是戈特曼发现，即使是拥有成功婚姻的伴侣也会吵架。只要他们不忽视或者贬低对方，不用这种方式在互动中羞辱对方，吵架并不一定会是个问题。

JB：这点也可以迁移到团体动力上。

GW：是的，的确如此。

关于羞耻和自我的本质

GW：我对自我的本质、关系中的自我以及格式塔对这些主题的看法很感兴趣，因为我觉得这些部分是非常模糊的，有人说自我是一个过程，而不是一种实体。

但是当皮尔斯讲自我的时候，他的理念是自我没有稳定的特征和模式。这和我的个人经验完全相悖。因为自我是有特定模式的，这些是接触模式。皮尔斯把所有关于模式的东西都称为"人格功能"。这种说法对我来说没有太多用处。我认为人们有一些典型的接触方式，比如人们习惯性回避或者接近某些事情，人们只和这个人而不是和那个人接触。在这个基础上发展出来的接触方式构成了接触风格的背景，这些属于自我过程的一部分。这并不意味着人们不能改变这个接触模式。

我感兴趣的问题是在特定的接触风格中，可能会出现什么样的相遇，又不会出现什么样的相遇？没有相遇的时候，个体有什么样的感觉？我的答案是羞耻感。经典的精神分析认为羞耻是自我价值感低的表现：人们是弱小的，而父亲是强大的。之后出现了俄狄浦斯危机。人们认同父亲，当自己变得强大后才会不再感到羞耻。人们体验到内疚，但是不再有依赖性。羞耻这种情感是对场的依赖性。人们本质上依赖于场，并且对场作出反应。

鲍勃·李使用的理论是情绪理论，这是另外一种解释，并且这和我们所说的羞耻主题有很大的关系。这个情绪理论起源于达尔文和汤姆金斯，他们认为人们有一些基本情绪，比如愉快、恐惧、愤怒、悲伤、羞耻和厌恶。情绪理论认为羞耻是一种感觉，当人们无法接触人们的社会环境时会产生羞耻的感觉，此时人们感到被排除在外。这并不一定和低自我价值感有关，而是与人们对归属感的需求有关。这在我看来更符合格式塔的过程模型。在格式塔里，我们试图为场里面的每一个情景找到一个有意义的解决方法，然后付诸行动。

认知疗法在这一方面谈的是图式理论 ①。图式是整合了的格式塔，整合了感觉、信念、行为和身体姿势。有很多研究项目都在研究图式理论。莱斯利·格林伯格（Leslie Greenberg）从格式塔理念出发，对此进行了研究。

我一直非常关注场，这么做可以帮助我预测接下来会发生的事情，并且相应地作出下一步行动。根据皮尔斯的理论我应该更加独立，但是我并不是这样的。

JB：人们应该对其他人怎么看待自己毫不在意吗？

GW：是的，在某种意义上这么说也是对的，因为我应该独立于其他人的观点。但这并不是说我应该无视他们的观点。

在西方人的思维里会认为羞耻是儿童才会体验到的情绪，是人们应该发展的部分（即对俄狄浦斯情结的工作）。如果人们在 8 岁之后，在俄狄浦斯危机之后，仍然有羞耻感，而不仅仅是内疚，那他们应该为自己的羞耻感到羞耻。然后我们就看到了次级羞耻（人们无法谈论的羞耻）。这也表明，人们太依赖、太幼稚、太女性化、太依赖原始本能、太不成熟了。

以往的弗洛伊德理论把文化分为羞耻文化和内疚文化。我们受制于内疚文化。羞耻文化中的成员的个体化程度不高，具有场依存性，这也被视作他们的原始本能。我们本应该是独立于场的，但事实上并非如此，皮尔斯不加批判地接受了这一点。

JB：当谈到性的时候，人们对羞耻的接受度很高。

GW：是的，这里讲的羞耻指的是非常私密的意义上的。但是人们很少会承认自己为性无能或者在性方面没有天赋感到羞耻。如果是轻微的羞耻人们还可以调侃一下，即使有些尴尬，人们也是可以接受的。尴尬和羞耻在程度上有差别，但是属于同一组情绪。人们会退缩，可能会脸红，并且在把自己的情绪安抚好之前不想被其他人看到。

---

① 图式（Schema）这个概念是皮亚杰在 1926 年第一次提出的，之后在安德森（R.C.Anderson）的学习理论中得到了进一步发展。——作者注

　　在格式塔里我们会说，羞耻是一种我的周围环境（场）离我而去的感觉，如果人们回想自己儿童时期的羞耻感，就很容易理解这句话了：就像深渊张开了口子。但是人的天性是要整合这个场和自己的内在以及外在。

展示暂时的无能为力是一种能力，有重要的示范作用

　　SH：当我作为团体带领者想要说些什么，但是感到羞耻的时候，这个场就离我而去了。此时我面前就像出现了一道深渊，把我和团体割裂开来。我似乎要掉入那个深渊，没有人抓得住我。

　　GW：就是这样，因为我看不到让深渊弥合的可能性。而弥合深渊，重新建立接触是人的天性，通过用这样的方式我可以继续感觉到自己的活力。

　　JB：我们假设，你作为团体带领者忽略了自己的羞耻，然后去和一位成员攀谈，但是没有得到回应。这对我来说真的会非常羞耻。

　　GW：是的，这是个恶性循环，因为你在那一刻没有任何创造力，你只想消失。你只是在生存而已。这是因为你刚刚的不真诚。真诚意味着谈论你当时是什么样的，也许你可以简单地说："现在我完全不知道自己应该说什么，我在犹豫"而不是去否认，无论是用语言还是用行动否认。否认是人们能够立刻感觉到的，这会导致信任不复存在，否认代表个体不想打开自己的心扉。

　　真正的能力是个体能够展示自己无能和无知的时刻，因为这也属于我们的一部分。带领者向成员们展示人们是可以经受住这些无能无知的时刻的，这有非常重要的榜样作用，会给他们带来安全感。否则，成员们会感到自己与其他人之间有距离，即使他们自己没有意识到这一点。

从团体中的羞耻体验里活下来

　　GW：无论是在团体中还是个体工作中，治疗师必须有从羞耻体验中存活下来的能力，然后带着这种能力去接触来访者体验到的羞耻。否则，来访者就会卡住止步不前。当你想帮助来访者的时候，会产生居高临下的态度，带来距

离感。解决这一问题的方式可以很简单，你可以和来访者相遇，用一种轻盈、自然的方式回应他。比如我说："我感到非常羞耻，想要钻到地缝里面去。"你简单地回应："啊，这种体验实在是太糟糕了。"或者说些其他的小事，来让自己不要和我拉开距离。而不要说那句最糟糕、最自然的话："啊，你其实不用感到羞耻的。"

JB：因为这么说的话就否认了对方的感受，尽管是出于好意想要帮助对方。

GW：是的，我的感觉是你出于好心说这句话。但是你什么都给不了我，现在我还得为自己的羞耻感感到羞耻，这就像在谨慎地走钢丝。当然，你不用和来访者分享你所有的羞耻，给他造成负担，这是你私人的事情。但是你可以向他展示，你认为他会成功渡过这个困境，你相信他。羞耻感是人类体验的一部分，我们可以一起体验羞耻。然后人们就能对这个糟糕的次级羞耻释怀了。现在可以开始真正开展工作，摆脱麻痹无力的状态。

JB：有时候团体中的沉默也是羞耻的表现。

GW：是的，当团体沉默的时候，人们经常能感觉到沉默是因为什么。然后你可以说："这种沉默很有意思。我不知道现在发生了什么。你们是在压抑什么吗？这和团体的冲突有关吗？或者你们压抑的是在这里很难开口的事情吗？也许是因为担心当下发生的事可能会对其他人造成伤害，或者是因为在这里说某些话的话会让自己名誉扫地。不管是什么原因，这里发生的某些事情让人难以开口。"

JB：是的，而不应直接发问："这里有什么事情让人感到羞耻吗？"

GW：对的，如果这样问的话，我就得思考是不是有些事情让我在这里感到羞耻，这时候感觉就消失了。

JB：作为团体带领者，我听团体成员讲他们自己的人生故事的过程中有时候会感动到流泪，有时候会感到羞耻。特别是接下来其他的成员换了另外一个议题并涉及认知层面的时候。你也有过类似的体验吗？你是怎么处理的？

GW：嗯，我也有过。我总是对团体成员经历的事情很感兴趣，因为这就是我的工作。一个有用的方法是让他们慢下来，用我的好奇去支持他们。这样我就可以更多地了解他们通常不会表达出来的体验。然后我们可以对这些体验进行解构，并重新组织。但是这一步不能提前做。这种重新组织会对我的生活产生影响。我可以简单地问他们："当我感动流泪的时候，你们有什么感觉？"

JB：这需要很大的勇气。

GW：是的。当我们处在团体过程中的时候，这是唯一的办法。这么做需要勇气，但是如果不这么做，不能表达这个场里发生了什么，人就会像死了一样，没有能量。这对团体带领者来说也是一样的，否则这个场就会充斥着羞耻，而不是鲜活的兴趣和意义。

足够的支持的必要性

SH：我在精神科工作，那里的团体成员非常退缩，很少主动参与。他们经常希望我最好做一个报告，比如讲一讲攻击性。你会怎么处理这种情况呢？

GW：我不知道当我真的在场的时候会是什么样子。一般来说，如果团体不能积极参与某个任务，这意味着挑战太难了，而他们没有获得足够的支持。这时我会用更简单一些的、比较间接的方式，比如问成员："如果你现在在这里讲一讲自己的事情，会发生什么糟糕的事情？"也可以笼统地问："是什么让你开口变得这么困难？"或者"是什么在阻碍你表达？"比如，有些人会担心被嘲笑。

JB：这个做法很有意思，因为在格式塔里有反对这种笼统表达的"规定"。

GW：是的，但是刚刚的情景下支持不充分，而任务要求太高。我们在训练中很少谈论支持。但是只有当成员受到充分支持的时候，接触才有可能发生。一部分支持来自一个人的内在，一部分来自团体内部。成员们也可以问问自己："这个团体是怎样的？在这里，做什么事情是容易的？这个团体欢迎什么？在这个团体里，做什么事情是困难的？"

JB：人们也可以隐藏自己。

GW：是的，所以可以做这个实验。然后我就能不大费周章，测试这个团体是怎么样的。对我来说这意味着一小步一小步地调整接触，同时不断地寻求支持，从而考虑自己能做些什么。

运用创意媒介

JB：运用创意媒介也是一种间接的处理方式。

GW：嗯，对的。这就像儿童游戏治疗，一切都可以用间接的方式开展。

JB：但是难点在于如何迁移，而不是停留在间接的层面上。

GW：当然。如果成员是成年人，而且他们愿意的话，接下来我们可以请他们介绍自己的创意，并邀请他们进行认同："我是一棵年迈的大树，被风吹得有点歪了，但是根扎得很稳。"

JB：你带领团队的时候使用过创意媒介吗？

GW：使用过。我曾经好几次用成员们自己做的牵线木偶工作过。不过当时是在培训小组里，成员们非常意愿参与，并且知道这是在干什么。如果成员不参与的话可能会感到羞耻，因为这是这个场的规则。

团体的自我调节力量

JB：人们可以把有机体的自我调节迁移到团体上吗？团体中有自我调节的力量吗？

GW：当然，在某种意义上，和所有的哺乳动物一样我们的大脑也有边缘系统，有些哺乳动物比其他动物更善于社交，它们能立刻感觉到现在团体在干什么。我们也有这种能力，即使我们经常无法用言语表达出来。你来到我的身边，你知道有什么事情发生了。你是怎么知道的？一部分可能是因为你的神经元感受到了，一部分是你觉察到了一些细微的身体姿势。通常你在自己还没有意识到的时候，就已经在根据这个情况调整自己了。

从这个意义上说团体知道发生了什么事情，以及需要些什么。团体带领者需要试着把这些信息读取出来，即弄清楚团体准备好要做什么，以及在什么事情上获得了足够多的支持。

如果没有足够多的支持，团体就会自我调整，让所有事情都停下来。团体进行自我调整是因为缺乏继续进行下去的土壤。作为团体带领者你可以降低挑战难度，或者坚持原来的方案，通过运用这样的方式提供额外的支持。或者你也可以找一个可以打开局面的其他方法。

JB：这点很有意思。当团体成员正在进行情感交流时，有成员切换到认知的层面上并打断了这种接触，之前我在碰到这种情况时经常会生气。我的观点是，他们打断团体的接触是因为团体中还没有足够的支持。

GW：是的，你作为带领者可以继续探索这个问题。因为这可能是某个成员自己的原因。他可能会由于恐惧对团体的解读产生了偏差。你可以把这个情况作为一个议题在团体中进行讨论。

处理冲突

JB：团体需要怎么做才可以让成员不那么害怕在团体里谈论冲突呢？因为成员们经常很害怕提到以及面对冲突，但在我印象中以前不是这样的。

GW：我不知道以前情况是不是不一样，不过在会心团体（Encounter-Group）里确实是不一样的，但是会心团体的成员本来就是因为冲突问题聚到一起的，所以他们知道团体需要讨论冲突的话题。

JB：那该如何发出这个邀请呢？

GW：我认为，如果团体里不能公开面对冲突，那就意味着现在的支持不够多。通常成员们会担心两件事：要么我会受伤或者被毁掉，或者你会遭遇这样的结果，而这一切都是我造成的。

如果存在冲突，那成员们就会觉得冲突是有威胁性的。接下来我会让成员在团体中寻找支持。谁和你在一起，谁站在你身边或者站在你身后？谁可以理解你的经历、你的立场？仅仅是把这些答案说出来就能帮到忙了。比如说："我感觉自己在防御，但是我相信玛丽亚知道我怎么了。"

我作为团体带领者可以去核实这个信息。在冲突中，不一定是要一方对抗另外一方，也可以是一方理解另一方。

JB：如果我确信在团体里有其他人可以理解我在冲突里的立场，我就不会被团体忽略或者被鄙视，这会减轻我的羞耻感。

GW：是的，就是这样。如果有一位或有两位成员能大概了解我的情况，那我就会更有勇气冒险了。否则我就会感觉自己被隔绝在团体之外。

JB：你刚刚提到了一个完全不一样的视角：你不一定会期待成员们自己鼓起勇气开口为自己说话？

GW：是的，以前的观点是这样的。我曾经有好几年是一个人带领团体的，其间我有机会研究一些事情，但是也有些事情是我完全没有关注到的。这些事情被我有意识地也可能是无意识地压抑下去了。如果我听不到这些声音，那我就不会知道有这些事情的存在，所以我也没法去找这些声音。如果你能在团体里营造出欢迎团体成员表达内心想法的氛围，那表达会自然而然地出现。

JB：如果我请成员不要说"我们"，而是说"我"，这样会立刻动摇团体的基础吗？

GW：我可能会这样问成员："你是代表自己讲话，还是你认为还有其他人和你有一样的想法？"这样可以避免让人们产生羞耻感。因为"我们"和"我"两种说法都是没有问题的。

SH：也就是说，要求成员进行直接接触也可能会给他们带来羞耻感，而用一种间接的处理方式就可以避免这种情况出现。

GW：是的。

关于团体带领者的坦诚

JB：团体带领者应该在团体里分享哪些关于自己私人的事情呢？

GW：来访者付了治疗费，你的工作是帮助来访者，这代表你需要真诚地交流。你自我暴露的程度和内容，取决于这对来访者是否有好处，或者是否会妨碍你的工作。但是你的整个背景，你所有回应的意义和原因不需要跟来访者分享，因为这些属于你的督导或者咨询部分。

但是治疗师们还是会摔跟头或者犹豫。他们认为自己说的是此时此地的事情，但是其实这些内容是滞后的。比如，我作为治疗师产生了一种反应，这种反应可能是重要的，也许在这个场里正好缺了这种反应。我的反应正好是来访者缺失的那种，比如说愤怒、悲伤、自怜，或者对自己的共情。来访者讲了一个恐怖的事情，但是讲述的方式是非常冷漠的。或者我因为某个原因产生了一种反应，但是我不知道要怎么样和对方说。

JB：比如，我说："你跟我说这件事情的时候，我觉得很伤心，但是我看到，你相当冷漠。"

GW：对的。或者也许你说了一些事情，我听到之后为你感到担心，因为这是个冒险的举动，我感觉不太舒服。遇到这种事情我不会参与，更不会支持这种做法。但是我又明白你的父母很烦人，然后我考虑应该要怎么样把这些事情表达出来。带领者要考虑到这种说也不好不说也不好的困境。

JB：所以你遇到的困难是你一方面感到担心，但是另一方面又不想干涉这件事吗？

GW：是的，这是其中一部分。

JB：你是说这个困难的一部分？

GW：是的，患者也会感受到这种进退两难的困境，这对他也是有用的，因为这属于我们关系的一部分。这时我们可以用委婉的方式，这样可以既把内容表达出来，又不会压垮来访者。

我可以说："我现在感觉遇到了困难。我想说些什么，但是我在犹豫，我不知道应该怎么样说你才不会误解，因为我了解你整个的背景。"通过用这样的方式，我们在关系和谈话中就成了伙伴。

处理这种情况的方法不一定会简单，但是这是我们双方可以协调的。就算来访者回答说："现在最好不要说吧。你现在又显得担心得不得了。"这样至少我们是在进行对话的，然后我们就可以一起探讨遇到的问题，比如我们对这个情况是怎么看的？我应该拿它怎么办呢？然后你可以评论几句，来访者可能会说"你可以不用客气直接说"或者"如果你很清楚地表态说你担心这件事情，那我可以听一听"等等。

虽然治疗师们不常提到这个话题，但是我们经常会陷入这样的困境。关键是把这个困境说出来，然后就会轻松很多了。

SH：否则就会出现我深陷在自己的这个困难当中，而没有听其他人说什么的风险。

GW：是的，当然。然后在这个时刻我是完全没有创造力的，因为我被这个困难扯来扯去的，没有精力在场。特别是团体里的新手治疗师会遇到这种情况，尤其是当他们想表现得自己有能力的时候。人们如果发现没有能力会带来什么样的收获，就会放弃之前的想法了，这当然也是一种能力。

JB：我们是没有办法把它当作一种技术推荐给治疗师的。

GW：的确，但是他们也许可以把它当作实验尝试一下，然后看看结果会怎么样。也许他们之后会说："是的，我原本指望如果自己说了一些东西，也许之后会有些新的想法。到目前为止，这个方法都行不通。"但是人们可以再试着说两三次看看，我有时候就会这样。

关于场的情况

GW：但是如果我在和来访者坐在一起或者在一个团体里时毫无理由地感到不舒服，特别是如果在刚开始的时候出现这种情况，我会觉得很难开口讲这件事，这也是我的防御方式，我会分析这种情况。简单的做法是直接说："很有意思，我有种不舒服的感觉，但是我还不知道这到底是为什么。"

我们是在一个场里，这个场属于我们大家。即使我有一种不舒服的感觉，或者你感到受挫、好奇、不满意或者无聊，这些也都属于这个场。如果这些没有被表达出来，那可以由治疗师开口讲出来。

这对成员来说是个很好的示范。大多数来找我们治疗的人在关系上遇到了困难，即使其他人看不出来，或者他们自己可能也没有觉察到。他们只是在扮演一个角色。但是当人们把这件事情用简单的方式讲出来后，就会打开亲密这道门。人们在有亲密感的地方，就有可能会成长。然后成员们可以稍微不那么固着在自己原来的风格上，而是慢慢开始解构自己，并且让自己被解构。

JB：这里我有个问题：我觉得在团体中表达不安和担心的感觉不太会让人感受到有威胁性，但是在团体谈论我的愤怒会比较难。

GW：是的，有可能出现这样的情况。如果你说："现在我们扯得太远了，你让大家都觉得无聊了。"有时候我们需要其他的团体成员发言。比如说，我是团体成员，我在一直滔滔不绝地说话但是没有接触，然后其他人会觉得无聊，我作为团体带领者也会感到无聊。然后我们可以把整个团体利用起来。这种方法会更简单些，人们可以直接问："现在怎么样了？现在情况怎么样？你们还在场吗？"然后你可以再多说几句："我打断一下，因为我不确定你有没有听到自己在讲什么。你现在说的东西非常重要，否则你也不会说这些事情。但是让我们现在核实一下这个场里有没有相应的条件来建立接触吧。"

这当然可能会让人觉得疑惑不解，但是这里面也包含了关心，而且其他成员可以成为他的资源。如果是个体治疗的话就会困难很多，因为这时候就没有其他人可以参与其中。

再次：羞耻

SH：如果我现在出于关心说："等等，你在讲一些重要的事情，但是没有人听你说话。"那治疗师的关心以及这位成员可能突然就成了团体的焦点这个事实，可能会让他感到羞耻。

GW：是的，这个风险很大。但是如果我说："等等，你现在让所有人都无聊透了。"这句话会让人感到更羞耻。这就不仅仅是出于保护，而是为了让这种信息更容易被理解和消化，让成员可以根据这个反馈做些什么。如果他被羞耻感淹没了，那就什么都做不了了。

我也可以说："你在说话的时候，我不知道为什么怒气上来了。"这么做更容易让人接受。而不要说："我现在对你很愤怒，我不想再听你讲下去了。"或者说："你要把我逼疯了。"

虽然这么说也许能让所有人解脱，但是另外一种说法也是对的："我确实发觉了自己的愤怒，我不知道这是为什么，我们可以一起探索。"

我们在格式塔里有个传统：强硬是更真诚的。但是事实不是这样的。我认为我想表达的是我可以直接告诉你我的感受，而不是用这些感觉去打击你。

处理攻击性

JB：你作为团体带领者有示范作用，你如何处理自己的攻击性会是个很有力的示范和标准。

GW：是的。在这个示范过程中，你传递给其他人的想法是人们应该完全认同出现的任何感觉，其他所有的行为都是偏转。

但是我的经验也许不是这样的，因为我现在不只有愤怒。当我们做治疗的时候，我们也是在共同研究接触。我们想比较我们的风格，把它们稍微区分开来，解构我们的反应，发现其他的变化和新的可能性。这项工作要求治疗师的感觉非常敏锐和细腻。

JB：你在团体里如何培养主见呢？

GW：我的所有患者都说我是个不会放弃的人。我会坚持探究自己观察到的那些内容，一直不断地重复，就像循环播放的唱片一样。这也是一种基于观察的主见。

JB：有时候能够中断接触难道不也是团体带领者的一种重要能力吗？

GW：是的，这是非常重要的。随着时间的流逝，我意识到自己不用经常喊停了，而是会从某个点开始逐渐不再参与。我会说："如果你不想说这件事情的话，我不会强迫你的。"或者："我现在有种在后面追赶着你的感觉，你现在什么都不想要。"这样我就可以撤退回去，看看对方想做些什么。这种做法可能会比较温和，但是界限是清楚的。

治疗是在场里研究接触

JB：伊萨多·弗洛姆说过，治疗师必须时刻知道自己在做什么。

GW：是的，某种意义上这句话是对的。

SH：重要的是为团体准备好一个场，让这个场里有可能发生点什么。治疗师在前几次会面中怎样才能帮助新手团体带领者更好地聚焦呢？

JB：我还是接着伊萨多的那句话，在某种意义上我们可以同意她的说法。治疗师应该了解自己的事情，应该总是知道自己在做什么。但是我们在做什么？我们在研究接触。如果我说我不知道自己现在在做什么，这也是一种能力，这种能力也是我想通过研究接触来培养和示范的。我想要的是我们保持开放，一起做一些研究。这会减轻些压力，从这个意义上说，我知道自己在做什么。

SH：这也就是说，当我在团体里的时候，我要关注现在在团体里以及在我身上发生了什么。

GW：是的，就像你说的你很关注场。当人们关注场的情况的时候，我们的团体是什么样的？有哪些机会？有什么没有被说出来？团体在哪些方面需要获得支持？

当你不断地对这个场进行提问时，这些图形就会自动浮现出来。然后我们就不需要刻意安排什么活动，比如建议做练习。当然练习是必要的，特别是我刚开始带领新团体，一无所知的时候，我会想："我现在要做些什么呢？"

用乔哈里视窗来做现场研究

SH：我在刚开始的时候做分享圈活动，成员们会很简单地说两句，然后一圈的分享结束了。我还有一个半小时的时间，但还没有人提出想做些什么。于是这个场景充斥着压力。

GW：有时候当我真的不知道怎么继续下去，团体也卡住了的时候，我会用非常简单、自然但是比较正式的方法。我会说："好，现在让我们在白板纸上画一个乔哈里视窗，写出在团体里做什么事是容易的？团体会接受和支持什么？做什么事是不容易的？"这是另外一种关注场的情况的方法，可以让场变得有结构性。有了结构之后，团体成员的焦虑指数就会下降。

我们也可以把它叫作"偏转"，因为每个人都是在一旁写一些评论，而没有直接的接触。不管是出于什么理由，现在的目标仍然太高了，要跨的步子太大了，现有的支持还不够让成员们直接完成任务。但是我可以采用间接的做法，先跨半步。我们知道在场理论里，只要人们开始研究场，场就会立刻发生改变，这个研究就是一种干预。之后大家会把所有信息汇集到一起进行讨论，我们就知道不能隐藏什么信息了。

JB：如果你提议做这样一个现场研究，但是一半的人都不想动（在机构的督导团体里经常会出现这样的情况）你会怎么做？

GW：是的，但是如果你问成员们一个问题，大多数人都会给一个回答。"如果你问我团体怎么样，我可能会说："在这里人们不能好好地谈论性这个话题，不是说我想谈这个话题，但是在这里就是讨论不起来。"这样团体会逐渐获得一些活力。每个人只需要说一句话，然后就能更多地融入团体。但情况不总是这么顺利。

如果团体里没有什么能做的，没什么目标，那这些信息就可以写到乔哈里视窗里。这些信息是很有限的。我们还能一起做些什么呢？我们也许可以听一下案例故事，但是也许不会讨论里面的互动。

JB：也就是说，重要的是你作为督导把团体讨论出来的目标接过来，然后把自己的目标和任务放在一旁吗？

　　GW：是的，但是你也可以把自己的观点补充进去。当然，你希望团体里至少有一个人发言，他可能会说这真无聊或者让人失望。这是团体工作美好的地方：人们都是各不相同的，每个人都可以用某种方式将关于场的声音表达出来。

关于团体的一般情况

　　GW：我喜欢在团体里工作，因为有团体在场，我就没有那么多负担和压力。我在做个体治疗的过程中对接触进行工作时，我得首先关注移情，那我就必须在某些时刻的某种意义上充当来访者的整个世界。这个任务可能会非常繁重。

　　JB：这一点可以让带领团体这项工作变得有吸引力，这很重要。

　　GW：是的，带领团体会让你不那么孤单。

　　JB：你曾经遇到过团体集体反抗你的情况吗？

　　GW：我曾经经历过团体感到非常受挫和无聊的情况。但是还从来没有遇到过集体反抗我的团体。团体总是想寻求发展。

　　有一次我必须接手一个团体，而这个团体一直在换带领者。对我来说这个环境是"有毒"的，而且情况棘手。我觉得这个团体受到了不公正待遇，就像一个孩子被不停地换新的寄养家庭一样。这是我在脑海里自我保护的想法，因为这样我能向自己保证，不是所有的事情都是我的责任、我的错。

　　儿童团体对治疗师来说会是个挑战，因为他们一开始会拒绝新来的治疗师。他们可能会说："我们之前和上一位治疗师在一起要开心得多，他更有趣、更有活力，而且他和我们一起做的事情很有意思。"而如果你和上一位治疗师聊一聊，会发现事情可能没那么简单。

关于冥想

　　JB：你会经常用冥想保持对自己的不同感觉和身体在觉察方面的敏锐

度吗？

GW：会的。我想施加影响，但是这些年以来，接受外界的影响对我来说变得越发重要了。我经常觉得自己是个传教士。我是反对个人主义的。但是我已经知道我要说什么了，我很好奇的是你想说什么。

JB：也就是说冥想是重要的？

GW：是的，非常重要。

关于格式塔的未来：模仿是最真诚的表扬

SH：现在出现了神经生物学，所以格式塔治疗的时代已经过去了吗？

GW：格式塔治疗已经融入了许多其他的流派。

- 现在的精神分析会讨论关系和主体间性。
- 神经生物学验证了格式塔疗法。
- 人们在此时此地工作。
- 人们现在可以在计算机屏幕上看到大脑里的接触是什么样的，接触是怎么连接起来的。
- 特别是新生的婴儿，我们发现他们的大脑就像戈德斯坦（Goldstein）认为的那样，一开始的时候是未成型的，然后在社会中塑造成型。

我不知道格式塔治疗以后会不会继续用这个名字，但是格式塔治疗的理念不断地得到验证，模仿就是最好的表扬。我为格式塔治疗感到非常自豪。如果人们理解的格式塔治疗是技术、技巧和固定的方法论，那时代已经改变了。对我来说，格式塔的基础是对接触的研究。我认为对接触的分析是非常丰富的，并且是需要一直持续下去的。但是我不确定将来人们会给它取个什么名字，也许是关系分析……

版权声明